新能源汽车研究与开发丛书

新能源汽车能量管理

主　编　熊树生
副主编　赵家豪　姜　琦
参　编　李岱泽　焦志筱　吴霄峰　黄　海
　　　　张逸飞　罗梓豪

机械工业出版社

能量管理技术是新能源汽车整车控制技术的核心和关键。本书结合目前新能源汽车能量管理系统的发展现状，系统介绍了新能源汽车电驱动系统及电力电子器件，以及新能源汽车储能技术、动力蓄电池管理技术、动力蓄电池热管理技术和复合电源系统；总结了纯电动汽车、混合动力电动汽车以及燃料电池电动汽车的基本构型和能量管理策略；另外还介绍了新能源汽车动力总成部件特性及模型，包括车辆动力学建模及分析，电驱系统工作特性及模型，电池模型建立，内燃机模型建立，燃料电池模型建立；最后，本书分析了世界主要的汽车驾驶循环工况，并对能量管理策略仿真环境进行了概述。

本书适合从事新能源汽车动力系统设计、能量管理相关行业的研发和工程技术人员学习参考，也可作为相关专业师生的参考书。

图书在版编目（CIP）数据

新能源汽车能量管理/熊树生主编. —北京：机械工业出版社，2024.5（2025.5 重印）

（新能源汽车研究与开发丛书）

ISBN 978-7-111-75615-6

Ⅰ.①新… Ⅱ.①熊… Ⅲ.①新能源－汽车－能量管理系统－控制系统 Ⅳ.①U469.7

中国国家版本馆 CIP 数据核字（2024）第 075770 号

机械工业出版社（北京市百万庄大街22号 邮政编码100037）
策划编辑：王 婕　　　　　　责任编辑：王 婕　何士娟
责任校对：杜丹丹　李小宝　　封面设计：马精明
责任印制：张 博
北京富资园科技发展有限公司印刷
2025 年 5 月第 1 版第 2 次印刷
169mm×239mm・20.25 印张・393 千字
标准书号：ISBN 978-7-111-75615-6
定价：139.00 元

电话服务　　　　　　　　　网络服务
客服电话：010-88361066　　机 工 官 网：www.cmpbook.com
　　　　　010-88379833　　机 工 官 博：weibo.com/cmp1952
　　　　　010-68326294　　金 书 网：www.golden-book.com
封底无防伪标均为盗版　　　机工教育服务网：www.cmpedu.com

前　　言

我国汽车产业正进入转型升级的战略机遇期，发展新能源汽车和节能汽车是国家在汽车行业下达的重要的中长期发展规划。新能源汽车产业化的重点是纯电动汽车、插电式混合动力汽车、燃料电池电动汽车的技术成熟与完善，尤其是动力蓄电池、驱动电机、传动系统、整车控制系统等关键技术的研发和推广。

新能源汽车的整车控制技术是核心技术之一，整车控制器是控制中枢，它保证了新能源汽车发动机、驱动电机、动力蓄电池及其附属设备等关键部件的协调工作。其中，能量管理技术是新能源汽车整车控制技术的核心和关键，它负责车辆动力系统工作状态和转矩输出的控制，是影响车辆舒适性、经济性以及动力性的关键技术。因此，开发高效节能的新能源汽车能量管理控制方法是提升车辆综合性能的关键。

本书共8章，第1章主要介绍了新能源汽车的定义与分类、新能源汽车能量管理系统的基本概念及其发展现状；第2章介绍了新能源汽车电驱动系统及电力电子器件，如电机及发电机、电力电子变换器、功率母线等；第3章介绍了新能源汽车储能技术，如飞轮储能、超级电容器储能以及动力蓄电池与燃料电池、复合电源系统等；第4~6章介绍了新能源汽车（包括纯电动汽车、混合动力汽车、燃料电池汽车）的基本构型和能量管理策略，并介绍了典型的能量管理方案实例；第7章介绍了新能源汽车动力总成部件特性及模型，包括车辆动力学建模及分析，电驱系统工作特性及模型，以及电池模型、内燃机模型和燃料电池模型的建立，分析了世界主要的汽车驾驶循环工况，并对能量管理策略仿真环境进行概述。第8章展望了新能源汽车的发展前景。

本书在编写过程中参阅了大量教材、文件、网站资料及有关参考文献，并引用一些论述和例文，部分参考书目附录于后，但由于篇幅有限，还有一些参考书目未能一一列出，在此谨向相关作者表示谢忱和歉意。

由于编者水平有限，书中不足之处在所难免，诚望广大读者不吝赐教，提出宝贵意见。

编者

目 录

前言
第1章 绪论 ………………………………………………………………………… 1
  1.1 新能源汽车简介 ……………………………………………………………… 1
    1.1.1 新能源汽车的定义与分类 ……………………………………………… 1
    1.1.2 新能源汽车发展现状 …………………………………………………… 21
  1.2 新能源汽车能量管理概述 …………………………………………………… 28
    1.2.1 新能源汽车能量管理研究现状 ………………………………………… 28
    1.2.2 基于确定性规则的能量管理策略研究现状 …………………………… 29
    1.2.3 新能源汽车能量管理发展趋势 ………………………………………… 32

第2章 新能源汽车电驱动系统及电力电子器件 ……………………………… 33
  2.1 驱动电机及发电机 …………………………………………………………… 33
    2.1.1 直流电机 ………………………………………………………………… 35
    2.1.2 交流电机 ………………………………………………………………… 42
    2.1.3 永磁同步电机 …………………………………………………………… 48
    2.1.4 开关磁阻电机 …………………………………………………………… 55
  2.2 电力电子变换器 ……………………………………………………………… 59
    2.2.1 逆变器 …………………………………………………………………… 59
    2.2.2 DC/DC 变换器 …………………………………………………………… 64
  2.3 功率母线 ……………………………………………………………………… 72

第3章 新能源汽车储能技术 …………………………………………………… 84
  3.1 飞轮储能 ……………………………………………………………………… 84
  3.2 超级电容器 …………………………………………………………………… 87
  3.3 燃料电池 ……………………………………………………………………… 92
  3.4 复合电源系统 ………………………………………………………………… 96
  3.5 动力蓄电池 …………………………………………………………………… 97
    3.5.1 铅酸电池 ………………………………………………………………… 99
    3.5.2 镍氢电池 ………………………………………………………………… 103
    3.5.3 锂离子电池 ……………………………………………………………… 106
    3.5.4 钠硫电池 ………………………………………………………………… 107
  3.6 电池管理技术（BMS）……………………………………………………… 109

	3.6.1	动力蓄电池管理系统的功能与性能要求	109
	3.6.2	国内外研究现状	110
3.7	动力蓄电池热管理技术	112
	3.7.1	动力蓄电池热管理性能要求与分类	112
	3.7.2	研究电池热管理系统的意义和目的	119
	3.7.3	电池热管理系统研究中存在的问题	120

第4章 纯电动汽车能量管理 … 125

- 4.1 纯电动汽车的基本构型 … 125
  - 4.1.1 集中式驱动系统 … 125
  - 4.1.2 分布式驱动系统 … 126
- 4.2 电动汽车能量管理策略 … 129
  - 4.2.1 再生制动能量回收 … 129
  - 4.2.2 基于降低整车能量消耗的能量管理策略 … 129
  - 4.2.3 基于提高电池效率/寿命的能量管理策略 … 130
- 4.3 电动汽车整车热管理 … 132
  - 4.3.1 新能源汽车热管理1.0技术架构（PTC电加热系统） … 133
  - 4.3.2 新能源汽车热管理2.0技术架构（热泵系统） … 133
  - 4.3.3 新能源汽车热管理3.0技术架构（模块化、间接式、新型制冷剂） … 136
- 4.4 纯电动汽车能量管理方案实例 … 137
  - 4.4.1 特斯拉Model S电池能量管理方案 … 137
  - 4.4.2 宝马i3电池能量管理方案 … 139
  - 4.4.3 小鹏P7电池热管理系统方案 … 142

第5章 混合动力汽车能量管理 … 145

- 5.1 混合动力汽车的基本构型及工作模式 … 145
  - 5.1.1 串联式混合动力汽车的构型及工作模式 … 145
  - 5.1.2 并联式混合动力汽车的构型及工作模式 … 150
  - 5.1.3 混联式混合动力汽车的构型及工作模式 … 163
  - 5.1.4 混合动力汽车的混合度 … 168
  - 5.1.5 插电式混合动力汽车 … 170
  - 5.1.6 增程式混合动力汽车 … 171
- 5.2 混合动力汽车的发动机技术 … 172
  - 5.2.1 阿特金森循环发动机 … 173
  - 5.2.2 米勒循环发动机 … 174
  - 5.2.3 发动机起停技术 … 175
  - 5.2.4 发动机闭缸技术 … 175

5.2.5　发动机工作区优化 …………………………………………… 176
　5.3　混合动力汽车能量管理控制策略 ………………………………………… 176
　　5.3.1　基于规则的混合动力汽车能量管理策略 …………………… 176
　　5.3.2　基于等效燃油消耗最小的混合动力汽车能量管理策略 …… 182
　　5.3.3　全局最优能量管理策略 ……………………………………… 195
　　5.3.4　模型预测控制能量管理策略 ………………………………… 207
　　5.3.5　基于智能算法的混合动力汽车能量管理策略 ……………… 218
　5.4　典型混合动力汽车能量管理方案 ………………………………………… 234
　　5.4.1　比亚迪 DM-i 混合动力系统 ………………………………… 234
　　5.4.2　长城柠檬混动系统 …………………………………………… 238
　　5.4.3　吉利雷神混动系统 …………………………………………… 240

第6章　燃料电池汽车能量管理 ……………………………………………… 242
　6.1　燃料电池动力系统组件与运行 …………………………………………… 242
　　6.1.1　氢气-空气供应系统 …………………………………………… 242
　　6.1.2　热管理系统 …………………………………………………… 244
　　6.1.3　储氢供氢系统 ………………………………………………… 244
　　6.1.4　动力系统构型 ………………………………………………… 246
　6.2　燃料电池汽车能量管理策略 ……………………………………………… 247
　　6.2.1　基于规则的能量管理策略 …………………………………… 247
　　6.2.2　基于优化的能量管理策略 …………………………………… 248
　　6.2.3　基于智能算法的能量管理策略 ……………………………… 249
　　6.2.4　基于模型预测算法的能量管理策略 ………………………… 250
　6.3　燃料电池汽车能量管理方案实例 ………………………………………… 251
　　6.3.1　丰田氢 Mirai 燃料电池汽车 …………………………………… 251
　　6.3.2　现代 NEXO 燃料电池汽车 …………………………………… 257
　　6.3.3　奔驰 GLC F-CELL 燃料电池插电混动汽车 ………………… 264

第7章　新能源汽车动力总成部件特性及模型 …………………………… 271
　7.1　车辆动力学建模及分析 …………………………………………………… 271
　　7.1.1　车辆坐标系 …………………………………………………… 271
　　7.1.2　轮胎力学与建模 ……………………………………………… 272
　7.2　电驱系统工作特性及模型 ………………………………………………… 278
　　7.2.1　电机转矩特性 ………………………………………………… 279
　　7.2.2　电机效率 ……………………………………………………… 280
　　7.2.3　直流电机模型 ………………………………………………… 282
　　7.2.4　永磁同步电机模型 …………………………………………… 283

7.3 电池模型建立 ··· 285
7.3.1 等效电路模型 ·· 286
7.3.2 电化学模型 ··· 287
7.3.3 神经网络模型 ·· 287
7.4 内燃机模型建立 ··· 288
7.4.1 曲柄起动状态 ·· 288
7.4.2 发动机关闭状态 ··· 290
7.4.3 空转状态 ·· 290
7.4.4 发动机工作状态 ··· 291
7.4.5 发动机燃油经济性和废气排放 ························· 291
7.5 燃料电池模型建立 ·· 292
7.5.1 理想开路电压 ·· 292
7.5.2 欧姆极化电压 ·· 294
7.5.3 浓差极化电压 ·· 294
7.6 汽车驾驶循环 ·· 295
7.6.1 新欧洲驾驶循环工况（NEDC） ······················· 295
7.6.2 全球统一轻型车辆测试程序工况（WLTP） ········· 297
7.6.3 中国轻型汽车测试循环工况（CLTC） ··············· 298
7.6.4 美国环保署测试工况（EPA） ·························· 299
7.7 能量管理策略仿真环境 ······································ 301
7.7.1 基于 ADVISOR 环境的能量管理策略仿真 ········· 301
7.7.2 基于 AVL Cruise 环境的能量管理策略仿真 ······· 307
7.7.3 基于 MATLAB/Simulink 环境的能量管理策略仿真 ·· 309

第 8 章 新能源汽车发展前景与展望 ·························· 312

参考文献 ··· 315

第 1 章 绪 论

1.1 新能源汽车简介

1.1.1 新能源汽车的定义与分类

2001 年，新能源汽车研究项目被列入国家"十五"期间的 863 计划重大科技课题，2016 年 10 月 20 日，国家工业和信息化部颁布《新能源汽车生产企业及产品准入管理规定》（以下简称《规定》），新能源汽车（New Energy Vehicles）的定义越来越科学规范。《规定》的第三条定义：新能源汽车是指采用新型动力系统，完全或者主要依靠新型能源驱动的汽车，包括插电式混合动力（含增程式）汽车、纯电动汽车和燃料电池汽车等。

1. 纯电动汽车

纯电动汽车（Battery Electric Vehicle，BEV）是一种完全由蓄电池作为车载储能动力源向电机提供电能驱动车轮行驶的汽车。1834 年，美国的一位机械工人托马斯·达文波特制造了第一辆由干电池供电、直流电机驱动的电动三轮车。1859 年，法国人普兰特发明铅酸蓄电池。20 世纪 40 年代，最早使用单质碱金属锂作为电极材料，因其安全性差并且不是二次电池，故没得到应用，而在 20 世纪 80 年代，日本科学家发现使用锂离子化合物作为电极材料，不仅电池的安全性得到提升，而且电池可充电（即通常说的"摇椅模型"），从而在 1995 年，日本索尼公司发明了现今广泛使用的聚合物锂离子电池，并在 1999 年实现商品化。典型的纯电动汽车的组成结构如图 1-1 所示。它包括电动机、发电机、冷却系统、传动系统、行驶系统、转向系统、制动系统、电气设备、能量回收系统、散热系统等部件。纯电动汽车的能量流动路线为：蓄电池→电力调节器→电机→动力传动系统→驱动轮。

纯电动汽车的核心技术主要包括动力蓄电池及管理系统技术（BMS）、电机及控制技术（CEDM）、整车控制技术（CVC）、能量管理技术（EMCS）。电池是电动汽车的动力源，也是一直制约电动汽车发展的关键因素，想要使电动汽车在与燃油汽车的竞争中取胜，关键就是要研发出比能量高、比功率大、使用寿命长、成本低的高效电池。电池组性能直接影响整车的加速性能、续驶里程以及制动能量回收的效率等。电池的成本及循环寿命直接影响车辆的成本和可靠性。电

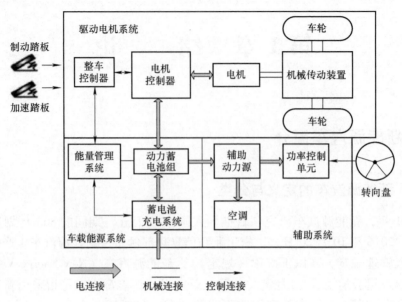

图1-1 纯电动汽车的组成结构

动汽车的电池在使用中发热量较大,电池温度影响电池的电化学系统的运行、循环寿命以及充电可接受性、功率和能量、安全性和可靠性等。因此,为了达到最佳的性能和寿命,需将电池包的温度控制在一定范围内,降低电池包内不均匀的温度分布,以避免模块间的不平衡,以此防止电池性能下降以及比如热失控的潜在危险的发生。

纯电动汽车的动力源,可以分为单一车载动力蓄电池和辅助动力源两种。辅助动力源比如超级电容器、惯性储能飞轮、太阳能等,可以提高电动汽车的续驶里程。目前上市的纯电动汽车主要采用单一动力蓄电池的方式,典型的车型例如比亚迪e6,如图1-2所示。

图1-2 比亚迪e6

纯电动汽车根据动力布置形式分类,如图1-3所示。图1-3a是替代内燃机布置的机械传动类型的纯电动汽车,保留了发动机前置、后轮驱动的结构,内燃机汽车的传动系统,提升了纯电动汽车的起动转矩和低速时的后备功率;图1-3b、c都是无变速器型的纯电动汽车,取消了离合器和变速器,而采用固定比减速器,变速功能是通过控制电机来实现的,图1-3c的结构称为电机齿轮机构集成布置,它将电机、固定比减速器以及差速器集成为一体,用两根半轴连接驱动轮，在小型电动汽车上应用十分普遍。图 1-3d 是电动轮型纯电动汽车，可以分为轮边电机或轮毂电机，它进一步缩短了电机至驱动轮之间的动力传动路径，减少了能量在传动路径上的损失，可以实现四驱，轮边电机必须配备减速比较大的行星齿轮减速器，同时电机控制系统相对来说也比较复杂，轮毂电机去掉了减速齿轮，能量的传递效率高，但对电机的性能要求高，要求其具备很高的起动转矩以及较大的后备功率。

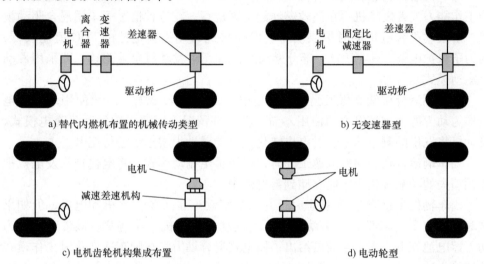

图 1-3 纯电动汽车的不同动力布置形式

2. 混合动力汽车

混合动力（简称混动）的概念最早源于 1902 年，德国人费迪南德·保时捷成功制造了由汽油机与发电机组合的混合动力汽车，这是世界上第一辆混合动力汽车。混合动力电动汽车既有传统汽车的发动机、变速器、传动系统、油路、油箱，也有动力蓄电池、电机、控制电路。相比于传统的混合动力汽车（Hybrid Electric Vehicle，HEV），插电式混合动力汽车（Plug-in Hybrid Electric Vehicle，PHEV）拥有更大的电池容量，有充电接口，具备更长的纯电动续驶里程和更低的油耗以及排放。混合动力汽车的关键技术包括动力蓄电池及其管理系统、电驱动系统、动力系统参数匹配、能量管理策略等。

油电混合动力汽车根据动力耦合方式的不同可以分为串联型、并联型、混联型，因此插电式混动也有这三种动力耦合形式。总体来说，插电式混合动力汽车的工作模式根据不同的动力耦合方式略有不同，以并联型插电式混合动力汽车为例，其主要有 6 种工作模式：电机驱动模式、发动机驱动模式、混合驱动模式、发动机充电模式、再生制动模式以及为动力蓄电池组充电模式。

当车辆运行在低速、轻载等工况且动力蓄电池的 SOC（State Of Charge）较高时，若使用发动机作为动力源，则会导致发动机的燃油效率低，并且影响排放性能，在这种情况下需要采用电动驱动模式。

当车辆运行在高速、中等负荷工况且动力蓄电池的 SOC 并不低时，车辆克服行车阻力所需的功率并不是很大，在这种情况下需要采用发动机驱动模式，这时发动机可工作于较高的燃油经济性区域且排放性也较好。

当车辆运行在急加速或者爬坡等大负荷工况时，车辆所需的功率超过发动机的工作能力或者发动机不在高效燃油经济区运行，在这种情况下采用混合驱动模式，由发动机和电机同时提供功率。但如果此时动力蓄电池的 SOC 值比较低，则为了保护电池，只能牺牲一部分燃油经济性，由发动机单独驱动，即采用发动机驱动模式。

当车辆运行在低负荷工况且动力蓄电池的 SOC 较低时，继续使用动力蓄电池作为动力源会缩短电池的使用寿命，在这种情况下需要采用发动机充电模式，发动机将发出的剩余功率通过电机转化为电能对动力蓄电池进行充电。

当车辆运行在制动或减速工况时，采用再生制动模式，将电机作为发电机把车辆损失的动能转化为电能存储到蓄电池中。

当车辆处于怠速/停车状态时，并联型混动通常关闭发动机和电机，但如果这时的电池 SOC 较低，那么就需要开启发动机和电机，控制发动机带动电机为动力蓄电池充电。图 1-4 简要给出了插电式混合动力汽车随车速变化时工作模式的切换方法。

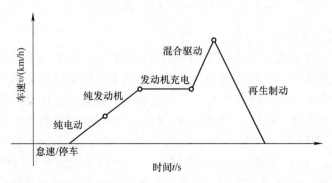

图 1-4　插电式混合动力汽车随车速变化时工作模式的切换方式

插电式混合动力汽车在通过外接电源给动力蓄电池充电后，根据路况、控制策略以及动力耦合方式的不同，能量转换形式主要为二次转换和一次转换，能量的流动形式可以分为双向和单向，驱动电机被控制为电动机或发电机。在驱动时，作为电动机使用，提供整车行驶所需要的动力；在制动减速时，作为发电机使用，将整车动能的一部分转化为电能，经 DC/DC 变换器给动力蓄电池充电，这样，就实现了能量的双向流动。从燃油箱、发动机、发电机、整流器流出的能量则是单向的，可以经电机控制器、电机直到机械传动装置，提供车辆行驶所需要的能量，也可以经过 DC/DC 变换器到达动力蓄电池组，提供维持动力蓄电池组 SOC 的能量。从动力蓄电池组、DC/DC 变换器、电机控制器、电机直到机械传动装置，能量流动可以是双向的。

　　串联插电式混合动力汽车的动力系统结构如图 1-5 所示。动力蓄电池和发动机 – 发电机组共同为驱动电机提供电能，驱动车辆行驶。在此动力系统中，发动机起动后可以一直保持在高效转区，而电机则有起动转矩大、无级线性变速、不需要变速器等特点，所以在拥堵的城市长时间中低速行驶时，可以有效地节省燃油；缺点则是在高速路况下，由于能量二次转换中不断损失，反而油耗变高，同时由于发动机的频繁介入，车辆的噪声与振动（NVH）性能也会受到影响。因此串联插电混合式动力汽车特别适合低速运行、频繁起动的情况。因为电机用来替代传统发动机以达到驱动的目的，所以对动力蓄电池容量、发电机以及电机的功率要求很大。因此，串联插电式混合动力汽车多应用在大型车中，比如城市公交车。

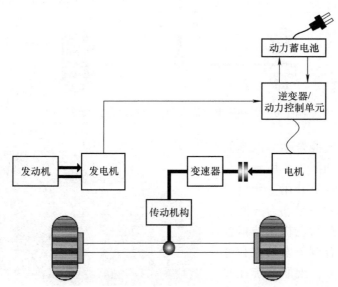

图 1-5　串联插电式混合动力汽车动力系统结构

　　并联插电式混合动力汽车的动力系统结构如图 1-6 所示。它没有单独的发电机，电机既可以作为电动机使用，又可以作为发电机使用，又称为电动机 – 发电机组，发动机和电机可以共同或单独驱动汽车。在此动力系统中，由于电机、发动机同时驱动车轮，不会出现功率浪费的问题，同时具备电动汽车和燃油汽车的优点，在纯电模式下使用成本低，舒适性好，在混动模式下低速转矩更强，高速经济性和功率更佳。另外，该连接方式简单，只是在变速器上增加了一台电机，成本比较低。其缺点是发动机的工作点不是总处于最佳燃油经济区；只有一台电机，不能同时发电和驱动汽车，故混合驱动模式不能持久运行，最后会转换为发动机驱动模式。因为电机更多地作为车辆起步和加速时动力的辅助来源，所以对于电机没有过高的要求。因此，并联混动系统多用于微混与轻混车型，例如比亚迪唐 DM-i，如图 1-7 所示。

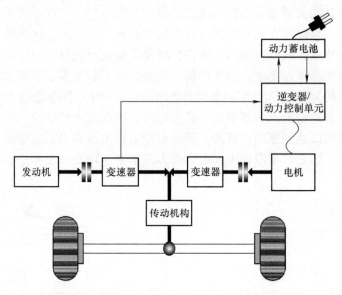

图 1-6　并联插电式混合动力汽车的动力系统结构

混联插电式混合动力汽车的动力系统结构如图 1-8 所示。它的发动机和电动机共用一套机械变速机构，二者通过动力分配装置即 ECVT 行星齿轮机构的耦合单元连接，综合调节发动机和电动机的转速关系。混联系统在并联系统的基础上加入一个发电机，可实现并联式双动力驱动的

图 1-7　比亚迪唐 DM-i

优势，还可以利用发动机驱动发电机发电，然后采用纯电动的方式，获得串联式混合动力的优点。几种完全不同的驱动模式，可以灵活地根据工况自动调节发动机、发电机和电动机的工作状态，其能量的流动路线多样。可以一边驱动一边发电，还可以选择纯电动或者纯发动机的模式等，在制动等环节回收能量用来发电等。混联系统是当前技术发展和产品应用的主要方向，可主要细分为功率分流和串并联形式。目前混合动力汽车领域 70% 左右的车型均采用双电机混联的方案，

比如丰田基于第三代普锐斯的 THS Ⅱ 混动系统开发的卡罗拉双擎混动汽车，如图 1-9 所示。

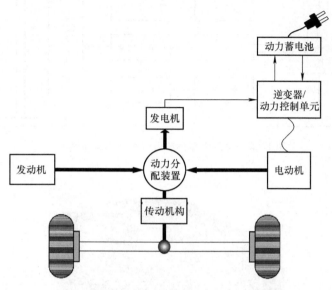

图 1-8　混联插电式混合动力汽车的动力系统结构

混合动力电动汽车利用电池给电机提供动力来源，并通过电机来调节发动机的工作点，可以有效降低油耗和排放，进一步提高整车动力性和经济性。同时，混合动力电动汽车利用电机制动，借助新增零部件，可以进行有效的能量回收和能量管理，不同的混合动力系统构型方案可以实现不同的转矩分配功能。

图 1-9　丰田卡罗拉双擎混动汽车

增程式混合动力汽车（Extended-Range Hybrid Vehicle，ERHV）是指在纯电动汽车上安装了一个增程器，包括发动机和发电机，整车在纯电动模式下可以达到其所有的动力性能，而当动力蓄电池无法满足续驶里程要求时，打开车载辅助发电装置即增程器为动力系统提供电能，以延长续驶里程，过程中发动机不直接向车辆提供动力。增程式电动汽车由动力蓄电池系统、动力驱动系统、车辆控制系统和辅助动力系统组成。增程式混合动力汽车动力系统的结构如图 1-10 所示，它与串联插电式混合动力汽车十分相似。典型的增程式混合动力车型雪佛兰 VOLT 如图 1-11 所示，它也是汽车界的首款增程式电动汽车，其动力系统结构如图 1-12 所示。

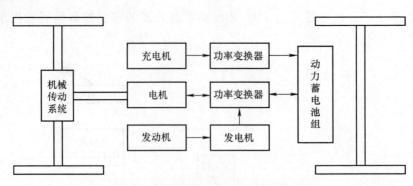

图1-10　增程式混合动力汽车动力系统结构

图1-11　雪佛兰VOLT增程式混合动力汽车

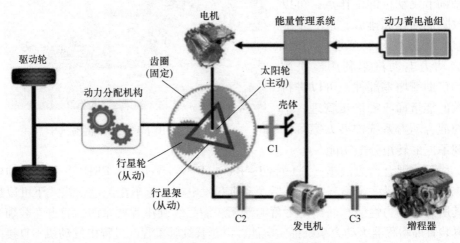

图1-12　雪佛兰VOLT动力系统结构

增程式混合动力汽车在不同的工作模式下，内部各个模块充当的角色不同，以雪佛兰VOLT汽车为例，其有5种不同的工作模式：EV低速模式、EV高速模式、EREV 混合低速模式、EREV 混合高速模式、能量回收模式。

1）EV 低速模式：类似于单电机驱动模式，这时离合器 C1 闭合，C2、C3 松开，增程器停转。电机推动太阳轮转动，带动行星轮转动，进而通过动力分配机构把动力传输到车轮。

2）EV 高速模式：发电机充当第二电机参与工作，这时离合器 C2 闭合，C1、C3 松开，增程器停转。发电机推动外层齿圈转动，电动机推动太阳轮转动，带动行星架转动，进而通过动力分配机构把动力传输到车轮。

3）EREV 混合低速模式：增程器带动发电机为动力蓄电池充电，这时离合器 C1、C3 闭合，C2 松开，增程器运转。同时动力蓄电池为电机供电推动太阳轮转动。由于齿圈固定，行星架随太阳轮转动，进而通过动力分配机构把动力传输到车轮。

4）EREV 混合高速模式：增程器参与驱动与充电，这时离合器 C2、C3 闭合，C1 松开，增程器运转。增程器与发电机转子连接后推动齿圈转动，同时为动力蓄电池充电。

5）能量回收模式：离合器 C1 闭合，C2、C3 松开，增程器停转。车轮带动行星轮转动，同时齿圈固定，从而太阳轮随着行星架转动，这时电机作为发电机对动力蓄电池进行充电。

3. 燃料电池汽车

燃料电池汽车（Fuel Cell Electric Vehicle，FCEV）的燃料电池系统经过电化学反应产生电能并传给电机，驱动汽车行驶。与纯电动汽车不同的是，燃料电池属于连续电池，并且燃料电池的加氢时间明显短于纯电动汽车的充电时间。1838年，德国化学家克里斯提安·弗里德里希·尚班提出了燃料电池原理；1839 年，英国物理学家威廉·罗伯特·格鲁夫基于尚班的理论将理论证明刊登于《科学的哲学杂志与期刊》，并以氢气和氧气作为燃料，以铂丝作为电极催化剂，获得了 $3.5\text{mA}/\text{cm}^2$ 的电流密度并点亮了照明灯；1955 年，W. 汤马斯·葛卢布进一步设计以磺化聚苯乙烯离子交换膜作为电解质，对原始的燃料电池进行改革；1958 年，李奥纳德·尼德拉克提出将铂沉积在膜上面，铂是氢气进行氧化反应和氧气进行还原反应必需的催化剂；1959 年，英国工程师法兰西斯·汤玛士·培根和他的同事们成功地展示出第一个输出功率达 5kW 的实用级燃料电池系统，哈利·伊律格领导的团队也制造出功率为 15kW 的燃料电池汽车；1960 年，普惠公司获得培根专利的许可，将燃料电池当作太空计划中电力和水的来源；1962 年，美国通用电力公司研发出质子交换膜燃料电池（PEMFC）技术，PEMFC 和碱性燃料电池先后被成功应用于双子座（Gemini）和阿波罗号（Apollo）飞船，进一步推动燃料电池的发展热潮；1991 年，罗杰·比林期开发出世界首个用于汽车的氢燃料电池；1993 年，Ballard 公司推出了世界上第一辆以 PEMFC 为动力源的电动公共汽车，装备105kW级PEMFC燃料电池组；1997年，Ballard公司和德国戴姆勒－奔驰公司、美国福特公司合作开发车用燃料电池。

燃料电池是继水力、火力、核能发电之后的第四类发电，即化学能发电。其基本原理就是将燃料气体与氧气的化学能直接转化为电能。由于燃料电池内部没有机械传动部件，还原剂和氧化剂的供给也不同于铅蓄电池、锂电池等传统电池，所以燃料电池的内部结构大大简化。并且因为燃料电池不受卡诺循环的限制，所以具有较高的能量转化率。

目前共有5代燃料电池：第一代为碱性燃料电池（AFC），第二代为磷酸燃料电池（PAFC），第三代为固体氧化物燃料电池（SOFC），第四代为熔融碳酸盐燃料电池（MCFC），第五代为质子交换膜燃料电池（PEMFC）。这些燃料电池没有替代关系，各有优劣，具体情况见表1-1。

表1-1 主要燃料电池类型

类型	碱性燃料电池	磷酸燃料电池	固体氧化物燃料电池	熔融碳酸盐燃料电池	质子交换膜燃料电池
英文缩写	AFC	PAFC	SOFC	MCFC	PEMFC
电解质	氢氧化钾溶液	浓磷酸溶液	氧离子导电陶瓷	碱金属碳酸盐熔融混合物	氟聚合物电解质膜
燃料	纯氢气	氢气/天然气	氢气/天然气/沼气/煤气	氢气/天然气/沼气/煤气	氢气/天然气/甲醇
氧化剂	纯氧气	空气	空气	空气	空气
阳极（负极）	Pt/Ni	Pt/C	Ni/YSZ	Ni/Al	Pt/C
阴极（正极）	Pt/Ag	Pt/C	Sr/LaMnO$_3$	Ni/Cr	Pt/C
效率	60%~90%	37%~42%	50%~65%	50%~60%	43%~58%
输出功率/kW	0.3~5.0	100~400	1~100	2~10	0.5~300
使用温度/℃	60~120	160~220	650~1000	650~700	60~80
启动时间	几分钟	2~4h	65~200min	>10h	几分钟
应用场景	航天/机动车	轻便电源/清洁电站	清洁电站/联合循环发电	清洁电站	机动车/清洁电站/潜艇/便携电源/航天

燃料电池-锂电池混合动力汽车的组成结构如图1-13所示。它主要由燃料电池堆、锂电池、驱动电机、高压储氢罐、升压变频器以及动力控制装置组成。锂电池用以回收制动能量，并在加速时辅助燃料电池供电。燃料电池反应堆既可以驱动电机，也可以为锂电池充电，因此燃料电池堆要求体积小型化以及高能量输出，即保证较高的体积能量密度。

目前，储氢方式可以分为高压气态储氢、低温液态储氢、金属氧化物固态储氢、有机液体储氢、碳纳米管吸附储氢等，车用储氢罐一般采用高压气态储氢的方式，储氢瓶内的气压约700atm，因此对材料的要求很高，比如丰田公司采用的Ⅳ型70MPa高压储氢罐由塑料内衬加上碳纤维强化层和玻璃纤维保护层组成，质量储氢密度大于5%，体积储氢密度达到35g/L，这些指标或许成为交通领域储氢的参考标准。驱动电机由燃料电池和动力蓄电池组进行供电。升压变频器要求能够将电压升高到650V。动力控制单元在不同的行驶工况下控制动力蓄电池的充放电策略。燃料电池汽车具有动力性能好、排放无污染、续驶里程长、加注时间短等优点。

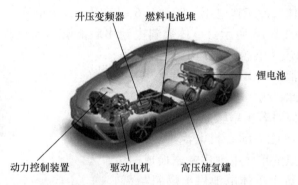

图1-13　燃料电池-锂电池混合动力汽车的组成结构

燃料电池-锂电池混合动力汽车的动力系统结构如图1-14所示。由于燃料电池的输出特性偏软且受温度和压力的影响较大，因此需要在燃料电池输出端增加一个DC/DC模块以稳定输出端的电压。

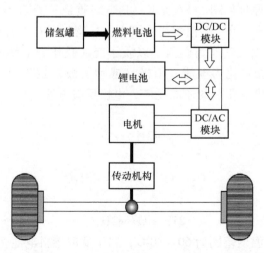

图1-14　燃料电池-锂电池混合动力汽车的动力系统结构

燃料电池汽车的燃料电池堆目前主要采用 PEMFC。典型的燃料电池汽车车型丰田的 Mirai 如图 1-15 所示。

燃料电池单体的化学电动势为 1.0~1.2V，但由于在燃料电池的电极上，活化氢气和氧气的能量要消耗一部分电动势，在电极发生反应后，

图 1-15　丰田 Mirai

电池内部的物质转移扩散，所需能量也消耗部分电动势，另外电极和电解质之间有接触阻抗，电极和电解质也有电阻，也要消耗与电流大小成正比的电动势，因此，燃料电池单体实际工作电压一般为 0.6~0.8V。多个单体燃料电池串并联组成了电池组，如图 1-16 所示。单体燃料电池串联能够达到更高的电压和容量。由于受到材料如质子交换膜等以及工艺水平的限制，单体电池的输出电流密度约为 300~600mA/cm^2，因此，为了提高燃料电池的输出电流能力，可以将若干串联的电池组并联，组成具有较大输出能力的燃料电池堆。由于燃料电池堆是大量的单体电池串并联而成的，因而，存在着向每个单体电池供给燃料与氧化剂的均匀性和电池组热管理问题。燃料电池是燃料电池电动汽车的核心部件，其品质直接决定了整车性能。

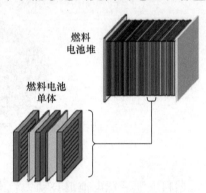

图 1-16　燃料电池单体与电堆

（1）PEMFC 工作原理

PEMFC 的工作原理如图 1-17 所示，其电解质是一种固体有机膜，在增湿情况下，膜可传导质子。单体电池主要由膜电极、密封圈和带有导气通道的流场板组成。PEMFC 通常以氢气作为燃料，以质子交换膜作为电解质，通过电化学反应将氢气中的化学能转化为电能，阳极（或称负极）发生氢气的氧化反应，阴极（或称正极）发生氧化剂的还原反应，电极反应方程式如下：

阳极：
$$H_2 \rightarrow 2H^+ + 2e^- \tag{1-1}$$

阴极：
$$O_2 + 4H^+ + 4e^- \rightarrow 2H_2O \tag{1-2}$$

总反应式：
$$2H_2 + O_2 \rightarrow 2H_2O \tag{1-3}$$

PEMFC 的操作温度范围为 60~80℃，属于低温燃料电池，而高温 PEMFC 的工作温度可达 200℃。PEMFC 具有体积小易组装、固体电解质不易流失、无噪

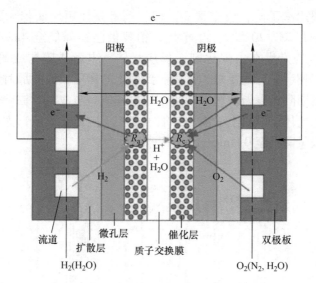

图 1-17 PEMFC 基本工作原理与结构

声、便携、低温时能够快速启动等优势,适合作为各种交通工具动力源,同时,在便携式电源、不间断电源、分布式电站有广阔应用前景。

燃料电池是一种连续电池,阳极板一端不断通入温度和压力合适的氢气,并对多余的氢气进行回收,循环利用;阴极板一端不断通入氧气,反应过程中会产生水,需要及时从阴极板一端排出。

如果是在水下或者宇宙的真空空间,氧化剂选择纯氧,在地面则使用空气。正常情况下,为了保证燃气和氧化剂供给充足,反应气体要使用风机或者压缩机进行加压操作。在地面上使用的 PEMFC 如果反应状况良好,在氧化剂一端会形成局部低压,大气中空气就会朝低压方向挤压,如果电池达到自呼吸就可以只使用燃料气罐,这对于实际应用有着巨大意义。

(2) PEMFC 基本单元结构

PEMFC 基本单元由质子交换膜(Proton Exchange Membrane,PEM)、双极板(阳极板和阴极板)、催化层(Catalyst Layer,CL)、扩散层(Gas Diffusion Layer,GDL)、微孔层(MicroPorosity Layer,MPL)、端板、密封垫圈等组成,如图 1-18 所示。其中,CL 和 GDL 组合在一起称为气体扩散电极,PEM、CL 和 GDL 集成在一起成为膜电极(Membrane Electrode Assembly,MEA),MEA 是质子交换膜中多相物质传输和发生电化学反应的场所,是保证电化学反应能高效进行的核心,直接影响电池性能,而且对降低电池成本、提高电池比功率与比能量至关重要,决定着燃料电池的性能、寿命和成本。影响 MEA 性能的因素有铂载量和电极的制备工艺。最早的气体扩散层只是简单地将铂黑与一定量的黏结剂直接压在 GDL

上，导致铂的利用率下降，成本提高。但目前都是使用比面积大的炭黑作为载体，提升铂的利用率。20 世纪 80 年代，铂载量已经降低至 $4mg/cm^2$，考虑到 PEMFC 的电极反应发生在由催化剂 - 反应气体 - 电解质膜构成的三相界面上，只有位于这个三相反应区的铂颗粒才能起到催化的作用，因此那时铂的利用率依然很低。美国洛斯阿拉莫斯实验室通过使用电解质膜溶液，对铂碳催化剂进行浸渍，然后热压到气体扩散层上，成功扩展了三相反应区的区域，大大提高了铂的利用率，将铂载量降低至 $0.4mg/cm^2$。

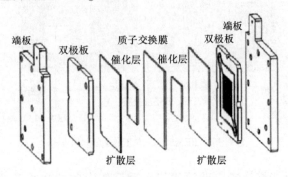

图 1-18 PEMFC 基本单元的结构

PEM 兼有半透膜和电解质的作用，它不仅是作为隔开阳极燃料与阴极氧化剂的隔膜，也是电解质和电极活性物质（电催化剂）的基底。PEM 的厚度为 $50 \sim 180\mu m$，在一定的温度和湿度下是一种选择性透过膜，只允许仅有质子而无电子的 H^+ 穿过，不允许 H_2、其他离子以及液体穿过。

在 CL 中，催化剂也称为触媒，功能是加速阳极板氢气的氧化反应和阴极板氧气的还原反应。常见的催化剂是负载型金属铂（Pt），铂具有活性高、耐腐蚀等特点。将铂颗粒用化学或者物理的方法搭载在具有良好分散性以及导电性的碳材料上，有时会掺杂某些金属氧化物，以对其性能进行改善。目前在保证铂利用率的前提下，合理的铂载量大致为 $0.2mg/cm^2$。使用时要注意防止铂催化剂的中毒失效，这是因为由于铂自身对 CO 的吸附能力极大，虽然 H_2 中的 CO 只有 $10 \sim 1000ppm$（$1ppm = 1 \times 10^{-6}$），但 Pt 催化剂都会优先与 CO 结合，并且挤占 H_2 的活性位点，导致催化剂中毒，使得 PEMFC 只能使用纯化的氢气，而不是便宜的重整氢气。因此，设计耐 CO 毒化的催化材料和降低/替代铂金属是目前氢燃料电池的主要研究方向。

GDL 是由碳纤维纸制成的多孔合成物，起着支撑催化剂、收集电流并为电化学反应提供电子通道、气体通道和排水通道的作用。小型 PEMFC 的双极板流道较浅，因此选用具有一定强度的碳纸作为 GDL。组装大的 PEMFC 时，则使用碳布来填满与双极板接触处的缝隙。GDL 的厚度为 $100 \sim 400\mu m$，由于 GDL 内部粗糙多孔，从而有足够大的表面积促进燃气和氧化剂在催化剂下的电化学反应。因此，GDL 是进行电化学反应的区域，是 MEA 的核心部分。

由于 PEMFC 在运行时会产生大量的水，因此在使用 GDL 前都必须做疏水处理，有时还会在 GDL 表面覆盖一层炭黑，即 MPL，也称为水管理层（Water Management Layer，WML）。MPL 通常由炭粉和具有疏水性的聚四氟乙烯组成。

双极板又称为集流板、流场板，是电池的重要部件之一，其作用是输送和分配燃料和氧化剂、在电池中分隔反应气体、收集电流、将各个单体电池串联、水热管理等。在保持一定力学强度和良好阻气作用的前提下，双极板厚度应尽可能薄，以减少对电流和热的传导阻力，双极板的一般厚度为 2~3.7mm。双极板表面的导流槽用于流通燃气、氧化剂和水，其上刻有各种形状的流道，用于引导反应气体的流动方向，确保反应气体均匀分散到电极的各处，经电极扩散层到达催化层参与电化学反应。双极板流道的设计包括两个方面：一是流道的尺寸，图 1-19 展示了双极板流道的横截面，主要的尺寸有流道宽度、流道深度、流道倾角、脊宽度、流道长度等；二是流道的形状和结构，流道的形状有点状、网状、平行沟槽和蛇形等，如图 1-20 所示。流道的形状决定气体的传输和水滴的粘附情况，因此流场必须根据具体情况慎重选择。目前，平行沟槽流道和蛇形流道应用广泛。流道的结构要考虑介质均匀性、水热管理、接触电阻以及支撑强度。

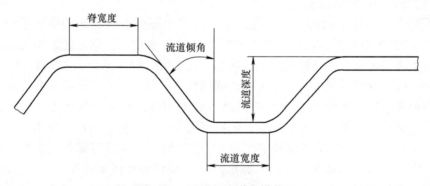

图 1-19　双极板流道的横截面

双极板的材料常用石墨、表面改性的金属或金属与炭黑的复合材料。石墨双极板化学性质稳定，且与 MEA 之间的接触电阻小，因此可以有效减小燃料电池的内部电阻，但石墨是脆性材料，机械强度较低；铝、镍、钛及不锈钢等金属材料也可用于制作双极板，这种双极板成本低、厚度薄。大功率的金属双极板电堆比石墨双极板电堆在体积方面要小得多，因此可以提高电池的体积比功率与比能量。采用金属与炭黑制成的复合材料双极板由于生产周期长、成本高、机械强度差、电导率高等缺点在应用方面受到很大限制。总体来说，若双极板与 MEA 之

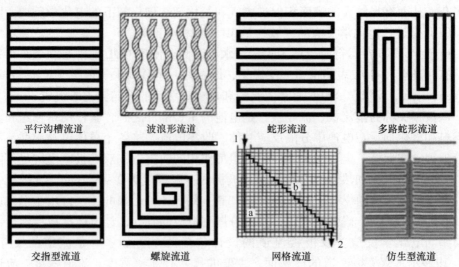

图 1-20 双极板流道的形状

间的接触电阻大,欧姆电阻产生的极化损失多,运行效率下降,因此在常用的各种双极板材料中,通常选用石墨材料,而不锈钢和钛的表面均形成不导电的氧化物膜使接触电阻增高。

(3) PEMFC 发动机系统

PEMFC 不同于一般的化学电源,它是由多个部分组合起来的完整系统。一个实用化的 PEMFC 系统包括燃料电池堆、燃料与氧化剂供应系统、单元电池组的温湿度调节单元、水热管理系统、功率变换单元、控制系统,如图 1-21 所示。燃料电池堆以外的系统称为辅助系统,依据燃气、氢气、水的流通回路不同,可以分为阳极回路、阴极回路和冷却回路。其中阳极回路即氢气回路,包括减压阀、电磁阀、氢气循环装置等组件;阴极回路即空气回路,包括空气压缩机(简称空压机)、空气滤清器(简称空滤)、中冷器、增湿器等部件;冷却回路是为冷却液(通常是去离子水或乙二醇水溶液)提供循环流动的通道,包括水泵、节温器、去离子器、水暖 PTC、风扇和散热器、储水箱等部件。控制系统集软件和硬件为一体,包括燃料电池控制器以及其他辅助系统的控制软件。

PEMFC 发动机作为一种能量转化和动力机械装置,许多方面可以与内燃机来类比。内燃机工作时我们所关注的问题包括燃料供给、新鲜空气的补充和尾气的排放、气道和气缸内的气体流动、燃烧过程、冷却系统及启动系统等。对于 PEMFC 内部过程,气体反应物输送至电化学反应位点的过程可类比于燃料和新鲜空气的供给,电化学反应生成物水的排出可类比于内燃机尾气的排放,燃料电池的流道和多孔电极中的流动可类比于歧管和气缸中的气体流动,电化学反应过程类比于燃烧及做功过程。PEMFC 虽然具有较高的能量转化效率,但依然有废

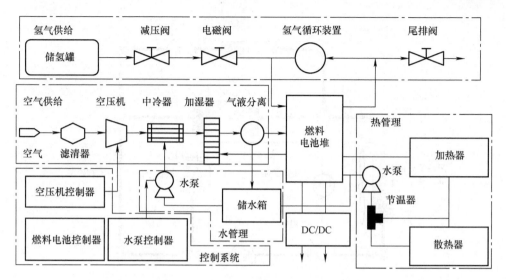

图 1-21 PEMFC 发动机结构原理图

热产生,需要冷却系统带走多余的热量。PEMFC 同样存在启动和低温启动等问题。因此,PEMFC 水热管理,就是其内部传输所有过程的统称,涵盖了电池内"气-水-电-热-力"传输的所有过程。这五点彼此影响,耦合在一起,均对 PEMFC 的输出性能和寿命有重要的影响。

水热管理系统用于电池内部的水平衡与热平衡。水平衡不仅对电池的性能有巨大影响,而且对于电池的使用寿命也很关键。在 PEMFC 中,水以气态或者液态形式存在。如果水量太少,质子交换膜达不到一个良好的水化条件,其电导率受到影响;如果水量过多,阴极催化剂就会被多余水淹渍,影响氧化剂的传质,同样也会导致电池性能下降。热平衡对电池的性能也有很大的影响,而且与水平衡有着直接的关系。电池的温度升高,内部分子的运动加快,水分子和反应气体分子的扩散速度加快,但是温度过高,水以蒸汽形式流失会导致膜失水,影响其电导率。水蒸气还会稀释电池内部反应气体的浓度,影响电化学反应的进行。电池温度降低,导致反应活化能不足,电化学反应进行缓慢,同样影响电池性能。当反应迅速进行时,也会产生大量热,电池在此情况下需要一定的散热操作。水平衡与热平衡在 PEMFC 运行过程中同时存在,互相影响。一般维持水平衡除了增加外增湿系统外,对电池还要有一定的内增湿设计。散热设计,通常采用风冷散热,同时使用加热设备对电池进行保温。图 1-22 所示为燃料电池的水热管理系统。

氢气供应、管理和回收系统中,气态氢常用高压储氢罐装载。为了保证续驶里程,高压储氢罐通常有多个,一般轿车需要 2~4 个高压储氢罐,大型客车则

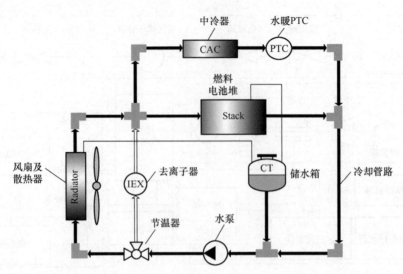

图 1-22　燃料电池的水热管理系统

需要 5~10 个高压储氢罐。虽然液态氢比能量高于气态氢，但是由于液态氢也处于高压状态，不仅需要高压储氢罐来储存，还需要保温装置来保持低温，因此其保温装置是一套复杂的系统。图 1-23 所示为气态氢供给系统。

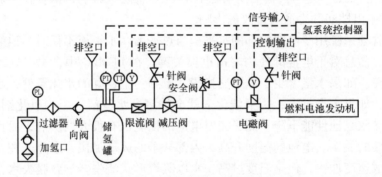

图 1-23　燃料电池气态氢供给系统

空气供给系统需要用空气压缩机来提升压力，以加快燃料电池反应的速度，燃料电池系统的配套压缩机的性能有特定的要求，压缩机的质量和体积会增加燃料电池发动机系统的质量、体积和成本，压缩机消耗的功率会降低燃料电池的效率。空气供给系统的各种阀门、压力表、流量计等接头要采取防泄漏措施。在空气供给系统中还要对空气进行加湿处理，保证空气有一定的湿度。图 1-24 所示为燃料电池的空气供给系统。

燃料电池汽车的控制系统通常是按照电池的输出功率以及外电路负载设计的，主要包括反应气体的流量、进气压力、电池温度的控制。有时在控制系统中

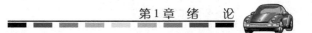

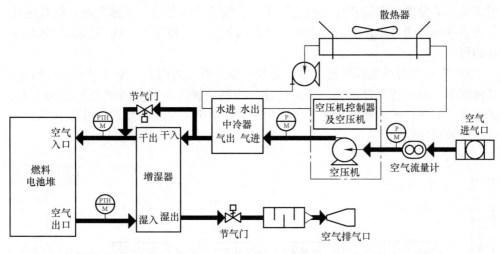

图 1-24　燃料电池的空气供给系统

安装单片机与计算机连线，进行即时的数字记录，然后根据记录对电池反应气体流量、进气压力、电池温度进行人工调节，来保证电池持续稳定的运行。

(4) 燃料电池电动汽车（FCEV）的分类

FCEV 按燃料电池的种类，可以分为直接式和重整式。直接式 FCEV 的燃料直接使用氢气，需要进一步优化氢气的存储技术。重整式 FCEV 将甲醇、汽油等转变为氢气或富含氢的混合气作为燃料，重整所产生的高温带来的连锁问题不容忽视。

FCEV 按照氢燃料的存储方式进行分类，可以分为压缩氢、液氢、吸附氢、复合氢、碳纳米管 FCEV。压缩氢式 FCEV 用约 5000psi（34.5MPa）的高压压缩气态氢气，可以提高能量密度，但是对容器的耐压性要求较高。液氢燃料电池汽车利用超低温（-263℃）使氢气液化，这种方式的能源消耗很严重，并且需要谨防泄漏的问题。吸附氢燃料电池汽车利用吸氢金属或合金吸附材料进行吸附存储，这种方式尽管安全可行，但是存储效率还有很大的提高空间。复合储氢采用在高压储氢罐中设置储氢合金管芯的结构，使大部分氢气吸留在颗粒状的储氢合金上。碳纳米管具有优越的力学、电学等性能而成为最具潜力的储氢主要载体，多壁碳纳米管间存在石墨层间隙和表面存在大量分子级细孔，比表面积很大，能够吸附大量气体，常温下碳纳米管完全吸氢速度可达 3~4h，完全放氢速度可达 0.5~1h。

FCEV 按照动力系统驱动形式，可以分为纯燃料电池驱动（PFC），燃料电池 + 动力蓄电池联合驱动（FC + B），燃料电池 + 超级电容器联合驱动（FC + C）、燃料电池 + 辅助蓄电池 + 超级电容器联合驱动（FC + B + C）。后三者动力系统驱动形式是混动模式，它们在纯燃料电池驱动系统的基础上结合了蓄电池、超级电容器为主的辅助动力源，不仅可以提升汽车的加速、爬坡能力，还可以实现制动能量的回收。

1）PFC 动力系统以燃料电池作为唯一能量源，结构如图 1-25 所示，PFC 的结构简单，利于整车轻量化，能量传递效率高，缺点是需要的燃料电池功率大、成本高，对燃料电池系统的动态性能和可靠性提出了很高的要求，并且它无法实现制动能量的回收。

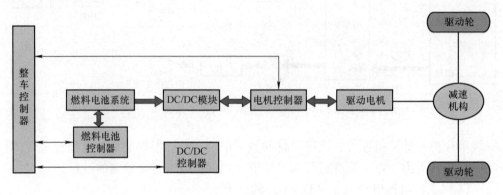

图 1-25　PFC 的动力系统结构

2）FC + B 动力系统由燃料电池和动力蓄电池混合供能，结构如图 1-26 所示。动力蓄电池组的比功率成本较低，可以提供高频功率，也可以纯电动模式单独驱动汽车，常用的动力蓄电池为锂电池、铅酸电池等。FC + B 动力系统的工况适应性好，各项性能均匀，代表车型有现代 Nexo、荣威 950、丰田 Mirai 等，图 1-27所示是丰田 Mirai 燃料电池汽车。

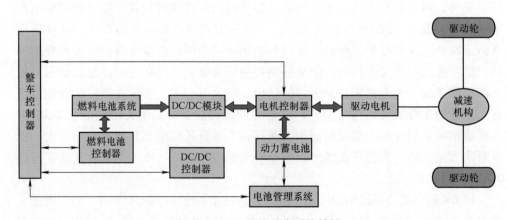

图 1-26　FC + B 的动力系统结构

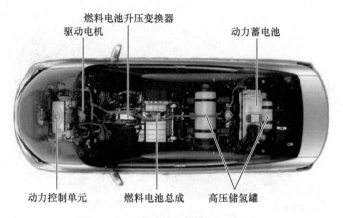

图 1-27　丰田 Mirai 燃料电池汽车

3) FC + C 动力系统加入超级电容器作为动力源，结构如图 1-28 所示。超级电容器是一种新型储能装置，它既具有电容器快速充放电的特性，同时又具有电池的储能特性，加速爬坡响应快，起动性能好，其缺点是比功率小，存在自放电特性。代表车型有本田 FCV – 3、马自达 FCEV 等。图 1-29 所示是本田 FCX 系列燃料电池汽车。

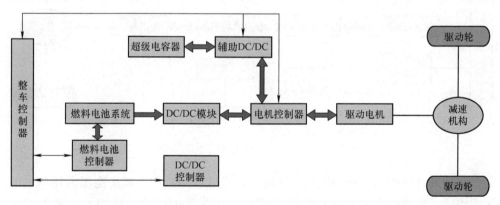

图 1-28　FC + C 的动力系统结构

4) FC + B + C 动力系统结构如图 1-30 所示，相较于动力蓄电池，其充放电效率高，能量损失小，但是能量密度低，双辅助动力源的结构进一步降低了燃料电池以及蓄电池的功率要求，优化了汽车的冷起动，改善了回收制动能量效果，但结构复杂，控制难度大并且系统的重量增加。代表车型有本田 FCHEV – 4。

1.1.2　新能源汽车发展现状

21 世纪是能源结构重大变革时期。从多国签署《巴黎协定》共同维护地球

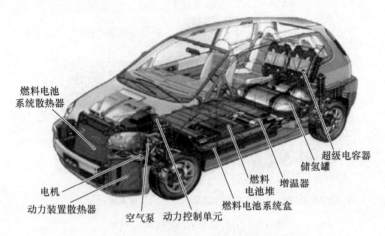

图 1-29 本田 FCX 系列燃料电池汽车

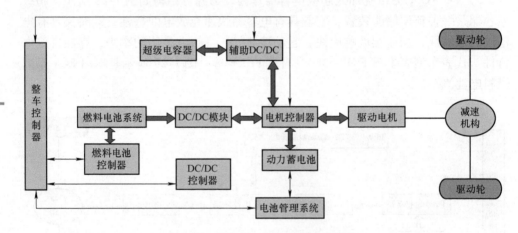

图 1-30 FC + B + C 的动力系统结构

生态环境到各国深入推进环境保护战略,促进能源绿色化,减少能源消耗造成的环境污染,成为许多国家研究的重要课题。中国于 2021 年正式加入《基加利修正案》以来,削减当量碳排放、有效延缓全球变暖成为各个行业的热门话题。新能源汽车的快速发展是能源绿色化的重要标志,表明汽车领域正在经历着自其诞生以来罕见的全局性变革。在这场变革中,欧洲、美国、日本、中国等国家作出了比较突出的贡献。

1. 国外新能源汽车发展

(1) 市场情况分析

随着各国制定利好政策支持新能源汽车行业发展,全球新能源汽车销量呈现高速增长态势。全球新能源乘用车销售情况如图 1-31 所示。2022 年全球电动汽车销量超过 1000 万辆，呈指数级增长。2023 年第一季度全球新能源汽车销量达 230 万辆，同比增长约 25%。预计 2023 年全球销量同比增长 35%，达到 1400 万辆，占汽车市场整体份额将增至 18%。绝大多数电动汽车销售集中在中国、欧洲和美国三大市场。其中，中国是领跑者，2022 年全球 60% 的电动汽车销售发生在中国，全球已售出的电动汽车一半以上在中国。此外，2022 年欧洲、美国电动汽车销量分别增长 15% 和 55%，印度、印度尼西亚电动汽车销量增加 2 倍以上，泰国销量翻倍。主要经济体的政策方案将进一步提高电动汽车的市场份额。

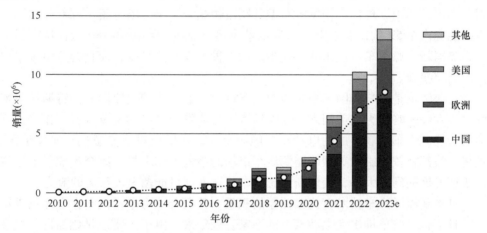

图 1-31　全球新能源乘用车销售情况

全球主要经济体的政策将在 2030 年把电动汽车的市场份额提高到 50%。电动汽车的蓬勃发展将推动全球道路运输的石油需求在 2025 年前后达到峰值，并排放约 7 亿 t 二氧化碳。预计到 2050 年，电池制造业将满足电动汽车的净零排放需求。

2022 年，全球电动汽车支出超过了 4250 亿美元，比 2021 年增长了 50%；初创公司用于研发电动汽车和电池技术的风险投资总额达到了近 21 亿美元，比 2021 年增长了 30%；电池和关键矿物相关的投资也在增加。2022 年，可供选择的电动汽车种类达到 500 种，是 2018 年的 2 倍多。越来越多的新进入者正在提供更实惠的车型，供消费者选择的电动汽车种类日益增加。但目前全球可选择的电动汽车车型数量仍然远低于市场上可选择的燃油汽车种类。

随着电动汽车的飞速发展，更多车型的电气化已成为必然。道路运输的电气化不仅局限于汽车，两轮车/三轮车也是最重要的电气化市场。商用车的电气化程度也在增加，2022 年全球电动轻型商用车的销量增长了 90%，达到 31 万辆左右。

（2）发展现状及趋势

欧洲长期实行汽车节能减排战略，欧盟曾经制定环境保护战略目标：2020年，温室气体排放量在1990年基础上要减少20%，其中，交通行业是主抓对象，2020年，欧盟境内所有新车的二氧化碳排放量降至95g/km。近两年，欧盟计划要求新车和货车排放量从2030年起下降65%，2035年实现新车净零排放，2050年实现汽车行业净零排放。在高远发展战略目标的引领下，欧洲很可能制定一系列优惠力度更大的政策支持欧洲新能源汽车行业发展。

2021年，美国新能源汽车市场近7成份额被特斯拉Modle3和ModleY车型占据，丰田、通用、现代、福特等车型共同占领剩余3成市场份额。2020年美国在售新能源汽车59款，而中国、欧洲供给车型分别为300款和180款，从数量上看，美国新能源汽车行业正处于起步阶段，种类少，数量少，而且行业市场主要由特斯拉垄断。

行业政策是影响美国未来新能源汽车行业发展态势的主要因素。特斯拉新能源汽车发展战略是影响美国未来新能源汽车行业发展态势的重要因素。作为占据美国新能源汽车市场7成的电动车及能源企业，特斯拉对新能源汽车研发情况、销售战略都将较大影响美国新能源汽车市场的结构和需求量。结合当前新能源汽车飞速发展的国际大势，美国新能源汽车行业发展可能蕴藏着巨大的潜力。

日本新能源汽车技术有比较深厚的积累，其混合动力电动汽车在全球销量第一，日本也是较早推出纯电动汽车的国家。近年来，由于主要依靠燃油发动机技术优势生产燃油汽车和混合动力汽车，日本纯电动汽车发展速度趋缓，落后于中国、欧洲、美国等地区的新能源汽车发展。

2021年底，丰田公司首席执行官丰田章男宣布到2030年实现每年350万辆电动汽车的销售目标，这意味着日本新能源汽车市场可能在今后十年获得较大发展。有资料显示，由于新能源汽车领域技术积累和经济仍然保持发展，消费者对汽车需求比较稳定，日本新能源汽车爆发式增长将发生在2025—2035年间。不过，日本汽车市场已经成熟，近年来销量和保有量数据趋于稳定，未来新能源汽车爆发式增长可能无法达到其他汽车大国的增长速度。

（3）全球燃料电池汽车发展

近年来，随着节能减排以及更为严苛的汽车排放法规要求的提出，车企将更多的发展目光转向燃料电池汽车技术的研究。日本、韩国、北美以及欧洲等国家和地区都已对燃料电池技术投入了大量研究。

日本研究燃料电池技术的时间较早。2014年丰田推出了首款商用化的燃料电池车Mirai，成为燃料电池汽车发展历史上的重要里程碑，续驶里程可达到650km。2014年，本田汽车宣布其燃料电池堆的功率密度达到3kW/L，随后本田也推出了商用化燃料电池汽车Clarity。2019年，丰田燃料电池乘用车Mirai销量

第 1 章 绪 论

超过 2400 辆,并推出了 10.5m 燃料电池客车 SORA。2020 年底,新一代丰田 Mirai 正式上市,相比丰田 Mirai 一代,丰田 Mirai 二代在燃料效率上提升约 10%,载氢量提升约 20%,续驶里程提高了约 30%。

2014 年,日本公开其氢气及燃料电池战略路线图,为氢气的生产、储存、运输和实际应用规划了发展路线。为尽可能保证其本土氢能供应,日本政府多年来一直积极推动国内和国际间制氢合作,并于 2020 年完成了其全球目前最大的光伏制氢装置——福岛 10MW 级制氢装置的试运营,计划 2025 年底,建成加氢站共 320 座,到 2030 年,建成加氢站共 900 座。每座加氢站服务车辆约 30 辆。

自 20 世纪 70 年代以来,美国一直在推动氢能源技术的发展。作为全球最大的能源消费国,美国政府高度重视氢能源的研发与应用。近年来,美国在氢能源基础设施建设、政策扶持和科研投入方面均走在世界前列。据预测,到 2030 年,美国氢能源市场规模将达到 500 亿美元,到 2050 年将达到 2.5 万亿美元。

目前,美国的氢能源行业已进入快速成长期。据统计,截至 2022 年底,美国共有 270 个正在运营的氢气生产设施,另有 130 个在建或规划中。这些设施主要分布在加利福尼亚、纽约、宾夕法尼亚等州。此外,美国有超过 25 家专注于氢能源研发与制造的上市公司,其中包括多家全球领先的氢能源技术企业。

氢能源的应用领域广泛,且具有绿色环保的优势。目前,美国已有数万辆氢燃料电池汽车上路,另有数百座加氢站为这些车辆提供补给。此外,氢能源在发电、冶金、化工等领域也有广泛应用。例如,加州已建立了一个涵盖 11 个城市的氢燃料电池汽车车队,为当地提供清洁的公共交通解决方案。在工业领域,氢能源可用于生产氨、甲醇等化工品,同时也可作为钢铁、有色金属等行业的还原剂。

为推动氢能源行业的发展,美国政府出台了一系列支持政策。首先,联邦政府为氢能源的研发与制造提供了丰厚的资金支持。此外,各州政府也积极参与到氢能源的发展中,如加利福尼亚州为氢燃料电池汽车提供了购车补贴和税收优惠。宾夕法尼亚州则在可再生能源生产及消费方面给予了企业税收减免等优惠政策。这些政策有力地促进了氢能源的快速发展。2023 年 6 月,美国市场上共售出 445 辆丰田 Mirai 和 8 辆现代 Nexo。2023 年上半年,美国氢燃料电池汽车累计销量达到 1827 辆。自 2014 年以来,累计销量已达 16816 辆。

欧洲氢能商用车市场保有量目前还十分有限,道路上运行的氢能商用车大多是燃料电池城市公交车,从 2019 年到 2021 年期间,欧洲累计投放了超过 200 辆氢燃料电池客车;到 2030 年,预计欧洲道路上的氢燃料电池客车将接近 20000 辆。

欧盟和多个成员国已经将低碳氢能定位为其能源转型战略中的重要工具,并将氢视为商用交通领域脱碳的重要解决方案,而客车是重要的下游应用场景之一。2021年,欧洲氢能客车的年销量已首次突破百辆。

欧洲燃料电池客车的部署通常由政府背书,通过市政交通运营商推动——目前运营的车辆基本都依赖于欧盟委员会和成员国政府的资助的氢能交通项目。但与中国具体化的补贴方案不同,欧洲对氢能客车的资助额度取决于欧盟及成员国政府对具体项目申请的审批。在不考虑资助的情况下,欧洲氢能客车购置成本是中国氢能客车的2~3倍,订单交付周期也明显高于中国。

韩国在2006年对30辆运动型多用途汽车(Sport Utility Vehicle,SUV)和4辆大客车进行示范运行,并根据试运行反馈的数据在2009—2012年成功研发出第二代燃料电池堆。韩国在2013年宣布开发小规模量产燃料电池汽车,此后推出了第三代燃料电池堆技术并将其继续应用于SUV及客车。韩国于2019年公布了《氢能经济发展路线图》。至2025年,韩国目标打造氢燃料电池汽车年产量10万辆的生产体系;至2040年,氢燃料电池汽车累计产量有望增至620万辆,其中氢燃料电池公交车努力实现4万辆,氢燃料电池汽车加氢站将增至1200个。2020年韩国燃料电池汽车全年销量达5823台,同比增长39%,贡献了当年全球销量的65%。

2. 我国新能源汽车发展

我国新能源汽车产业经过20多年的发展,产销规模在2022年突破650万辆,成为全球最重要的新能源汽车市场。自2001年我国正式启动"863"计划电动汽车重大专项至今,行业经历了战略规划期(2001—2008年)、导入期(2009—2015年)、成长期(2016年至今)三个发展阶段。新能源汽车产业在国家政策的支持下,经过多年培育,在动力蓄电池、驱动电机、整车控制系统以及整车集成匹配等关键技术方面已取得重大突破,产业链日趋成熟,规模化推广应用正逐步展开。

2022年,在《新能源汽车产业发展规划(2021—2035年)》大力推动下,新能源汽车成为行业最大亮点,产销量连续8年蝉联世界第一,累计销售达1500余万辆。2022年新能源汽车销量为688.67万辆,同比增长95.62%,占汽车总销量25.64%。其中纯电动汽车销售535.31万辆,同比增长84.55%。

截至2022年,中国新能源汽车产销量已经连续八年位居全球第一,成为世界新能源汽车第一大国。中国新能源汽车市场渗透率正步入高增长快车道。自2021年起,新能源汽车全面进入市场驱动阶段,全年市场渗透率达13.4%,新能源汽车市场已经进入快速成长期。2022年,新能源汽车全年市场渗透率达25.64%,提前三年完成国家《新能源汽车产业发展规划(2021—2035年)》提出的到2025年达到20%的目标。

未来我国新能源汽车的长期发展规划主要基于2020年11月2日国务院办公厅印发的《新能源汽车产业发展规划(2021—2035年)》。这份发展规划明确了

第1章 绪 论

我国新能源汽车长期规划要点：

一是到2025年，纯电动乘用车新车平均电耗降至12.0kW·h/100km；新能源汽车新车销量达到汽车新车销售总量的20%左右；高度自动驾驶汽车实现限定区域和特定场景商业化应用；完善充换电、加氢基础设施建设；放宽市场准入、完善双积分政策等。

二是力争到2035年，纯电动汽车成为新销售车辆的主流，公共领域用车全面电动化；燃料电池汽车实现商业化应用，高度自动驾驶汽车实现规模化应用；充换电服务网络便捷高效，氢燃料供给体系建设稳步推进，有效促进节能减排水平和社会运行效率的提升。

基于《节能与新能源汽车技术线路图2.0》，目前我国新能源汽车技术发展着力点放在电动化和智能网联化，具体发展路径规划如下：

一是在节能汽车油耗方面，提出至2025年、2030年、2035年新车平均油耗目标，其中乘用车（含新能源）分别为4.6L/100km、3.2L/100km、2.0L/100km；传统能源乘用车（不含新能源汽车）分别为5.6L/100km、4.8L/100km、4.0L/100km；混合动力乘用车分别为5.3L/100km、4.5L/100km、4.0L/100km。

二是在纯电动和插电式混合动力汽车方面，到2035年，形成自主、完整的产业链，自主品牌纯电动和插电式混合动力汽车产品技术水平和国际同步；新能源汽车占汽车总销量的50%以上，其中纯电动车占新能源汽车的95%以上；实现纯电动技术在家庭用车、公务用车、出租车、租赁服务用车以及短途商用车等领域的推广应用。

三是智能网联汽车方面，到2025年，L2、L3智能网联汽车销量占比达到50%，L4智能网联汽车进入市场；到2030年，L2、L3智能网联汽车销售占比达到70%，L4智能网联汽车销售占比达到20%，且实现L4智能网联汽车在高速公路广泛应用，在部分城市道路规模化应用；到2035年，L4、L5智能网联车辆具备与其他交通参与者间的网联协同决策与控制能力，各类网联式高度自动驾驶车辆广泛运行于中国广大地区。

四是在新能源汽车电驱动系统方面，到2035年，我国新能源汽车电驱动系统产品总体达到国际先进水平。其中，乘用车电机比功率达到7.0kW/kg、电机系统超过80%的高效率区95%、乘用车电机控制器功率密度达到70kW/L、纯电驱动系统比功率为3.0kW/kg等。

五是在充电基础设施方面，到2035年，建成慢充桩端口达到1.5亿端以上（含自有桩及公共桩），公共快充端口（含专用车领域）为146万端，支撑1.5亿辆以上车辆充电运行，同时实现城市出租车和网约车共享换电模式的大规模应用。

在燃料电池汽车方面，中国汽车工业协会数据显示，2020年全国燃料电池汽车产销分别为 1199 辆和 1177 辆；2021 年产销分别为 1777 辆和 1586 辆，同比增加 48.2% 和 34.7%。近年来，我国已设置"以奖代补"的补贴政策有针对性地对燃料电池产业链上游关键原材料的自主研发设置了补贴奖励条款，旨在推动并加快燃料电池系统核心部件及原材料的国产替代进程，促进产业进一步独立自主发展。2022 年 3 月，国家发展改革委、国家能源局公开发布了《氢能产业发展中长期规划（2021—2035 年）》，明确了国家氢能发展规划：①到 2025 年，形成较为完善的氢能产业发展制度政策环境，初步建立较为完整的供应链和产业体系，初步建立以工业副产氢和可再生能源制氢就近利用为主的氢能供应体系，燃料电池车辆保有量约 5 万辆，适度超前部署建设一批加氢站，可再生能源制氢量 10 万～20 万 t/年，二氧化碳减排 100 万～200 万 t/年；②到 2030 年，形成较为完备的氢能产业技术创新体系、清洁能源制氢及供应体系，产业布局合理有序，可再生能源制氢广泛应用；③到 2035 年，形成氢能产业体系，构建涵盖交通、储能、发电、工业等领域的多元氢能应用生态，可再生能源制氢在终端能源消费中的比重明显提升。

1.2 新能源汽车能量管理概述

1.2.1 新能源汽车能量管理研究现状

新能源汽车的动力系统可能包含了多个动力源以及动力蓄电池，其控制策略相比传统燃油汽车更为复杂，因此，新能源汽车往往需要增加一个控制单元进行多个动力源以及动力蓄电池的协调控制，即整车控制器（Vehicle Control Unit, VCU）。

能量管理是整车控制器的核心功能，以混合动力汽车为例，能量管理的目标主要是响应驾驶人的加速踏板与制动踏板操作，合理协调多个动力源输出相应的需求转矩，使不同部件工作在高效区间，提升整车的经济性。发动机、驱动电机以及燃料电池等不同动力源的工作特性差异巨大，因此需要综合考虑不同部件的工作特性、SOC 以及行驶环境等因素进行动力源之间的能量管理。能量管理策略的优劣将显著影响混合动力汽车的经济型、舒适性和动力性。

开发高效、能够适应不同行驶环境的新能源汽车能量管理策略是提升新能源汽车能耗经济性的关键，可以有效促进新能源汽车的推广与应用。

新能源汽车能量管理策略的研究对象是具有多个动力源的新能源汽车，由于纯电动汽车的动力源是单一的，故本书简要对动力蓄电池管理技术以及在降低整车能量消耗和提高电池效率/寿命的前提下的电动汽车能量管理策略进行论述；大部分能量管理策略的研究对象为插电式混合动力汽车与燃料电池汽车。

1.2.2 基于确定性规则的能量管理策略研究现状

基于确定性规则的能量管理策略最先是由 Bumby J. R. 等在 1987 年提出的,它是一系列逻辑策略的总称,依靠对典型参数值的设置以及根据一系列逻辑规则制定相应的控制规则,来实现动力系统的能量分配与协调控制。这种能量管理策略是其他很多能量管理策略的基础,灵活性极佳,许多相关研究学者通过将其与其他算法结合来改善传统的基于规则控制能量管理策略的不足,如遗传优化算法、工况识别算法、模糊控制算法等。

控制规则的制定和后期标定依赖开发人员的水平,开发人员需要针对新能源汽车动力系统构型进行理论分析,考虑不同部件的工作特性来设计合理的控制逻辑,控制阈值则需要经过仿真实验与实车试验的反复标定得到,从而实现整车综合性能的提升。

对于插电式混合动力汽车,由于其可以通过外接电源进行充电,电池容量相对于传统混合动力汽车更大,因此基于规则的逻辑门限能量管理策略通常采用 CD – CS (Charge Depletion – Charge Sustaining,电量耗尽 – 电量维持) 控制策略。在电量充足时,以 CD 模式运行,CD 模式下侧重电能的消耗,发动机为辅助驱动源,当整车需求转矩超过 ISG (Integrated Starter and Generator,起动发电一体电机) 电机时,发动机起动补偿差值转矩;而当电量不足时,以 CS 模式运行,CS 模式下发动机为主要驱动源,此时根据设计的转矩分配规则,使发动机工作区域始终在最佳燃油消耗区域内。

逻辑门限能量管理策略是目前市场上插电式混合动力汽车普遍采用的控制策略,这是一种开放式的控制策略,研发人员先对混合动力系统进行理论分析,继而根据分析结果设计混合动力汽车动力系统控制的逻辑规则,通过控制参数,即门限值、曲线以及插值表调节混合动力系统不同部件的工作状态。同时,逻辑门限能量管理策略也可以作为基于工况识别、瞬时优化能量管理策略等控制策略的基础,具有较好的兼容性,是插电式混合动力汽车能量管理策略的基础。

全局优化算法的理论基础是最优控制理论,它是在预先获知车辆行驶工况全局信息的前提下,根据动力传动系统控制变量与状态变量的转移关系,在满足变量限制条件的前提下使目标函数最优的能量管理策略。常见的全局优化算法有动态规划 (Dynamic Programming, DP) 和庞特里亚金极小值原理 (Pontryagin's Minimum Principle, PMP),二者均属于间接求解的优化算法。尽管全局优化算法可以实现控制目标的全局最优,但是具有严重依赖行驶工况的准确预知这一不足。因此,通常情况下,全局优化算法主要用于以下方面:

1) 提供理论的最优结果,用于评价其他能量管理策略。
2) 指导基于确定性规则的能量管理策略的规则提取和参数调整。

3) 与模型预测控制结合，提供全局 SOC 参考轨迹，并为滚动优化算法在预测域内对控制变量进行求解。

4) 作为机器学习等能量管理方法的训练数据来源。

动态规划是美国数学家 Bellman 等人所提出的一种寻优算法，通过将问题划分成多个阶段进行逐一求解，保存各个阶段的计算结果来避免重复运行，最终达到在全局寻优中节省计算时间的目的。而在数学本质上，动态规划可以与 PMP 具有等效性，通过 Hamilton – Jacobi – Bellman（HJB）方程可以将两者联系起来。动态规划一般用于求解确定速度下的变速器换档和动力源转矩分配问题，在已知全局行驶工况的条件下，动态规划算法能使 PHEV 获得理论上最优的燃油经济性。

PMP 是最优控制理论中一个非常强大的分支，与变分法相比，可以解决受约束的全局最优控制问题。

实时优化算法的理论基础是最优化理论，在这种能量管理策略中，由于控制变量寻优范围只针对当前决策，从而相对于全局优化具有更小的计算负担，不要求获取全局工况信息，因此实时优化一方面提升了实时性，另一方面使得全局最优性能下降。常见的实时优化算法有 3 种：等效燃油消耗最小控制策略（Equivalent Consumption Minimization Strategy，ECMS）、自适应等效燃油消耗（Adaptive – Equivalent Consumption Minimization Strategy，A – ECMS）以及模型预测控制（Model Predictive Control，MPC）。

ECMS 最早由 Paganell 在 2001 年提出，它是一种基于 PMP 的能量管理策略，用于简化混合动力系统求解的计算量。通过 ECMS 获取全局最优解的前提是在某一确定工况下找到某个存在的最优等效因子，从而实现近似于 PMP 的全局最优结果。

等效因子的选取直接决定了 ECMS 能量管理的效果，并且等效因子的选取受到复杂多变工况信息的影响，而目前的研究中 A – ECMS 适用于复杂多变工况信息，针对混合动力系统，它能够根据交通信息、行驶工况类型等外部驾驶条件自适应地调整等效因子。A – ECMS 通常考虑动力蓄电池 SOC 与等效因子及燃油消耗之间的关系，根据电池 SOC 动态调整的等效因子全局优化模型，无须考虑等效因子和行驶工况之间的关系，仅须计算当前 SOC 和预期 SOC 之间的差值，通过 PID 控制器等方式，根据 SOC 差值的反馈来实现等效因子的动态调整。

MPC 能将全局优化问题简化为预测时域内的局部优化问题，MPC 又被称为预测控制、滚动时域控制。MPC 基本结构包含参考轨迹、预测模型、反馈矫正和滚动优化 4 个环节。参考轨迹是指优化模型预期输出量或者状态量的轨迹，根据当前输出量或状态量会相应地调整，为滚动优化过程提供参考；预测模型用于预测未来时域内的系统动态行为，它通过相关预测算法、传递函数等获得预测时域内的输出信息，为滚动优化过程提供输入信息；反馈矫正的闭环机制的引入可以实时修正预测模型的预测输出，减小预测误差，增加系统的鲁棒性；滚动优化用于综合考虑参考轨迹、预测模型输入信息，对预测时域内的优化问题进行求解，针对不同的优化问题会有相应的求解方法，常用的有线性规划、动态规划、序列二次规划、模糊规划等。目前的研究主要集中在滚动优化算法和预测算法。

机器学习算法是统计学以及多学科融合的数据科学的总称，它的本质是通过大量的样本数据提取或学习那些人类难以得知的隐藏在数据背后的事物的本质规律。机器学习算法可以分为监督学习（Supervised Learning）、无监督学习（Unsupervised Learning）和强化学习（Reinforcement Learning）3大类。监督学习方法指的是利用某种算法在给定特征集和目标集的前提下让某个模型能够自行模拟原始样本输入、输出的映射关系。无监督学习方法没有确定的结果，不会给样本任何标签信息，完全依靠某种机制或评价体系让机器自发地寻找合适的学习内容。强化学习方法处于监督学习和无监督学习之间，本身并不指定某组数据或某个动作的好坏，也就是不对样本进行标记，但是它对最终的目标函数有十分明确的指向，非常适合求解能量管理问题。

监督学习方法在能量管理中常用的方法包括神经网络、支持向量机等。无监督学习方法在能量管理中常用的方法包括 K - means 聚类、主成分分析等。

规则学习的目标是产生一个能覆盖尽可能多的样例的规则集，最直接的方式就是顺序覆盖，即逐条归纳，这也是规则学习最简单的一种训练思想，在训练集中每学到一条规则，就将该规则覆盖的样本从训练集中取出，然后用剩下的样本训练出另一组规则。当然为了避免模型的过拟合，一般算法都会加入剪枝优化的策略。

人工神经网络（Artificial Neural Networks，ANNs）也简称为神经网络（NNs）或称作连接模型（Connection Model），它是一种模仿动物神经网络行为特征，进行分布式并行信息处理的算法数学模型。这种网络依靠系统的复杂程度，通过调整内部大量节点之间相互连接的关系，从而达到处理信息的目的。

RL又称再励学习、评价学习或增强学习，是机器学习的范式和方法论之一，用于描述和解决智能体（agent）在与环境的交互过程中通过学习策略以达成回报最大化或实现特定目标的问题。强化学习的常见模型是标准的马尔可夫决策过程（Markov Decision Process，MDP）。按给定条件，强化学习可分为基于模式的强化学习（model - based RL）和无模式强化学习（model - free RL），以及主动强化学习（active RL）和被动强化学习（passive RL）。强化学习的变体包括逆向强化学习、阶层强化学习和部分可观测系统的强化学习。求解强化学习问题所使用的算法可分为策略搜索算法和值函数（value function）算法两类。深度学习模型可以在强化学习中得到使用，形成深度强化学习。

1.2.3　新能源汽车能量管理发展趋势

工程应用方面，能量管理策略主要以基于规则的逻辑门限能量管理策略为主，另外，基于瞬时优化的等效油耗最小能量管理策略由于具备良好的实时性、控制简单的优点，目前也逐渐在工程中开始应用。针对目前的新能源汽车，这些能量管理策略已经能较好地满足整车运行的基本需求。

理论研究方面，为了提高新能源汽车的燃油经济性，提出了基于优化算法的能量管理策略，比如自适应等效油耗最小能量管理策略、模型预测控制等，但是受限于整车控制器的运算能力等问题，还未能付诸工程应用。

未来新能源汽车能量管理的研究主要包括：

（1）开发一种适应复杂行驶环境的新能源汽车能量管理策略

交通状态、道路坡度等行驶环境因素均对能量管理策略的性能存在重要的影响，目前实际应用的能量管理策略往往难以随着行驶环境的变化自适应调节控制策略，在某些特殊行驶环境下可能会导致车辆能耗的显著增加、动力性下降以及电池容量损耗增加等问题。而借助车辆智能网联技术，新能源汽车可以准确获取诸如前方交通状态、道路坡度等行驶环境信息。利用机器学习理论等人工智能方法开发智能自适应能量管理策略，使新能源汽车在不同行驶环境下均能实现良好的能耗经济性、车辆动力性和延长动力蓄电池寿命。

（2）结合自动驾驶技术开发只能网联新能源汽车能量管理策略

传统的新能源汽车的能量管理主要是为了响应驾驶人的加速/制动踏板操作，输出需求扭矩。尽管完全自动驾驶尚未实现，但特定场景下的自动驾驶技术已经在实车上应用。在自动驾驶状态下，车辆自主规划行驶路径与车速，能量管理是根据车速规划结果进行动力系统转矩的分配，车速的规划会直接影响新能源汽车的经济性，在满足乘客出行需求的条件下，结合新能源汽车动力系统的特性进行经济车速的规划与动力系统的能量管理可以实现更优的能耗经济性，同时也将改善交通通行状态。

第 2 章　新能源汽车电驱动系统及电力电子器件

2.1　驱动电机及发电机

驱动电机是新能源汽车的核心部件，与普通的工业电机相比，在调速、效率、功能等方面都有较高的要求，不仅保障了新能源汽车的安全，还有利于控制成本，以实现规模化生产。基于新能源汽车电机驱动控制技术的发展，当下常见的驱动电机有交流异步电机、永磁同步电机、开关磁阻电机等。据调查研究表明，各个汽车制造商配套车型中不同型号汽车所配置的驱动电机类型也存在差异。由此，了解新能源汽车与电机驱动控制技术，探究其机构、工作原理对于行业的发展具有积极意义。

随着汽车数量的不断增长与能源消耗的不断增加，汽车在方便人类的同时，一方面消耗着地球上的能源，一方面严重污染了环境，这使得人类不得不考虑保护环境和节约能源的问题。新能源汽车逐渐走入了人们的视野，它不仅可以大大减少能源的消耗，并且可以减少环境污染，因此，新能源汽车替代传统内燃机汽车的呼声越来越高。但是新能源汽车对于电机控制系统的要求较高，目前的驱动系统的性能还有待提高。新能源汽车驱动系统的研究是当前汽车行业的研发重点。

新能源汽车在行驶的过程中将面对复杂的路面情况，面临着频繁的加速、减速以及上坡、下坡等情况，另一方面也要克服恶劣的天气情况，如雨雪天气等，因此选择具有良好性能的驱动电机十分重要。

GB/T 19596—2017《电动汽车术语》中规定，驱动电机系统的定义是驱动电机、驱动电机控制器及其工作必需的辅助装置的组合。图 2-1 所示为两种电动汽车驱动电机的结构示例。

驱动电机的系统组成包括动力蓄电池、分线盒、电机控制器、驱动电机、减速器以及车轮，其中电机控制器、驱动电机和减速论是动力传递的 3 个主要装置，如图 2-2 所示。

驱动电机可以分为直流电机、交流电机和特种电机，其中直流电机又可以分为有刷电机和无刷电机；交流电机又可以分为异步电机和同步电机；特种电机有开关磁阻电机和轮毂电机。如图 2-3 所示。

图 2-1 电动汽车驱动电机结构示例

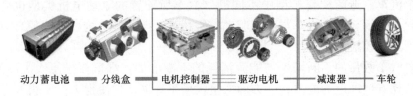

图 2-2 驱动电机系统组成

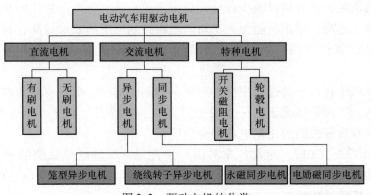

图 2-3 驱动电机的分类

直流电机的尺寸较大、比功率低、可靠性低；同步电机的比功率高、成本相对较高；异步电机的工作可靠，但控制难度高；开关磁电机具有结构简单、可靠性高、维护量少、控制较容易等优点，但振动较大；轮毂电机则在尺寸、可靠性和功率输出方面具有一些独特的特点，它提供了较小的尺寸、高可靠性的优势，尽管功率相对同步和异步电机较低，但可以满足一些特定的车辆设计和应用需求。下面介绍几种驱动电机。

2.1.1 直流电机

直流电机是指能将直流电能转换成机械能（直流电动机）或将机械能转换成直流电能（直流发电机）的旋转电机。

1. 直流电机的结构

在新能源汽车研究中，无刷直流电机驱动控制技术是首先被广泛推广的。随着可控硅整流器的研制，新能源汽车电机驱动采用了 PWM 方式的控制，可以实现工作效率的最大化。然而，无刷直流电机驱动也存在一些困境，例如效率低、零件老化和损耗增加，这些都会增加新能源汽车运维的需求。此外，由于无刷直流电机驱动器的体积庞大，不适合小型汽车的应用，因此其市场普及率较低。

直流电机的结构由定子和转子两大部分组成。运行时静止不动的部分称为定子，定子的主要作用是产生固定的磁场，由机座、主磁极、换向极、端盖和电刷装置等组成。运行时转动的部分称为转子，其主要作用是产生电磁转矩或感应电动势，是直流电机进行能量转换的枢纽，所以通常又称为电枢，由转轴、电枢铁心、电枢绕组、换向器和风扇等组成。

定、转子之间通过轴承来过渡联系。

（1）定子

1）主磁极。主磁极的作用是产生气隙磁场。它由主磁极铁心和励磁绕组两部分组成。铁心一般用 0.5~1.5mm 厚的硅钢板冲片叠压铆紧而成，分为极身和极靴两部分，上面套励磁绕组的部分称为极身，下面扩宽的部分称为极靴，极靴宽于极身，既可以调整气隙中磁场的分布，又便于固定励磁绕组。励磁绕组用绝缘导线绕制而成，套在主磁极铁心上。整个主磁极用螺钉固定在机座上。

2）换向极。换向极的作用是改善换向，减小电机运行时电刷与换向器之间可能产生的换向火花，一般装在两个相邻主磁极之间，由换向极铁心和换向极绕组组成。换向极绕组用绝缘导线绕制而成，套在换向极铁心上，换向极的数目与主磁极相等。

3）机座。电机定子的外壳称为机座。机座的作用有两个：一是用来固定主磁极、换向极和端盖，并起整个电机的支撑和固定作用；二是机座本身也是磁路的一部分，借以构成磁极之间磁的通路，磁通通过的部分称为磁轭。为保证机座具有足够的机械强度和良好的导磁性能，一般为铸钢件或由钢板焊接而成。

4）电刷装置。电刷装置是用来引入或引出直流电压和直流电流的。电刷装置由电刷、刷握、压刷弹簧、刷杆和刷杆座等组成。电刷放在刷握内，用弹簧压紧，使电刷与换向器之间有良好的滑动接触，刷握固定在刷杆上，刷杆装在圆环形的刷杆座上，相互之间必须绝缘。刷杆座装在端盖或轴承内盖上，圆周位置可以调整，调好以后加以固定。

(2) 转子

1) 电枢铁心。电枢铁心是主磁路的主要部分，同时用以嵌放电枢绕组。一般电枢铁心采用由 0.5mm 厚的硅钢片冲制而成的冲片叠压而成，以降低电机运行时电枢铁心中产生的涡流损耗和磁滞损耗。叠成的铁心固定在转轴或转子支架上。铁心的外圆开有电枢槽，槽内嵌放电枢绕组。

2) 电枢绕组。电枢绕组的作用是产生电磁转矩或感应电动势，是直流电机进行能量变换的关键部件，所以叫电枢。它是由许多线圈（以下称元件）按一定规律连接而成的，线圈采用高强度漆包线或玻璃丝包扁导线绕成，不同线圈的线圈边分上下两层嵌放在电枢槽中，线圈与铁心之间以及上、下两层线圈边之间都必须妥善绝缘。为防止离心力将线圈边甩出铁心槽，在槽口处用槽楔将线圈边固定。线圈伸出铁心槽外的端接部分用热固性无纬玻璃带进行绑扎。

3) 换向器。在直流电动机中，换向器配以电刷，能将外加直流电流转换为电枢线圈中的交变电流，使电磁转矩的方向恒定不变；在直流发电机中，换向器配以电刷，能将电枢线圈中感应产生的交变电动势转换为正、负电刷上引出的直流电动势。换向器是由许多换向片组成的圆柱体，换向片之间用云母片绝缘。

4) 转轴。转轴起转子旋转的支撑作用，需有一定的机械强度和刚度，一般用圆钢加工而成。

直流电机也存在着许多限制，通过图 2-4 所示的直流电机原理图可以看出，直流电机需要采用电刷和换向器进行机械换向，因此在换向过程中会产生电火花和电磁干扰，严重降低了安全性和可靠性，同时也限制了它的输出功率。此外，这种复杂的机械结构也需要进行定期维护，对于电动汽车，这种使用情况会造成很多不便之处。

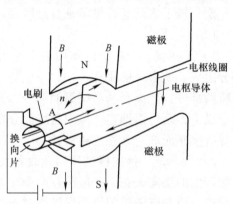

图 2-4 直流电机原理图

所谓的直流无刷电机虽然叫作直流电机，但它从本质上来说是一种交流方波供电的电机，从这一点上来讲，也可将其归属于永磁同步电机范畴，是一种先进的直流电机类型。其基本结构如图 2-5 所示，与普通的直流电机相类似，只是将定子和转子磁场元件的位置互换，因此省去了电刷和换向器等机械结构。直流无刷电机在继承传统直流电机容易调速这一优点的基础上，还排除了许多由电刷引起的问题。但是由于自身结构的限制，直流无刷电机在低速时会有很严重的转矩脉动问题，这极大地影响了车辆的舒适性，因此在电动汽车领域的实际应用过程中仍有一定的局限性。

2. 直流电机的分类

根据使用的角度不同,直流电机可以分为直流电动机和直流发电机。直流电机可以进一步分为两类,包括有刷直流电机和无刷直流电机。图 2-6 为有刷直流电机的工作原理。

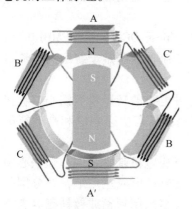

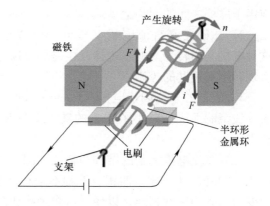

图 2-5　直流无刷电机原理图　　　　图 2-6　有刷直流电机的工作原理

有刷直流电机是传统的直流电机类型之一,其电刷-换向器用于转换电流方向,并实现转子的正常运转。有刷直流电机的分类主要基于其电刷-换向器的特性、工作原理和应用范围。常见的有刷直流电机类型包括串励电机、并励电机、复励电机等。有刷直流电机具有以下特点:

1) 易于控制和调速:可以实现电机的正反向转向控制和调速。

2) 起动转矩大:具有良好的起动性能,在低转速下能产生较大的起动转矩。

相比之下,无刷直流电机是一种先进的直流电机类型,其转子通过内置的永磁体产生磁场,而定子绕组则通过电子控制器来控制磁场的变化。无刷直流电机具有以下特点:

1) 高效能:能效较高,能够更有效地将电能转换为机械能。

2) 维护简单:由于没有电刷,因此无须定期更换和维护,减少了维护成本和工作中断的可能性。

3) 宽转速范围:能够提供更宽广的转速范围,适用于精密控制和高速应用。

4) 体积小、质量小:相较于有刷直流电机,无刷直流电机的结构更为简洁紧凑,具有较小的体积和质量。

无刷直流电机在航空航天、数控机床、机器人、电动汽车、计算机外围设备和家用电器等方面都获得了广泛应用。

按照供电方式的不同,无刷直流电机又可以分为两类:

1) 方波无刷直流电机,其反电势波形和供电电流波形都是矩形波,又称为矩形波永磁同步电动机;

2) 正弦波无刷直流电机，其反电势波形和供电电流波形均为正弦波。

无刷电机还可以根据其转子结构和控制方式进行分类：

1) 永磁同步电机（Permanent Magnet Synchronous Motor，PMSM）：这种无刷电机使用固定在转子上的永磁体产生磁场，通过电子控制器精确地控制转子磁场与定子磁场之间的同步运动。

2) 永磁无刷直流电机（Permanent Magnet Brushless DC Motor，PMBLDC）：这种电机利用转子上的永磁体产生磁场，通过电子控制器控制定子绕组的电流以实现转矩和速度的控制。

3) 无铁心永磁同步电机（Ironless Motor）：这种电机的转子没有铁心，直接由导线绕制而成，减小了转子的转动惯量和铁损耗，具有快速响应和高效能的特点。

无刷直流电机定子的结构与普通的同步电机或感应电机基本相同。在铁心中嵌入多相绕组（三相、四相、五相不等）。绕组可接成星形或三角形，并分别与逆变器的各功率管相连，以便进行合理换相。永磁体多采用钐钴或钕铁硼等高矫顽力、高剩磁密度的稀土材料制成，由于磁极中磁性材料所放位置的不同。可以分为表面式磁极、嵌入式磁极和环形磁极。由于电机本体为永磁电机，所以习惯上把无刷直流电机也叫作永磁无刷直流电机。电机的定子绕组多做成三相对称星形接法，同三相异步电机十分相似。电机的转子上安装着永磁体，为了检测电机转子的极性，在电机内装有位置传感器。驱动器由功率电子器件和集成电路等构成，其功能是：接受电机的起动、停止、制动信号，以控制电机的起动、停止和制动；接受位置传感器信号和正反转信号，用来控制逆变桥各功率管的通断，产生连续转矩；接受速度指令和速度反馈信号，用来控制和调整转速；提供保护和显示等。

图 2-7 展示了一个经典的无刷直流电机位置和转速控制方案的方框图。若仅需进行转速控制，可以省略位置控制器和位置反馈电路。通常在高性能的位置控制中，需要同时使用位置和转速传感器。若只有位置传感器而没有转速传感器，则需要检测位置信号的差异，这在模拟系统中可能会导致噪声放大的问题，而在数字系统中则不会存在该问题。对于进行位置和转速控制的无刷直流电机，必须使用位置传感器或其他能获取转子位置信息的元件。

为了实现转矩控制，在许多高性能应用中需要进行电流反馈。至少需要汇流电流反馈来保护电机和驱动系统免受过流的影响。通过添加内部电流闭环控制，可以实现类似于电流源逆变器的高性能，而无需使用直流耦合电抗器。这种控制方式被称为电流调节电压源逆变器。

在驱动系统中，直流电压调节也可以通过类似直流电源的可控整流器来实现。另外，PWM 信号可以同时应用于变换器的上下开关，也可以仅应用于上开

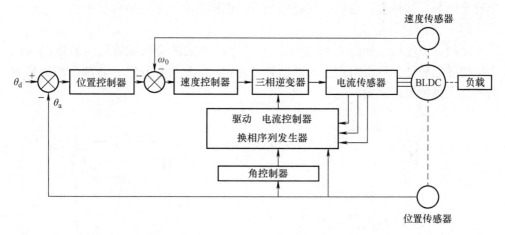

图 2-7　经典无刷直流电机位置和转速控制方案

关或下开关,以实现直流电压调节的目的。

3. 直流电机的励磁方式

励磁方式是指旋转电机中产生磁场的方式,直流电机的励磁方式分为以下 4 种。

(1) 他励直流电机

他励直流电机,如图 2-8 所示的励磁绕组与电枢绕组无连接关系,而由其他直流电源对励磁绕组供电的直流电机称为他励直流电机,永磁直流电机可以被视为一种励磁方式为永磁的直流电机,可以被看作是他励直流电机。

(2) 并励直流电机

并励直流电机,如图 2-9 所示,它的励磁绕组与电枢绕组并联到同一电源上,是使用电机本身发出来的端电压为励磁绕组供电。并励直流电机的励磁绕组与电枢共用同一电源,从性能上讲与他励直流电机相同。

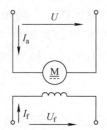

图 2-8　他励直流电机电路原理图

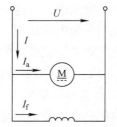

图 2-9　并励直流电机电路原理图

(3) 串励直流电机

串励直流电机,如图 2-10 所示,励磁绕组与电枢绕组串联后,再接于同一个直流电源。这种直流电机的励磁电流就是电枢电流。

(4) 复励直流电机

复励直流电机,如图2-11所示,有并励和串励两套励磁绕组。若串励绕组产生的磁通势与并励绕组产生的磁通势方向相同,称为积复励;若两个磁通势方向相反,则称为差复励。

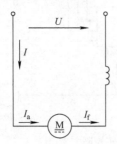

图2-10 串励直流电机电路原理图

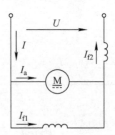

图2-11 复励直流电机电路原理图

不同励磁方式的直流电机有着不同的特性。

4. 直流电机的工作原理

永磁直流电动机的工作原理是在其内部固定一个环状永磁体,当电流通过转子上的线圈时,会产生安培力。当转子上的线圈与磁场平行时,继续转动会改变受到的磁场方向。此时,转子末端的电刷与转换片交替接触,导致线圈上的电流方向发生变化,而产生的洛伦兹力方向保持不变,使得电机能够保持一个方向的转动。

直流发电机的工作原理是利用电枢线圈中感应的交变电动势,并通过换向器和电刷的协同作用将其转换为直流电动势。

感应电动势的方向按照右手定则来确定(即磁感线指向手心,大拇指指向导体运动方向,其他四指的指向即为导体中感应电动势的方向)。导体受力的方向可通过左手定则来确定。这一对电磁力形成了作用在电枢上的一个转矩,该转矩在旋转电机中称为电磁转矩,其方向是逆时针的,试图使电枢逆时针方向旋转。如果此电磁转矩能够克服电枢上的阻力转矩(如摩擦引起的阻力转矩和其他负载转矩),电枢就能按逆时针方向开始旋转。

5. 直流电机的控制原理

无刷直流电机转子的转速 n(r/min)受其定子旋转磁场的转速及转子极数(P)影响:$n = 120f/P$。在转子极数 P 固定的情况下,改变定子旋转磁场的频率 f(Hz)就可以改变转子的转速。无刷直流电机即是将同步电机加上电子式控制(驱动器):控制定子旋转磁场的频率并将电机转子的转速回馈至控制中心进行反复校正,以期达到接近直流电机特性的方式。也就是说无刷直流电机能够在额定负载范围内当负载变化时仍可以控制电机转子维持一定的转速。

无刷直流驱动器包括电源部及控制部如图 2-12 所示：电源部提供三相电源给电机，控制部则依据需求转换输入电源频率。电源部可以直接以直流电输入（一般为 24V）或以交流电输入（110V/220V），如果输入是交流电，就得先经变换器转成直流。不论是直流电输入还是交流电输入，要输入电机定子绕组前，须先将直流电压由逆变器转成三相交流电压来驱动电机。

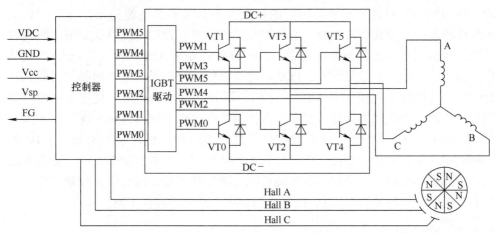

图 2-12　无刷直流电机控制电路原理图

要使直流电机转动起来，控制部分首先必须根据感应到的 Hall 传感器信号确定电机转子的位置，然后根据定子绕组的布置来决定打开（或关闭）逆变器（Inverter）中功率晶体管的顺序。如图 2-12 所示，逆变器中包括上臂功率晶体管（VT1、VT3、VT5）和下臂功率晶体管（VT0、VT2、VT4），通过按顺序使电流流经电机线圈，产生顺向（或逆向）旋转磁场，与转子的磁铁相互作用，从而实现电机的顺时针或逆时针转动。当电机转子转动到 Hall 传感器感应到另一组信号的位置时，控制部再次打开下一组功率晶体管，如此循环进行，电机就可以持续朝同一方向转动，直到控制部决定停止电机转子时，关闭功率晶体管（或只打开下臂功率晶体管）；要实现电机转子的反向转动，则功率晶体管的开启顺序相反。

基本上功率晶体管的开启顺序可以举例如下：VT0、VT2 一组→VT1、VT4 一组→VT3、VT4 一组→VT3、VT0 一组→VT5、VT0 一组→VT5、VT2 一组，但绝不能开启成 VT1、VT0 或 VT3、VT2 或 VT5、VT4。此外，由于电子元件都有开关响应时间，因此在开关过程中需要考虑元件的响应时间，否则上臂（或下臂）尚未完全关闭时，下臂（或上臂）就已经打开，导致上、下臂短路，从而损坏功率晶体管。

当电机转动起来时，控制部根据驱动器设置的速度和加/减速率命令与 Hall 传感器信号变化的速度进行比对（或通过软件计算），然后决定下一组功率晶体管（如 VT1、VT2 或 VT1、VT4 或 VT3、VT4 等）的导通与导通时间的长短。如果速度不够，则导通时间较长；如果速度过快，则导通时间较短。这部分工作由脉宽调制（PWM）来完成。PWM 决定了电机转速快慢的方式，如何生成精确的 PWM 信号是实现精确速度控制的核心。

在高转速的速度控制中，必须考虑系统的时钟分辨率是否足以掌握处理软件指令的时间。此外，Hall 传感器信号变化的数据存取方式也会影响处理器的性能、正确性和实时性。对于低转速的速度控制，尤其是低速启动，由于回传的 Hall 传感器信号变化变得更慢，因此如何采集信号、处理时机以及根据电机特性适当配置控制参数值变得非常重要。另一种改进是使用编码器（Encoder）变化作为参考，以增加信号分辨率，以期获得更好的控制效果。电机顺畅的运转和良好的响应还需要正确使用 P. I. D.（比例、积分、微分）控制。直流无刷电机是闭环控制的，因此反馈信号等同于告诉控制部电机转速距离目标速度还有多大偏差（Error）。知道了偏差，就需要进行补偿，传统的工程控制方法如 P. I. D. 控制可以用来实现补偿。然而，控制的状态和环境实际上是复杂多变的，如果要实现坚固耐用的控制，传统的工程控制可能无法完全实现，因此模糊控制、专家系统和神经网络等智能型 P. I. D. 控制方法也成为重要的理论手段。

2.1.2 交流电机

交流电机是用于实现机械能和交流电能相互转换的机械。分交流同步电机和交流异步电机两大类。

由于交流电力系统的巨大发展，交流电机已成为最常用的电机。交流电机与直流电机相比，由于没有换向器，因此结构简单、制造方便、比较牢固，容易做成高转速、高电压、大电流、大容量的电机。交流电机功率的覆盖范围很大，从几瓦到几十万千瓦甚至上百万千瓦。20 世纪 80 年代初，最大的汽轮发电机已达 150 万千瓦。

1. 交流异步电机

图 2-13 所示为小型封闭式笼型交流三相异步电机结构示例。

图 2-14 所示为交流异步电机结构的分解图，它通常包括以下部分：

1）前端盖：位于电机的前端，保护内部组件并提供连接接口。

2）前端轴承：支撑电机轴的前端，确保轴的稳定旋转。

3）电机外壳（机座）：包绕电机

图 2-13　小型封闭式笼型交流三相异步电机结构示例

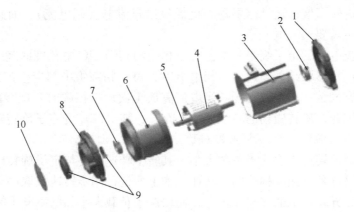

图 2-14 交流异步电机结构

1—前端盖 2—前端轴承 3—电机外壳 4—笼型转子 5—电机轴 6—定子铁心和绕组
7—后端轴承 8—后端盖 9—位置传感器 10—传感器维修盖

的外部外壳,提供保护和支撑。

4) 笼型转子:是电机的转子部分其绕组通常呈鼠笼状。

5) 电机轴:连接转子和外部负载,将转动力传递给负载。

6) 定子铁心和绕组:位于转子的外部,通过电源电流产生旋转磁场,与转子的磁场交互作用从而使转子转动。

7) 后端轴承:支撑电机轴的后部,确保轴的稳定旋转。

8) 后端盖(封底):位于电机的后部,保护内部组件并提供连接接口。

9) 位置传感器:用于检测电机的转子位置,常用于控制和反馈系统中,以实现准确的控制。

10) 传感器维修盖:用于维修和定位传感器。

交流异步电机的工作原理是基于定子和转子之间的电磁交互作用,从而现实转子的旋转运动。当交流电流通过定子绕组时,定子生成的旋转磁场与转子中的笼型导体交互作用,转子绕组的导体会感应出电流,并形成一个反方向的磁场。这两个磁场之间产生交互作用,引导转子跟随定子旋转磁场而转动。

交流异步电机在工业和家庭领域中广泛应用,由于其结构简单,性能可靠,因此它是许多应用场景的理想选择。

2. 交流同步电机

交流同步电机的转子转速与旋转磁场的转速相同,被称为同步转速,并与所接交流电的频率以及电机的磁极数之间存在严格的关系。例如,在我国电源频率(50Hz)下,三相交流电机的两极电机的同步转速为 3000r/min,四极电机为 1500r/min,其余依此类推。

同步交流电机和感应电机均通过定子侧绕组通入交流电产生旋转磁场,但同步交流电机的转子绕组通常需要励磁机提供给直流电（磁电流），而感应电机的转子绕组则不需要通入电流。

三相交流电机的定子绕组基本上是三相两两相隔120°电角度的绕组，三相绕组成三角形或星形联结。当通入三相电流时，每一相绕组中都会生产磁场，这3个磁场相结合成为一个旋转磁场。当电流完成1次周期振幅时，旋转磁场完成1周的旋转。因此，旋转磁场的转数 $n_1 = 60f/n_p$，其中，n_1 为定子旋转磁场的转速（r/min）；f 是电源频率；n_p 是磁极对数。

同步电机的转速不取决于负载大小，其转子转速始终与定子旋转磁场的转速相同，因此将这种转速度称为同步转速。如上所说，同步转速只取决于电源的频率。相对地，异步电机的转速非恒定，而取决于负载大小和电源电压的高低。

3. 笼型三相异步电动机的数学模型

在建立模型之前，我们对交流电机做如下假设：

1）三相绕组对称，在空间上相差120°电角度，且产生的磁动势沿气隙周围按正弦规律分布；

2）各个绕组的自感、互感不变，电阻不受温度和频率变化的影响；

3）忽略铁心损耗。

（1）在静止三相坐标系（ABC）下的数学模型

将笼型异步电动机等效成三相绕组形式，并将转子的参数折算到定子侧，使定子和转子绕组匝数相等，得到三相异步电动机的数学模型，如图2-15所示。

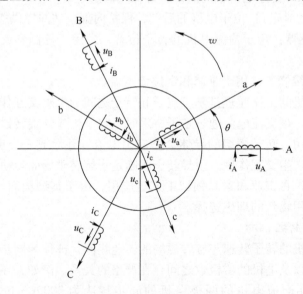

图2-15 笼型三相异步交流电动机的模型

其中，定子三相绕组 A、B、C 的空间位置保持不变，三相转子绕组 a、b、c 随转子旋转，θ 为定子 A 轴与转子 a 轴的夹角，称为空间角位移变量。

根据电磁学、电路分析相关知识得到异步电机在该坐标系下的数学模型。

1）电压方程为

$$\begin{bmatrix} u_A \\ u_B \\ u_C \\ u_a \\ u_b \\ u_c \end{bmatrix} = \begin{bmatrix} R_s & 0 & 0 & 0 & 0 & 0 \\ 0 & R_s & 0 & 0 & 0 & 0 \\ 0 & 0 & R_s & 0 & 0 & 0 \\ 0 & 0 & 0 & R_s & 0 & 0 \\ 0 & 0 & 0 & 0 & R_s & 0 \\ 0 & 0 & 0 & 0 & 0 & R_s \end{bmatrix} \begin{bmatrix} i_A \\ i_B \\ i_C \\ i_a \\ i_b \\ i_c \end{bmatrix} + p \begin{bmatrix} \psi_A \\ \psi_B \\ \psi_C \\ \psi_a \\ \psi_b \\ \psi_c \end{bmatrix} \quad (2-1)$$

2）磁链方程为

$$\begin{bmatrix} \boldsymbol{\psi}_s \\ \boldsymbol{\psi}_r \end{bmatrix} = \begin{bmatrix} \boldsymbol{L}_{ss} & \boldsymbol{L}_{sr} \\ \boldsymbol{L}_{rs} & \boldsymbol{L}_{rr} \end{bmatrix} \begin{bmatrix} \boldsymbol{i}_s \\ \boldsymbol{i}_r \end{bmatrix} \quad (2-2)$$

式中

$$\boldsymbol{\psi}_s = \begin{bmatrix} \psi_A & \psi_B & \psi_C \end{bmatrix}^T, \quad \boldsymbol{\psi}_r = \begin{bmatrix} \psi_a & \psi_b & \psi_c \end{bmatrix}^T$$

$$\boldsymbol{i}_s = \begin{bmatrix} i_A & i_B & i_C \end{bmatrix}^T, \quad \boldsymbol{i}_r = \begin{bmatrix} i_a & i_b & i_c \end{bmatrix}^T$$

$$\boldsymbol{L}_{ss} = \begin{bmatrix} L_{ms} + L_{ls} & -\frac{1}{2}L_{ms} & -\frac{1}{2}L_{ms} \\ -\frac{1}{2}L_{ms} & L_{ms} + L_{ls} & -\frac{1}{2}L_{ms} \\ -\frac{1}{2}L_{ms} & -\frac{1}{2}L_{ms} & L_{ms} + L_{ls} \end{bmatrix}, \quad \boldsymbol{L}_{rr} = \begin{bmatrix} L_{ms} + L_{lr} & -\frac{1}{2}L_{ms} & -\frac{1}{2}L_{ms} \\ -\frac{1}{2}L_{ms} & L_{ms} + L_{lr} & -\frac{1}{2}L_{ms} \\ -\frac{1}{2}L_{ms} & -\frac{1}{2}L_{ms} & L_{ms} + L_{lr} \end{bmatrix}$$

$$\boldsymbol{L}_{rs} = \boldsymbol{L}_{sr}^T = \boldsymbol{L}_{ms} \begin{bmatrix} \cos\theta & \cos(\theta - 120°) & \cos(\theta + 120°) \\ \cos(\theta + 120°) & \cos\theta & \cos(\theta - 120°) \\ \cos(\theta - 120°) & \cos(\theta + 120°) & \cos\theta \end{bmatrix}$$

3）转矩方程为

$$T_e = n_p L_{ms} [(i_A i_a + i_B i_b + i_C i_c)\sin\theta + (i_A i_b + i_B i_c + i_C i_a)\sin(\theta + 120°) + (i_A i_c + i_B i_a + i_C i_b)\sin(\theta - 120°)]$$

(2-3)

4）运动方程为

$$T_e = T_L + \frac{J}{n_p}\frac{d\omega}{dt} \quad (2-4)$$

在以上各式中，u_A、u_B、u_C、u_a、u_b、u_c 分别为定子和转子相电压的瞬时值；i_A、i_B、i_C、i_a、i_b、i_c 分别为定子和转子相电流的瞬时值；ψ_A、ψ_B、ψ_C、

ψ_a、ψ_b、ψ_c 分别为定子和转子绕组的磁链；R_s、R_r 分别为定子和转子绕组的电阻；L_{ls}、L_{lr}、L_{ms}、L_{mr} 分别为定子和转子的漏感和互感；T_e 为电机转矩；T_L 为负载的转矩；J 为转子的转动惯量；ω 为转子角速度；p 为微分算子；n_p 为电机极对数。

式（2-1）~式（2-4）组成了静止三相坐标系的电机的数学模型，可以看出，三相异步电机是一个以三相电压和三相电流、频率为输入，以磁通、转速为输出且输入输出又相互耦合、非线性、高阶的系统。

（2）坐标变换原理

1）静止三相坐标系到静止两相坐标系的变化。根据电机学的原理可知，在三相异步交流电机的绕组 A、B、C 中，进入平衡的三相正弦交流电会在电机内部产生合成正弦分布磁势，该磁势按照 A、B、C 的顺序旋转，并且其旋转速度与电流角度率相同。通过以上分析，可以得知这个旋转磁势是由三相的结合而成的。事实上，电流可以由任意多相绕组来合成，其中正交的两相是最简单的组合方式，正交的绕组使变量之间的合并减少。按照平面叠加原理，通过合成和解析，将实际的三相绕组等简单化为两相正交组。这种从静止三相坐标变换到静止两坐标变换的变换称为 3/2 变换或 CLARKE 变换。变换的原理如图 2-16 所示。

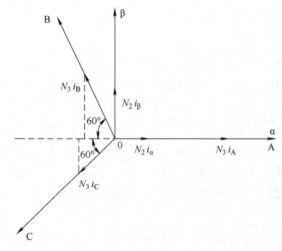

图 2-16 在 ABC 和 α-β 坐标系下绕组磁动势矢量图

假设 A 轴与 α 轴重合，三相绕组每相的匝数为 N_3，两相绕组每相的匝数为 N_2。

因为在变换前后总功率不变，可以证明，匝数比 $\dfrac{N_3}{N_2} = \sqrt{\dfrac{2}{3}}$。各相磁动势矢量均在图中标出。大小为有效匝数与电流的乘积，坐标变换过程中电机产生的磁动

势是保持不变的，因此，

$$N_2 i_\alpha = N_3 i_A - N_3 i_B \cos 60° - N_3 i_C \cos 60° = N_3 \left(i_A - \frac{1}{2} i_B - \frac{1}{2} i_C \right) \quad (2\text{-}5)$$

$$N_2 i_\beta = N_3 i_B \sin 60° - N_3 i_C \sin 60° = \frac{\sqrt{3}}{2} N_3 (i_B - i_C) \quad (2\text{-}6)$$

将式（2-5）和式（2-6）改写成矩阵形式

$$\begin{bmatrix} i_\alpha \\ i_\beta \end{bmatrix} = \frac{N_3}{N_2} \begin{bmatrix} 1 & -\frac{1}{2} & -\frac{1}{2} \\ 0 & \frac{\sqrt{3}}{2} & -\frac{\sqrt{3}}{2} \end{bmatrix} \begin{bmatrix} i_A \\ i_B \\ i_C \end{bmatrix} = \sqrt{\frac{2}{3}} \begin{bmatrix} 1 & -\frac{1}{2} & -\frac{1}{2} \\ 0 & \frac{\sqrt{3}}{2} & -\frac{\sqrt{3}}{2} \end{bmatrix} \begin{bmatrix} i_A \\ i_B \\ i_C \end{bmatrix} \quad (2\text{-}7)$$

令 $C_{3/2}$ 为三相静止坐标系变换到两相静止坐标系上的变换矩阵，$C_{2/3}$ 为两相静止坐标系变换到三相静止坐标系的变换矩阵，它可以通过将 $C_{3/2}$ 扩成方阵，并求逆矩阵后，再剔除多余列的方法求出。

$$C_{3/2} = \sqrt{\frac{2}{3}} \begin{bmatrix} 1 & -\frac{1}{2} & -\frac{1}{2} \\ 0 & \frac{\sqrt{3}}{2} & -\frac{\sqrt{3}}{2} \end{bmatrix} \quad (2\text{-}8)$$

$$C_{2/3} = \sqrt{\frac{2}{3}} \begin{bmatrix} 1 & 0 \\ -\frac{1}{2} & \frac{\sqrt{3}}{2} \\ -\frac{1}{2} & -\frac{\sqrt{3}}{2} \end{bmatrix} \quad (2\text{-}9)$$

这两个变换矩阵既是电流、电压变换矩阵，也是磁链变换矩阵。

2）静止两相坐标系到旋转两相坐标系的变化。不管是在静止三相坐标系下还是在静止两相坐标系下，通入定子绕组的电流都是交流的。现在考虑是否可以建立一个新的坐标系，在保持旋转磁力与前两种坐标系的磁力不变的前提下，使得流入定子绕组的电流变成直流电。通过这种方式，可以建立一个模拟直流电机的数学模型，并制定相应的控制方案。

可以假设相互垂直和匝数相等的绕组 d 和 q 分别通以直流电流 i_d 和 i_q，这样产生的磁动势是固定的，要使它与在静止坐标系下绕组产生等效的旋转磁动势，就必须将包括这两个绕组在内的铁心假想成以同步转速旋转。为此我们建立一个旋转的坐标系——旋转 d-q 坐标系，并将从两相静止坐标系 α-β 到两相旋转坐标系 d-q 的变换简称 2s/2r 变换或 PARK 变换。

图 2-17 展示了两相静止 α-β 坐标系和旋转 d-q 坐标系的绕组磁动势矢量关系图。因为各绕组匝数相同，在磁动势表达式中可以消去。d、q 轴与定子频率同步的旋转速度 ω_1 旋转，i_d 和 i_q 为直流量，大小不变。

由图 2-17 可见，存在以下关系：

$$i_\alpha = i_d \cos\Phi - i_q \sin\Phi \quad (2-10)$$

$$i_\beta = i_d \sin\Phi + i_q \cos\Phi \quad (2-11)$$

用矩阵形式表示为

$$\begin{bmatrix} i_\alpha \\ i_\beta \end{bmatrix} = \begin{bmatrix} \cos\Phi & -\sin\Phi \\ \sin\Phi & \cos\Phi \end{bmatrix} \begin{bmatrix} i_d \\ i_q \end{bmatrix} \quad (2-12)$$

令 $C_{2r/2s}$ 为两相旋转坐标系到两相静止坐标系的变换矩阵，两相静止坐标系到两相旋转坐标系的变换矩阵。电压、磁链的变换矩阵也同电流的变换矩阵相同。

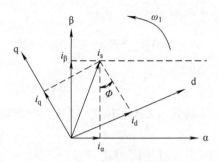

图 2-17 在 α-β 坐标系和 d-q 坐标系下绕组磁动势矢量图

$$\begin{cases} C_{2r/2s} = \begin{bmatrix} \cos\Phi & -\sin\Phi \\ \sin\Phi & \cos\Phi \end{bmatrix} \\ C_{2s/2r} = \begin{bmatrix} \cos\Phi & \sin\Phi \\ -\sin\Phi & \cos\Phi \end{bmatrix} \end{cases} \quad (2-13)$$

2.1.3 永磁同步电机

交流同步电动机的定子绕组通三相交流电，形成旋转磁场；转子绕组通直流电或者使用永磁体产生恒定磁场。这种电励磁同步电动机的特点是双边励磁，定转子都有磁场。

交流同步电机的基本结构可以分为旋转电枢和旋转磁极，如图 2-18 所示。其中凸极式的转子有明显突出的磁极，气隙分布不均匀，一般制作成扁平型，即直径大但轴向长度小，适用于低速水轮发电机；隐极式的转子是圆柱形，无突出磁极，气隙分布均匀，一般制作成细长型，适用于高速汽轮发电机。

永磁同步电机（Permanent Magnet Synchronous Motor, PMSM）具有结构简单、体积小、效率高和功率因数高等优点。永磁同步电机已经在很多行业中获得广泛应用。

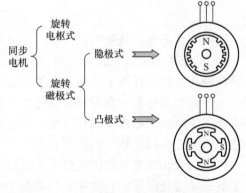

图 2-18 电励磁同步电机结构示意图

在新能源汽车领域，永磁同步电机的普及率逐渐提高。其发展形势较好的主要原因是其体积、质量小等。

永磁同步电机的定子结构与普通的交流异步电机的结构非常相似，转子结构

第 2 章 新能源汽车电驱动系统及电力电子器件

与异步电机的最大不同是在转子上放有高质量的永磁体磁极,根据在转子上安放永磁体的位置的不同,永磁同步电机通常被分为表面式转子结构和内置式转子结构。

永磁体的放置方式对电机性能影响很大。表面式转子结构为永磁体位于转子铁心的外表面,这种转子结构简单,但产生的异步转矩很小,仅适用于起动要求不高的场合;内置式转子结构的永磁体位于笼型导条和转轴之间的铁心中,起动性能好,自起动永磁同步电机都采用这种结构。永磁同步电机的结构示例如图 2-19 所示。

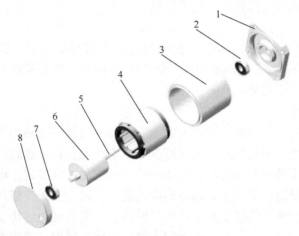

图 2-19 永磁同步电机结构示例
1—前端盖 2—前端轴承 3—电机外壳 4—定子铁心和绕组 5—电机轴
6—内置式永磁转子 7—后端轴承 8—后端盖(内嵌位置传感器)

自起动永磁同步电机的起动和运行是由定子绕组、转子笼型绕组(起动笼)和永磁体这三者产生的磁场的相互作用而形成。电机静止时,给定子绕组通入三相对称交流电流,产生定子旋转磁场,定子旋转磁场相对于转子旋转,在笼型绕组内产生感应电流,形成转子磁场,定子旋转磁场与转子磁场相互作用产生的异步转矩使转子由静止开始加速转动。在这个过程中,转子永磁磁场与定子旋转磁场转速不同,会产生交变转矩。当转子加速到速度接近同步转速时,转子永磁磁场与定子旋转磁场的转速接近相等,定子旋转磁场速度稍大于转子永磁磁场,它们相互作用产生转矩将转子牵入到同步运行状态。在同步运行状态下,转子笼型绕组内不再产生感应电流。此时转子上只有永磁体产生磁场,它与定子旋转磁场相互作用,产生驱动转矩。

永磁同步电机具有如下优点:

(1) 损耗小、温升低

由于永磁同步电机的转子磁场是由永磁体产生的，从而避免通过励磁电流来产生转子磁场而导致的励磁损耗，即转子铜耗；转子运行时无电流，显著降低电机的温升。

(2) 功率因数高

永磁同步电机功率因数高，且与电机极数无关，电机满负载时功率因数接近1，相比异步电机，其输入电流小，相应地，电机的定子铜耗也小，效率提高。因为永磁同步电机功率因数高，电机配套的电源（变压器）容量可以降低，同时可以降低配套的开关设备和电缆等规格。

(3) 效率高

相比异步电机，永磁同步电机在轻载时效率值要高很多，其高效运行范围宽，在25%～120%额定负载范围内，效率大于90%，这是其在节能方面相比异步电动机最大的一个优势。

(4) 其他优势

永磁同步电机还具有过载能力大的优点，可以根据实际轴功率降低设备驱动电动机的装机容量，节约能源，同时减少固定资产的投资。永磁同步电机控制方便，转速恒定，不随负载的波动、电压的波动而变化，只决定于电源频率，运行平稳可靠。由于转速严格同步，动态响应性能好，适合变频控制。

自从20世纪60年代稀土永磁材料问世以来，尤其是在经历了20世纪80年代稀土永磁材料的迅猛发展后，永磁同步电机也随之得到了快速的发展，在很多领域得到了应用，目前市面上大多数的新能源汽车采用永磁同步电机作为其驱动电机。

然而永磁同步电机也面临着一些实际问题。首先，永磁体的生产受到稀土资源的限制，导致成本较高；其次，永磁体也存在着消磁的问题；最后，永磁同步电机的调速范围也比变频调速的异步电机和直流电机小得多，在电动汽车这种需要高速运行的场合会造成一定的限制。

为了能够准确分析并简化数学模型，做如下假设：

1）忽略各种外部条件对永磁同步电机的影响，例如温度、湿度等。

2）假设电机产生的反电动势波形为正弦波。

3）假设转子笼型绕组与永磁体的阻尼大小为零，忽略铁心损耗的影响。

4）忽略高次谐波且电机的交直轴互为对称。

5）永磁同步电机定子的三相绕组在空间中对称分布，角度互差120°电角度。

永磁同步电机在三相静止坐标系下的数学模型是以A相绕组的中轴作为空间坐标系的参考线，转子角度与速度方向以逆时针方向为基准，则定子电压方程为

$$\begin{bmatrix} u_a \\ u_b \\ u_c \end{bmatrix} = \begin{bmatrix} R_s & 0 & 0 \\ 0 & R_s & 0 \\ 0 & 0 & R_s \end{bmatrix} \begin{bmatrix} i_a \\ i_b \\ i_c \end{bmatrix} + p \begin{bmatrix} \psi_a \\ \psi_b \\ \psi_c \end{bmatrix} \qquad (2\text{-}14)$$

式中,u_a、u_b、u_c、i_a、i_b、i_c 为三相静止坐标系中定子电压与电流;ψ_a、ψ_b、ψ_c 为绕组的磁链;R_s 为定子绕组的电阻;p 为微分算子。

推导可得磁链方程为

$$\begin{bmatrix} \psi_a \\ \psi_b \\ \psi_c \end{bmatrix} = \begin{bmatrix} L_{aa} & M_{ab} & M_{ac} \\ M_{ba} & L_{bb} & M_{bc} \\ M_{ca} & M_{cb} & L_{cc} \end{bmatrix} \begin{bmatrix} i_a \\ i_b \\ i_c \end{bmatrix} + \begin{bmatrix} \cos\theta \\ \cos(\theta - 120°) \\ \cos(\theta + 120°) \end{bmatrix} \psi \qquad (2\text{-}15)$$

式中,L_{aa}、L_{bb}、L_{cc} 为定子三相绕组自感系数;i_c、i_a、i_b 为定子三相绕组电流;M_{ab}、M_{ac}、M_{ba}、M_{bc}、M_{ca}、M_{cb} 为定子互感系数;ψ_a、ψ_b、ψ_c 为定子三相绕组磁链;ψ 为转子励磁磁链;θ 为 ψ 方向与 A 相绕组轴线方向的夹角。

三相绕组电压方程为

$$\begin{bmatrix} u_a \\ u_b \\ u_c \end{bmatrix} = R \begin{bmatrix} i_a \\ i_b \\ i_c \end{bmatrix} + \frac{d}{dt} \begin{bmatrix} \psi_a \\ \psi_b \\ \psi_c \end{bmatrix} \qquad (2\text{-}16)$$

由推导可得

$$M = M_{ab} = M_{ac} = M_{ba} \qquad (2\text{-}17)$$

$$L = L_{aa} = L_{bb} = L_{cc} \qquad (2\text{-}18)$$

$$i_b + i_a + i_c = 0 \qquad (2\text{-}19)$$

因此有

$$\begin{bmatrix} \psi_a \\ \psi_b \\ \psi_c \end{bmatrix} = (L - M) \begin{bmatrix} i_a \\ i_b \\ i_c \end{bmatrix} + \begin{bmatrix} \cos\theta \\ \cos(\theta - 120°) \\ \cos(\theta + 120°) \end{bmatrix} \psi \qquad (2\text{-}20)$$

三相绕组相电压方程为

$$\begin{bmatrix} u_a \\ u_b \\ u_c \end{bmatrix} = R \begin{bmatrix} i_a \\ i_b \\ i_c \end{bmatrix} + (L - M) \frac{d}{dt} \begin{bmatrix} i_a \\ i_b \\ i_c \end{bmatrix} - \begin{bmatrix} \sin\theta \\ \sin(\theta - 120°) \\ \sin(\theta + 120°) \end{bmatrix} \psi\omega \qquad (2\text{-}21)$$

式中,ω 为转子的角速度,$\omega = \frac{d\theta}{dt}$。

电磁转矩方程为

$$T_e = n_p \psi [i_a \sin\theta + i_b \sin(\theta - 120°) + i_c \sin(\theta + 120°)] \qquad (2\text{-}22)$$

为了简化永磁同步电机的控制,需要对其在不同坐标系下的数学模型进行相互转化，即将矢量变换控制引入数学模型的简化与分析当中。矢量变换控制的核心是将三相交流中变化的矢量进行分解，将交流电机的控制转换为直流电机控制，坐标变换后的等效模型示意图如图 2-20 所示。

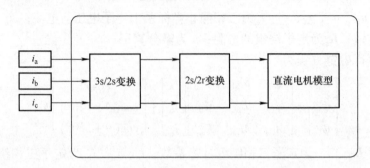

图 2-20　永磁同步电机等效模型示意图

坐标变换主要是将永磁同步电机的数学模型在三相静止坐标系、两相静止坐标系以及两相旋转坐标系之间进行转换，即 3s/2s 变换与 2s/2r 变换，根据坐标变换前后不改变总磁动势的原理可知

$$N_2 i_\beta = N_3 i_b \sin 60° - N_3 i_c \sin 60° = \frac{\sqrt{3}}{2} N_3 (i_b - i_c) \quad (2-23)$$

$$N_2 i_\alpha = N_3 i_a - N_3 i_b \cos 60° - N_3 i_c \cos 60° = N_3 \left(i_a - \frac{1}{2} i_b - \frac{1}{2} i_c \right) \quad (2-24)$$

式中，N_3、N_2 分别为三相、两相静止坐标系中的有效匝数。

此时定义常数 K 和零轴电流 i_0 可得

$$N_2 i_0 = N_3 K (i_a + i_b + i_c) \quad (2-25)$$

再将三相静止坐标系转换至两相静止坐标系，可得电流之间的数量关系为

$$\begin{bmatrix} i_d \\ i_q \\ i_0 \end{bmatrix} = \frac{N_3}{N_2} \begin{bmatrix} \cos\theta & \cos(\theta_1 - 120°) & \cos(\theta_1 + 120°) \\ -\sin\theta & -\sin(\theta_1 - 120°) & -\sin(\theta_1 + 120°) \\ K & K & K \end{bmatrix} \quad (2-26)$$

经推导可得逆矩阵为

$$C_{2r/3r}^i = \frac{1}{C_{3r/2r}^i} = \frac{2N_2}{3N_3} \begin{bmatrix} \cos\theta_1 & -\sin\theta_1 & \frac{1}{2K} \\ \cos(\theta_1 - 120°) & -\sin(\theta_1 - 120°) & \frac{1}{2K} \\ \cos(\theta_1 + 120°) & -\sin(\theta_1 + 120°) & \frac{1}{2K} \end{bmatrix} \quad (2-27)$$

通过矩阵的推导可知

$$\begin{bmatrix} i_a \\ i_b \\ i_c \end{bmatrix} = C_{2r/3r}^i \begin{bmatrix} i_d \\ i_q \\ i_0 \end{bmatrix} \tag{2-28}$$

同理可得电压矩阵为

$$C_{2r/3r} = C_{3s/2r}^u = C_{3s/2r}^i = \frac{N_3}{N_2} \begin{bmatrix} \cos\theta_1 & \cos(\theta_1 - 120°) & \cos(\theta_1 + 120°) \\ -\sin\theta_1 & -\sin(\theta_1 - 120°) & -\sin(\theta_1 + 120°) \\ K & K & K \end{bmatrix} \tag{2-29}$$

$$C_{2r/3s} = C_{2r/3s}^u = C_{2r/3s}^i = \frac{2N_2}{3N_3} \begin{bmatrix} \cos\theta_1 & -\sin\theta_1 & \frac{1}{2K} \\ \cos(\theta_1 - 120°) & -\sin(\theta_1 - 120°) & \frac{1}{2K} \\ \cos(\theta_1 + 120°) & -\sin(\theta_1 + 120°) & \frac{1}{2K} \end{bmatrix} \tag{2-30}$$

为能够采用矢量变换控制算法对永磁同步电机进行精确的控制与调速,接下来对两种不同的坐标变换进行推导与分析。

1. Bose 坐标变换原理

Bose 变换的原理是将一个坐标系中的矢量通过等值变换的方法转换为另一个坐标系中与之大小、相等方向相同的矢量,定义空间电压矢量 u_1、u_2、u_3,令 u_1 的值大于 0 且方向与 A 轴相同或令 u_1 的值小于 0,方向与 A 轴相反,u_2、u_3 也以相同方法定义。

$$\begin{cases} u_1 = ku_1 \\ u_2 = ku_2 e^{j\gamma} \\ u_3 = ku_3 e^{j2\gamma} \end{cases} \tag{2-31}$$

式中,γ 的大小为 120°,k 为比例系数。将矢量合成后可得

$$u_s = u_1 + u_2 + u_3 = ku_1 + ku_2 e^{j\gamma} + ku_3 e^{j2\gamma} \tag{2-32}$$

由此可知

$$\frac{N_3}{N_2} = \frac{2}{3} \tag{2-33}$$

由此可得三相静止坐标系转换到两相旋转坐标系的逆矩阵为

$$C_{3s/3r} = \frac{2}{3} \begin{bmatrix} \cos\theta_1 & \cos(\theta_1 - 120°) & \cos(\theta_1 + 120°) \\ -\sin\theta & -\sin(\theta_1 - 120°) & -\sin(\theta_1 + 120°) \\ 1/2 & 1/2 & 1/2 \end{bmatrix} \tag{2-34}$$

Park 矩阵与其逆矩阵为

$$\begin{bmatrix} i_d \\ i_q \end{bmatrix} = \begin{bmatrix} \cos\theta_1 & \sin\theta_1 \\ -\sin\theta_1 & \cos\theta_1 \end{bmatrix} \begin{bmatrix} i_\alpha \\ i_\beta \end{bmatrix} = C_{2r/2r} \begin{bmatrix} i_\alpha \\ i_\beta \end{bmatrix} \tag{2-35}$$

$$\begin{bmatrix} i_\alpha \\ i_\beta \end{bmatrix} = \begin{bmatrix} \cos\theta_1 & -\sin\theta_1 \\ \sin\theta_1 & \cos\theta_1 \end{bmatrix} \begin{bmatrix} i_d \\ i_q \end{bmatrix} = C_{2r/2r} \begin{bmatrix} i_d \\ i_q \end{bmatrix} \tag{2-36}$$

2. 陈氏坐标变换原理

该坐标变换的方法以坐标变换前后总功率不变的原理为基础进行转换,具体变换方式如下:

$$P = \begin{bmatrix} u_1 \\ u_2 \\ u_3 \end{bmatrix}^T \begin{bmatrix} i_a \\ i_b \\ i_c \end{bmatrix} = \begin{bmatrix} u_d \\ u_q \end{bmatrix}^T C_{3s/2r}^T C_{3s/2r} \begin{bmatrix} i_d \\ i_q \end{bmatrix} \tag{2-37}$$

据坐标变换前后功率保持不变的原理可得

$$C_{3s/2r}^T = \frac{1}{C_{3s/2r}} = C_{2r/3s} \tag{2-38}$$

经推导可得

$$\frac{N_3^2}{N_2^2} \begin{bmatrix} \cos\theta_1 & \cos(\theta_1 - 120°) & \cos(\theta_1 + 120°) \\ -\sin\theta_1 & -\sin(\theta_1 - 120°) & -\sin(\theta_1 + 120°) \\ K & K & K \end{bmatrix}$$

$$= \frac{2}{3} \begin{bmatrix} \cos\theta_1 & -\sin\theta_1 & 1/2K \\ \cos(\theta_1 - 120°) & -\sin(\theta_1 - 120°) & 1/2K \\ \cos(\theta_1 + 120°) & -\sin(\theta_1 + 120°) & 1/2K \end{bmatrix} \tag{2-39}$$

由此可知

$$\begin{cases} \dfrac{N_3}{N_2} = \sqrt{\dfrac{2}{3}} \\ K = \dfrac{1}{\sqrt{2}} \end{cases} \tag{2-40}$$

从而可以得到将三相静止坐标系转换到两相坐标系下的矩阵为

$$C_{3r/2r} = C_{3s/2r}^u = C_{3s/2r}^i = \sqrt{\frac{2}{3}} \begin{bmatrix} \cos\theta_1 & \cos(\theta_1 - 120°) & \cos(\theta_1 + 120°) \\ -\sin\theta_1 & -\sin(\theta_1 - 120°) & -\sin(\theta_1 + 120°) \\ 1/\sqrt{2} & 1/\sqrt{2} & 1/\sqrt{2} \end{bmatrix}$$
$$\tag{2-41}$$

$$C_{3r/2r} = C_{3s/2r}^u = C_{3s/2r}^i = \sqrt{\frac{2}{3}} \begin{bmatrix} \cos\theta_1 & -\sin\theta_1 & 1/\sqrt{2} \\ \cos(\theta_1 - 120°) & -\sin(\theta_1 - 120°) & 1/\sqrt{2} \\ \cos(\theta_1 + 120°) & -\sin(\theta_1 + 120°) & 1/\sqrt{2} \end{bmatrix}$$
$$\tag{2-42}$$

根据坐标变换总磁动势不变原则可得 Park 变换及其逆矩阵为

$$\begin{bmatrix} i_d \\ i_q \end{bmatrix} = \begin{bmatrix} \cos\theta_1 & \sin\theta_1 \\ -\sin\theta_1 & \cos\theta_1 \end{bmatrix} \begin{bmatrix} i_\alpha \\ i_\beta \end{bmatrix} = C_{2r/2r} \begin{bmatrix} i_\alpha \\ i_\beta \end{bmatrix} \quad (2\text{-}43)$$

$$\begin{bmatrix} i_\alpha \\ i_\beta \end{bmatrix} = \begin{bmatrix} \cos\theta_1 & -\sin\theta_1 \\ \sin\theta_1 & \cos\theta_1 \end{bmatrix} \begin{bmatrix} i_d \\ i_q \end{bmatrix} = C_{2r/2r} \begin{bmatrix} i_d \\ i_q \end{bmatrix} \quad (2\text{-}44)$$

2.1.4 开关磁阻电机

开关磁阻电机（Switched Reluctance Motor，SRM）是继无刷直流电机（BLDC）之后发展起来的一种调速电机类型。英、美等国家对开关磁阻电机的研究起步较早，并已取得显著效果，产品功率等级从数瓦到数百千瓦，广泛应用于家用电器、航空、航天、电子、机械及电动车辆等领域。

开关磁阻电机是由开关电路与磁阻电机组成的，通过接通定子绕组产生电流变化形成磁场，从而使转子转动产生电机转矩。开关磁阻电机的工作原理及构成较为简单，但其转矩波动较大，在高转速运行的情况下有较大的转矩脉动并产生噪音。开关磁阻电机主要包括开关磁阻电机本体、功率变换器、转子位置传感器及控制器 4 部分，如图 2-21 所示。电机本体主要结构包括定子、转

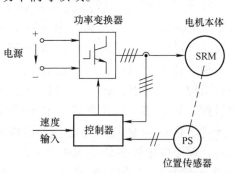

图 2-21 开关磁阻电机的系统框图

子、位置传感器、前后轴承、前后端盖和电机壳体等，如图 2-22 所示。其中，定子包括定子铁心和绕组。定子铁心和转子都采用凸极结构，定子凸极铁心和转子都由硅钢片叠压而成，定子凸极上布置绕组，转子无绕组和永磁体。

图 2-22 开关磁阻电机的结构

1—前端盖 2—前端轴承 3—转子 4—电机轴 5—定子 6—电机壳体 7—后端轴承
8—后端盖 9—位置传感器 10—传感器维修盖 11—散热风扇 12—风扇罩

现如今，开关磁阻电机的应用和发展取得了明显的进步，已成功地应用于电动车驱动、通用工业、家用电器和纺织机械等各个领域。在技术层面上，开关磁阻电机是所有电机中结构最为简洁的电机，因为结合了先进的科学技术，开关磁

阻电机的转速可以达到15000r/min。不论是转矩还是转速都在可控范围内，可以满足新能源汽车在电机配置方面的需求，且在运转中，不仅能获取一定量的起动转矩，还可以不断降低起动功率。其缺点则在于运行时转矩脉动大、噪声和振动大等，与新能源汽车中其他电机驱动比较，体积较大，不利于汽车舒适性的提升，甚至会对内部空间产生压缩。在控制角度上，控制难度较大。由此，在实际应用中开关磁阻电机驱动需要较高水平的生产控制技术，才可以满足精密度的需求。所以开关磁阻电机一般被应用在小型低档次电驱动车中。

开关磁阻电机调速系统（SRD）所用的开关磁阻电机是实现机电能量转换的部件，也是其有别于其他电机驱动系统的主要标志。开关磁阻电机系双凸极可变磁阻电机，其定子、转子的凸极均由普通硅钢片叠压而成。转子既无绕组也无永磁体，定子极上绕有集中绕组，径向相对的两个绕组连接起来，称为一相。开关磁阻电机可以设计成多种不同相数结构，且定子、转子的极数有多种不同的搭配。相数多、步距角小，有利于减少转矩脉动，但结构复杂，且主开关器件多、成本高，现今应用较多的是四相（8/6）结构和六相（12/8）结构。图 2-23 所示为四相（8/6）结构开关磁阻电机原理图。

开关磁阻电机的工作原理如下：

为简单起见，图 2-23 中只画出 A 相绕组及其供电电路。开关磁阻电机的运行遵循磁阻最小原理——磁通总是沿着磁阻最小的路

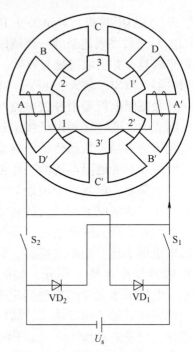

图 2-23 四相结构开关磁阻电机

径闭合，而具有一定形状的铁心在移动到最小磁阻位置时，必使自己的主轴线与磁场的轴线重合。图中，当定子 D-D′极励磁时，1-1′向定子轴线 D-D′重合的位置转动，并使 D 相励磁绕组的电感最大。若以图中定子、转子所处的相对位置作为起始位置，依次给 D→A→B→C 相绕组绕组通电，转子会逆着励磁顺序以逆时针方向连续旋转；反之，若依次给 B→A→D→C 相通电，转子则会沿顺时针方向转动。可见，转子的转向与相绕组的电流方向无关，而仅取决于相绕组通电的顺序。另外，从图中可以看出，当主开关器件 S_1、S_2 导通时，A 相绕组从直流电源 US 吸收电能，而当 S_1、S_2 关断时，绕组电流经续流二极管 VD_1、VD_2 继续流通，并回馈给电源 U_S。因此，开关磁阻电机的共性特点是具有再生作用，系统效率高。

三相6/4极结构表明电机定子有 6 个凸极，转子有 4 个凸极，其中在定子相

对称的两个凸极上的集中绕组互相串联,构成一相,相数为定子凸极数的一半,如图2-24a所示。三相12/8极结构表明电机定子有12个凸极,转子有8个凸极,其中在定子的4个两两对称凸极上的绕组互相串联,构成一相,相数为定子凸极数的1/4,如图2-24b所示。

步进角的计算:$\alpha = 360° \times (定子极数 - 转子极数)/(定子极数 \times 转子极数)$。比如三相6/4极电机,其步进角 $\alpha = 360° \times 2/(6 \times 4) = 30°$。

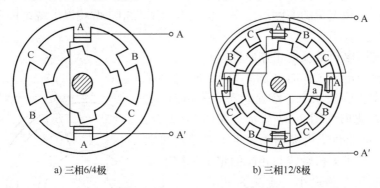

图 2-24 开关磁阻电机凸极和绕组结构

开关磁阻电机相数越多,步进角越小,运转越平稳,越有利于减小转矩波动,但控制越复杂,以致主开关器件增多和成本增加。

由图2-25中的三相12/8极开关磁阻电机工作原理图可知,当A相绕组电流控制主开关 S_1、S_2 闭合时,A相通电励磁,电动机内所产生的磁场力以 OA 为轴线的径向磁场,该磁场磁力线在通过定子凸极与转子凸极的气隙处是弯曲的,此时,磁路的磁阻大于定子凸极与转子凸极重合时的磁阻,因此,转子凸极受到磁场拉力的作用,使转子极轴线 Oa 与定子极轴线 OA 的重合,从而产生磁阻性质

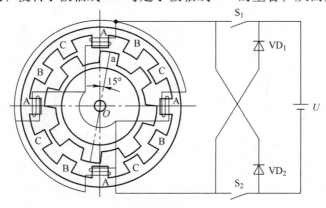

图 2-25 三相12/8极开关磁阻电机的工作原理图

的电磁转矩,使转子逆时针转动起来。关断 A 相电,建立 B 相电源,则此时电机内磁场旋转 30°,转子在此时电磁拉力的作用下,连续逆时针旋转 15°。如果依次给 A–B–C–A 相绕组通电,则转子按逆时针方向连续转动起来;当各相中的定子绕组轮流通电一次时,定子磁场转过 3×30°,转子转过一个转子极距 3×15°(即 360°/转子凸极数)。如果依次给 A–C–B–A 相绕组通电,则转子会沿着顺时针方向转动。开关磁阻电机与电流的方向无关,取决于对定子相绕组的通电顺序。在多相电机的实际运行中,也经常出现两相或两相以上绕组同时导通的情况。

开关磁阻电机的发电工作原理:

开关磁阻电机工作时(图 2-26),相电感存在 3 种状态:励磁状态、续流状态和发电状态。其相电感 L 波形如图 2-27 所示。在图 2-27 中,θ 角定义为该相转子齿极轴线与定子齿槽轴线之间的夹角。转子齿极轴线与相应的定子齿槽轴线重合时,该相电感最小(定义为 $\theta=0°$);直至转子凸极的前沿与定子凸极的后沿相遇时($\theta=\theta_1$),绕组相电感始终保持 $L_{\min}$ 不变;当转子继续转动,转子凸极开始和定子凸极出现重合,直至转子凸极后沿和定子凸极后沿完全重合(此时 $\theta=\theta_2$),绕组相电感在此区域内线性上升,直至最大值 $L_{\max}$;当转子继续转动至转子凸极的前沿和定子凸极的前沿重合时,此时 $\theta=\theta_4$,该相电感持续为 $L_{\max}$。根据电磁场基本理论,伴随磁场的存在,电机转子的电磁转矩同时存在,可以表示为

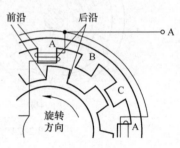

图 2-26 开关磁阻电机的工作状态示意图

$$T(\theta, i) = \frac{1}{2}i^2 \frac{\partial L}{\partial \theta} = \frac{1}{2}i^2 \frac{dL}{d\theta} \tag{2-45}$$

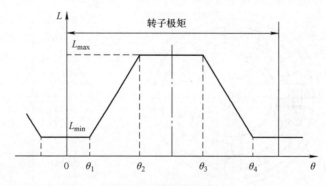

图 2-27 相电感 L 波形

如果开关磁阻电机的绕组在 θ_3 和 θ_4 之间开通和关断,则电机作发电机运行。此时,在电感下降区形成电流,则 $dL/d\theta < 0$,此时相绕组有电流通过,则产生制动转矩 $[T(\theta,i) < 0]$,若外界机械力维持电机转动,则电机吸收机械能,并把它转换成电能输出,此时开关磁阻电机为发电机工作模式。

开关磁阻电机传动系统主要优点如下:

1) 电机的结构简单,转子上没有任何形式的绕组;定子上只有简单的集中绕组,端部较短,没有相间跨接线。因此,具有制造工序少、成本低、工作可靠、维修量小等特点。

2) 开关磁阻电机的转矩与电流极性无关,只需要单向的电流激励,理论上功率变换电路中每相可以只用一个开关元件,且与电机绕组串联,不会像 PWM 逆变器电源那样,存在两个开关元件直通的危险。所以,开关磁阻电机驱动系统线路简单、可靠性高,成本低于交流调速系统。

3) 开关磁阻电机转子的结构形式对转速限制小,可制成高转速电动机,而且转子的转动惯量小,在电流每次换相时又可以改变相匝转矩的大小和方向,因而系统有良好的动态响应。

4) 由于电机本体采用了独特的结构和控制方法,有些方面比交流异步电机具有优势。电机本体系统的效率和功率密度在宽广的速度和负载范围内都可以维持在较高水平。

开关磁阻电机驱动系统和电机本体的主要缺点是转矩脉动大与噪声、振动大,从工作原理可知,开关磁阻电机转子上产生的转矩是由一系列脉冲转矩叠加而成的,这影响了电机的性能。

开关磁阻电机作为最新一代无级调速系统尚处于深化研究开发、不断完善提高的阶段,其应用领域也在不断拓展之中。由于其良好的调速性能和低廉的造价,推广普及可产生很好的经济效益和社会效益,这有待于科研、开发与制造方面的有识之士共同努力。

2.2 电力电子变换器

2.2.1 逆变器

电力电子技术是利用电力半导体器件实现电力的变换与控制的技术。其中,逆变换器是一种变换器,将直流电能转换为定频定压或调频调压的交流电能(一般为 220V、50Hz 正弦波)。逆变器由逆变桥、控制回路和滤波电路组成。

逆变器在很多领域得到广泛应用。

逆变技术的发展经历了 3 个阶段。传统发展阶段(1956—1980 年)主要采用低速开关元件，逆变效率低，输出电压波形状质量不高。这一阶段的逆变器包括方波逆变器和阶梯波合成逆变器。高频化新技术阶段（1981—2000年）采用高速器具，开启频率变高，采用PWM控制，逆变效率提高，谐波含量减少。近期（2000年至今），逆变器的发展综合了低速和高速器的优势。谐振变换器是当前研究的重点，软开关技术是一种电力电子技术，用于控制开关元件的开关和关闭程序，以减少开关中产生的功率损耗和电磁干扰。传统的硬开关技术在开关器切换时会产生很大的开关损毁和高频噪音，限制了系统的效率和可靠性。降低了开关损毁和电磁干扰，是实现高频化的有效途径。

汽车用电力电子变换器中的逆变器是一种重要的设备，它用于将直流电源转为交流电源，以提供给电动汽车的电动驱动系统统。逆变器在电动车中扮演着关键的角色，可以控制电机的速度和转向，现实车辆的加速、制动和行驶模式的切换。

逆变器的主要功能是将电池组或其他直流电源的电流电转换为交流电，以驱动电机。它采用高频开关器件（如IGBT、MOSFET等）作用为开关元器件，通过精确地控制这些开关的开关时间和频率，实现对直流电源的调频，产品所需要的交流输出。逆变器的输出波形可以是正弦波、方波或脉宽调制（PWM）波形，具体取决于应用需求和控制策略。

逆变器的核心部分是功率电子开关控制电路。功率电子开关将把直流电源的电源转换为可控制的交流输出，而控制电路则负责任监视和控制开关的工作状态，以确保逆变器的正常运行。控制电路通常包含传感器、驱动电路和控制算法，用于实时检测电机的运行状态，并通过调整打开电器的工作方式来实现对电机的精确控制。

逆变器的性能对电动汽车的性能和效率具有重要影响。优秀的逆变器设备应具备高效率、高密度、低损害性和可靠性等特点。同时，逆变器还需要考虑电磁兼容（EMC）和热管理等方面的问题，以确保其在车辆工作环境下的稳定性和安全性。

随着电动汽车市场的快速发展，逆变器技术也在不断创新。目前，越来越多的汽车制造商和电力电子公司致力于研究开发高性能、高效率和可靠的逆变器技术，以满足不断增长的电动车需求。

在电流转换过程中，变压器将电网的交流电压转换为稳定的12V直流输出，而逆变器则将合适的配电器输出的12V直流电压转换为高频高压的交流电压。这两种设备都广泛采用了脉宽调制（PWM）技术。核心零部件是一个PWM集成控制器，适合配电器使用的UC3842芯片，逆变器则采集用TL5001芯片。TL5001的工作电压范围为3.6~40V，内部包含误差放大器、调节器、振动器、带死区控制的PWM发生器、低电压保护回路和短路保护回路等功能。

1)输入接口部分:输入部分有 3 个信号,12V 直流输入 VIN、工作使能电压 ENB 及 Panel 电流控制信号 DIM。VIN 由适配器提供,ENB 电压由主板上的 MCU 提供,其值为 0V 或 3V,当 ENB=0V 时,逆变器不工作,而 ENB=3V 时,逆变器处于正常工作状态;而 DIM 电压由主板提供,其变化范围在 0~5V 之间,将不同的 DIM 值反馈给 PWM 控制器反馈端,逆变器向负载提供的电流也将不同,DIM 值越小,逆变器输出的电流就越大。

2)电压启动回路:ENB 为高电平时,输出高压去点亮 Panel 的背光灯灯管。

3)PWM 控制器:由内部参考电压、误差放大器、振荡器、过压保护、欠电压保护、短路保护、输出晶体管几个功能组成。

4)直流变换:由 MOS 开关管和储能电感组成电压变换电路,输入的脉冲经过推挽放大器放大后驱动 MOS 管做开关动作,使得直流电压对电感进行充放电,这样电感的另一端就能得到交流电压。

5)LC 振荡及输出回路:用于产生频率稳定的振荡信号,最终将电压降至 800V。

6)输出电压反馈:当负载工作时,反馈采样电压,起到稳定逆变器电压输出的作用。

电动汽车逆变器领域常用的三相两电平逆变拓扑结构如图 2-28 所示。电动汽车逆变器正朝着高功率密度、高效率的方向发展,国家《"新能源汽车"试点专项 2017 年度项目申报指南》中的电机驱动与电力电子总成考核指标指出:电机逆变器峰值功率密度≥30kW/L,最高效率≥98.5%,匹配电机额定功率为 40~80kW,宽禁带电力电子模块电压≥750V。该项目具体设计指标见表 2-1。

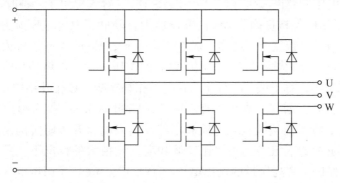

图 2-28 三相两电平逆变拓扑

传统逆变器分为电压源型逆变器和电流源型逆变器,但是它们存在上下桥臂不能同时导通的问题,所以在控制时需要加入死区时间防止损坏器件导致输出波形的畸变发生,而且不能同时升降压,存在诸多缺点。针对传统逆变器的缺点,有学者提出 Z 源逆变器(Z-Source Inverter,ZSI),结构如图 2-29 所示。

表 2-1 设计指标

项目	指标
额定输出功率/kW	60
峰值输出功率/kW	120
峰值输出电流/A	315
最高输入电压/V	750
额定输入电压/V	336
峰值效率（%）	98.5
功率密度/(kW/L)	≥30

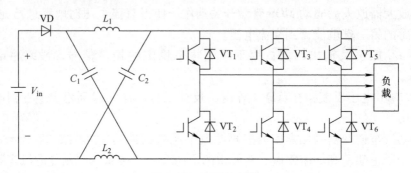

图 2-29 Z 源逆变器

2012 年，Banaei M. R. 等人提出了一种新型逆变器拓扑结构，该逆变器拓扑结构降低了注入电压的总谐波失真。2014 年，S. Divya 等人提出了一种改进型 Trans - ZSI 结构，改进后的结构提高了 ZSI 的升压能力且降低了电容电压应力，但改进后的逆变器电路结构比较复杂，增加了成本。2016 年，Milad Abbasi 等人提出了一种嵌入式 ZSI，该拓扑结构降低了 Z 源网络电容的电压应力，但该拓扑升压能力没有得到改善。2017 年，林宏健等人提出一种新的拓扑结构，该拓扑结构具有抑制启动时的冲击电流、电压增益更高等优点。同年，Vadthya Jagan 等人提出了两种升压 QZSI 拓扑结构，即具有连续输入电流和不连续输入电流开关阻抗网络的增强型升压型 QZSI，该拓扑结构在直通占空比较低和高调制指数的情况下，具有较高的升压能力，从而提供了更高质量的输出电压。2018 年，Anh - Vu Ho 等人提出了一种与单相对称混合型三电平逆变器的组合的改进型 QZSI，其不仅具有更高的升压能力，而且减少了 Z 源网络中电感的数量，降低了成本。

近些年来，电力电子技术得到飞速发展，在高效率以及高功率密度方面取得了很多重要突破，自 1970 年以来，功率半导体器件的开关频率平均每 10 年将会增加 10 倍，同时电力电子变换器的功率密度平均每 10 年增加 1 倍。散热系统的体积，无源元件的大小，控制调理电路及辅助电源越来越成为制约电力电子变换器功率密度的瓶颈。

逆变器的功率密度定义为输出功率与总体积的比值：

$$\rho_c = \frac{P_{out}}{V_{total}} \tag{2-46}$$

式中，ρ_c 为逆变器的功率密度；P_{out} 为变换器的输出功率；V_{total} 为变换器的总体积。

在通常的逆变器设计中，散热系统占相当大的比重，减少散热系统的体积对提高效率具有显著的效果。然而，散热系统的体积不能盲目减少，必须满足电子设备的散热需求。随着电力电子器件的性能和集成度迅速提升，小型化的需求使单位体积内的性能增加，进一步突显了散热问题。芯片温度的升高对电力电子器件的影响主要表现在降低器件的额定输出功率、增加器件的通态损耗以及降低额定电压等方面。当功率器件的芯片温度超过允许的最高工作工作温度时，不仅仅会影响设备的性能，甚至可能缩短设备的寿命。根据统计，电子设备失效的原因中，有55%左右是由于温度过高引起的。根据统计数据，逆变器工作的环境温度每升高10℃，其可靠度将下降一半。因此，散热系统的设计必须以满足电子设备的散热需求为前提。

在功率器件散热系统设计的过程中，热阻作为一个关键的参数，是用来衡量散热能力的重要指标。热阻反映了功率器件耗散热量的能力大小，其定义为单位功率（1W）热量施加在元器件上所产生的温度变化量。

热量所能产生的温升值大小，表达式为

$$R_{th} = \frac{\Delta T}{P} \tag{2-47}$$

式中，R_{th} 为热阻，单位为℃/W；ΔT 为温升；P 为耗散功率。

可以用指标CSPI（cooling system performance index）来衡量散热器的性能

$$CSPI = \frac{1}{R_{th,S\_a} V_{CS}} \tag{2-48}$$

式中，V_{CS} 为散热器的体积；R_{th,S_a} 为散热器的热阻。从表达式中可以看出，CSPI越大，散热器的性能越好；而CSPI越小，散热器的性能越差。

逆变器的功率密度受限于散热系统的体积，而散热系统的体积与功率器件允许的最高工作温度及功率器件的损坏有关。随着新型宽禁带电力电子器件（如SiC器件）的快速发展和应用，相对传统的Si器件应用具有更小的损耗，并且芯片可以在更高的温度下工作，从而能够减少小散热系统的体积。另一方面，逆变器的功能密度受到感测、电器等无源元器件的体积限制。通常减少无源元器件的大小的方法是提高逆变器的打开频率，而这也与新型电源电子器件的发展密切相关。因此，将 SiC 等新型器件应用于逆变器中将有效提高其功率密度。

对于功率变换器的散热系统，常见的冷却方式为自然对流散热、强迫风冷散热、液体冷却及热管冷却等等，而在电动汽车中，电机驱动逆变器常采用强迫风冷或者液体冷却的方式。

1) 强迫风冷散热是指通过在散热器上安装散热风扇，加速气流在散热器翅片之间的流动，相比自然风冷散热而言，相同几何结构的散热器可以带走更多的能量，散热效率显著提高。强迫风冷散热系统主要包括散热器和散热风扇两部分，其中，对于散热器的优化设计，可从散热器材质的选择以及具体几何结构参数的选择进行考虑，常见的肋片式强迫风冷散热器热阻的分析与计算方法，对于散热器的设计具有重要的意义。而对于风扇的选择，需要结合风扇的转速、损耗、噪声及与散热器具体的安装需求等方面综合考虑。强迫风冷散热方式具有安装方便、成本较低、结构简单的优点，因此在电机驱动控制器中得到了一定的应用。

2) 相比强迫风冷散热而言，液体冷却的散热能力稍强。通常情况下，液冷式散热系统由散热器、冷却液、水槽、马达、胶管和热交换器等结构组成。马达将水槽里的冷却液体加速，加速的液体流经散热器，通过散热器的热传导与冷却液的热对流作用，带走电力电子功率器件产生的热量，冷却液在其中不断得到循环往复流动，构成一个封闭式循环散热系统。液体冷却散热方式的导热性能好，散热效率高，并且噪声较低，相比强迫风冷的散热方式，散热器的体积一般情况下可设计得更小，在电机驱动控制器中得到了广泛的应用。不过液体冷却方式也存在散热装置的结构十分复杂，易出现腐蚀情况的缺点。并且随着 SiC 等新型器件逐渐应用到电机控制器中，有效降低了功率器件的损耗，即使采用强迫风冷散热方式，也能有较高的功率密度。

2.2.2 DC/DC 变换器

DC/DC 变换器是一种电力电子设备，将直流电源的电压进行变换，以获取所需要的输出电压。它是电源变换的关键部件，广泛应用用于电子设备、通信系统、工业控制、汽车电子等领域。

DC/DC 变换器通过控制开关的导通和断路，将输入直流电压转换为高于或低于输入电压的输出直流电压。它可以实现电压升高转换、电压稳定和电源隔离等功能。

DC/DC 变换器的基本原理是利用传感器和电容器的能量存储和释放特性来实现电压转换。它通常由以下几个主要组成部分组成：

1) 输入滤波电路：用于滤除输入电源中的噪声和干扰，以保证稳定的输入电压。

2）开关管：通常使用功率 MOSFET 或 IGBT 等器件作为开关管，通过控制其导通和截断来实现电流转换。

3）控制电路：负责监测输入和输出电压，并根据需要调整整个开关管的导通和断开时间，以控制输出电压稳定在设定值。

4）输入滤波电路：用于平滑输出电压，滤除因为通断开关操作引起的高频噪音。

5）反馈回路：用于检测输出电压，并将信息传递给控制电路，使其能够调整开关管的工作状态，以维持输出电压的稳定性。

根据电压变换方式和拓扑结构的不同，DC/DC 变换器可以分为多种类型，包括升压变换器（Boost）、降压变换器（Buck）、升降压变换器（Buck – Boost）、反激式变换器（Flyback）等。

DC/DC 变换器具有高效率、快速响应、精确稳定的输出特性，并且能够实现电源隔离和电压匹配等功能。它在现代电子系统中发挥着重要作用，提供了稳定可靠的资源供应，同时也为电子设备的小型化、高性能化和节能环保提供了支持。

DC/DC 变换器根据需求可采用三类控制：PWM 控制型效率高并具有良好的输出电压和低噪声；PFM 控制型具有耗电小的优点；PWM/PFM 转换型在小负载时实行 PFM 控制，在重负载时自动转换到 PWM 控制。

图 2-30 所示为电动汽车的系统架构。电动汽车系统由不同模块构成，这些模块为传动系统和能量储存系统。动力蓄电池模块由电池管理系统（BMS）进行管理和监测，并通过一个车载充电机模块（AD/DC 变换器）进行充电，交流电压范围是 200～240V 的单相系统到 380V 的三相系统。动力蓄电池模块通过一个双向的 DC/DC 变换器和 DC/AC 变换器（逆变器）来驱动电机，同时用于再生

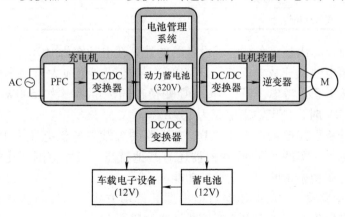

图 2-30 电动汽车的系统架构

制动，将回收的能量存入动力蓄电池。同时，为了将动力蓄电池的320V高电压转换为可供车载电子设备使用和给蓄电池充电的12V电源，需要一个降压型DC/DC变换器模块。

电动汽车DC/DC变换器输入特性和负载特性：

普通五座纯电动汽车的动力蓄电池一般采用320V标称电压，由100节标称单体电压为3.2V的锂离子电池串联而成，电池单体电压下限为2.8V、上限为3.6V，总电压下限为280V、上限为360V。一般的DC/DC变换器的输入电压范围为280~360V。

根据纯电动汽车车载电子设备的不同属性，把用电设备分为长期用电、连续用电、短时间间歇用电和EV附加用电设备这4种类型，并赋予不同的权值。其中，长期用电设备包括组合仪表和蓄电池，权值取1；连续用电设备包括雨刮电机、音响系统和仪表照明等设备，权值可取0.5；短时间间歇用电设备包括电喇叭、各类信号灯、ABS控制器等设备，权值可取0.1；EV附加用电设备包括电动真空泵、电动水泵和电动转向，权值根据实际情况分别取0.1、1、0.3。各类设备所消耗功率分析见表2-2。

表2-2 电动汽车低压负载特性分析

负载类型	用电设备	额定功率/W	权值	计算功率/W
长期用电设备	组合仪表、蓄电池	84	1	84
连续用电设备	雨刮电机、音响系统等	1228	0.5	614
短时间间歇用电设备	电喇叭、各类信号灯等	2050	0.1	205
EV附加用电设备	电动真空泵	420	0.1	42
	电动水泵	50	1	50
	电动转向	250	0.3	75
总功率		4082		1070

由表格可计算出整车车载电子设备总的计算耗电功率为1070W，为保证整车实际用电和蓄电池的充放电平衡，DC/DC变换器的容量应大于整车电子设备的计算功率，按1.5倍考虑，设计DC/DC变换器的额定功率为1500W，当额定输出电压为13.8V时，额定输出电流为109A。

由以上分析可知电动汽车DC/DC变换器的负载具有低电压大电流的特性。除此之外，电动汽车的DC/DC变换器还有其他特点：较宽范围变化的输入电压和输出电压、高功率密度和安全保护功能。

DC/DC变换模块中的变压器可以根据其使用方式分为原边逆变和副边整流两个过程。在原边逆变过程中，变压器演绎着隔断和调压的角色。常见的拓扑结构包括正激、半桥和全桥。这些拓扑结构通过控制开关的导通和截断实现输入电压的变化和调整。

在副边整流过程中，变压器用于实际低压大电流的整流。这个过程将其副边连接到输出端，以确保输出电压与负载的需要匹配。经常看到的整流方式例如半波、全波和倍流整流。

通过隔断作用，DC/DC 变换器能够提供安全隔断并实现电压转换，以满足不同电源间的电压适配需求。同时，DC/DC 变换器还有高效、快速响应和精确稳定的输出特性，使其在电力系统、电动汽车、太阳能系统等领域得到广泛应用。

1. 逆变侧

如图 2-31 所示，逆变侧拓扑主要分为推挽正激、半桥和全桥拓扑。

图 2-31a 为推挽正激电路。推挽正激拓扑通过电容 C_1 和输入电压实现了对开关管电压的箝位（C_1 上的电压为输入电压），减小了开关管的峰值压力，但是开关管的电压应为 2 倍的 V_{in}，功率器件不适合高压输入的场合。

图 2-31b 为半桥电路。半桥拓扑可以分为对称式半桥和不对称半桥，通过 Q_1、Q_2 的占空比是否相等来划分。对称式半桥为硬开关，不适合功率较大的电路；不对称半桥可以通过谐振参数实现软开关，但是控制复杂，在输入电压范围宽的时候占空比变化较大，不适合电压变化范围比较大的系统。另外，半桥拓扑的开关管电流应力为全桥拓扑的两倍，总导通损耗也为全桥的 2 倍，而且电容体积较大，不适合中大功率的场景。

图 2-31c 为全桥电路。全桥拓扑的开关管数量最多，二极管续流损耗较大，有多种控制方式，但是其开关管的电压和电流应力比较小，而且实现软开关比较方便，具有明显的效率优势，中、大功率多采用全桥电路。

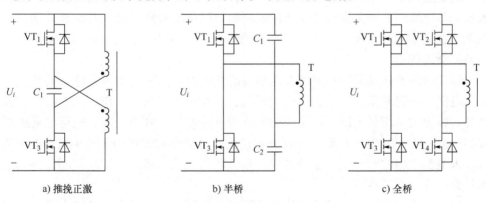

图 2-31　逆变侧主要拓扑结构

为了实现 DC/DC 变换器中原边开关管的软开关操作，有很多学者提出了大量的拓扑结构，其中应用最多的主要为移相全桥 ZVS 软开关电路和 LLC 谐振软开关电路,如图 2-32 所示。

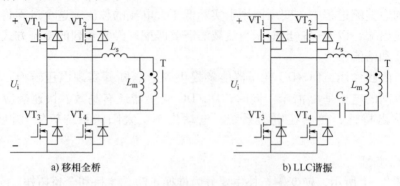

a) 移相全桥　　　　　　　　　b) LLC 谐振

图 2-32　全桥软开关主要拓扑结构

移相全桥的电路拓扑如图 2-32a 所示,通过桥臂间的移相控制,利用 MOS 管 DS 间寄生电容和变压器的漏感进行谐振,可以实现 4 个开关管的 ZVS 零电压开关,显著减小开关损耗。移相全桥每个桥臂互补导通 50% 占空比,桥臂间存在一定的相位差,通过移相就可以改变变压器原边侧的等效输入电压,实现宽范围的调压;缺点是当移相角比较大时,电路内环流较大,影响整体效率。由于移相全桥控制逻辑比较简单,且可以方便实现软开关,因此广泛应用于各个功率等级的变换器中。这种拓扑结构足够提供高效率和低效率损坏芯片的特点,广泛应用于高效率 DC/DC 变换器中。

LLC 谐振变换器是串联、并联和串并联谐振变换器的变种,如图 2-32b 所示。LLC 谐振变换器有很多卓越的特性,它能工作在较宽的电压和负载范围内实现很高的整机效率。除了原边开关管 ZVS,LLC 谐振变换器可以同时实现副边二极管 ZCS,减小了开关损耗和反向恢复损耗。LLC 谐振软件开关具有高效率、低电磁干扰(EMI)和较大的工作频率范围等优点,在中高效率 DC/DC 变换器中得到广泛应用。

LLC 谐振变换器是一种频率控制增益的变换器。由于动力蓄电池具有较宽的工作范围,当轻载条件下输出低压的时候,工作频率很高,工作状况恶劣;除此之外,输出大电流的情况下,整流侧电流为脉冲波形,峰值很高,电路导通损耗较高;另一方面,由于 LLC 工作模式有谐振、过谐振和欠谐振多种模式,在副边低压大电流输出的情况下,主动的同步整流控制比较困难,而被动式同步整流成本较高,并且不易控制。

动态响应方面,LLC 谐振变换器采用频率控制,通过谐振腔的状态变化进行能量传递,整体动态响应能力较差。而移相全桥作为 Buck 型的隔离变换器,其小信号模型和 Buck 类似,动态响应较快。

综上所述,对于较宽范围的低电压大电流逆变器,考虑到电压调节能力、动态响应能力以及方便可控的同步整流策略，采用移相全桥拓扑更加符合设计需求。

2. 整流侧

低电压大电流的整流中，采用 MOS 管替代二极管实现同步整流，因此需要着重考虑 MOS 管的导通损耗。全桥整流是比较常见的整流方式，其 MOS 管的电压和电流都比较小，但是使用 MOS 管数量比较多，导通损耗大，因此在低电压大电流的应用场景下主要采用如图 2-33 所示的半波整流、全波整流和倍流整流拓扑结构。

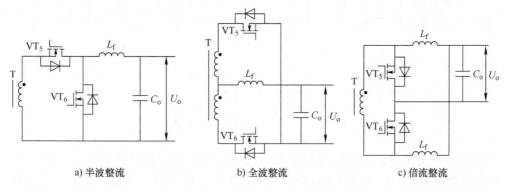

图 2-33 低电压大电流主要整流结构

如图 2-33a 所示，半波整流拓扑简单，但是相对于全波整流而言，电感上的纹波频率为开关频率，电感的电感量比较大，对提高功率密度不利；如图 2-33b 所示，全波整流变压器二次侧采用中心抽头，使得在每个正负半周都能够完成 1 个滤波周期，滤波电感的工作频率为 $2f_s$，因此滤波电感的感量和输出电容的容量都大幅减少；如图 2-33c 所示，相对于全波整流而言，倍流整流的主要优点是变压器二次侧不用中心抽头，且电流为输出电流的一半，因此变压器易于设计，变压器副边铜损小，同时分布损耗较小；但主要缺点是使用了两个滤波电感，并且滤波电感的频率是 f_s，功率密度难以提升，需要考虑参数不一致引起的均流问题。

各个整流方式的特点见表 2-3。

表 2-3 不同整流方式的工作特点

整流电路	变压器变比	整流管电压应力	整流管同通态损耗	整流电流脉动频率	开关管数量
全桥整流	K	V_{in}/K	$2U_d I_o$	$2f_s$	4
半波整流	$K/2$	$2V_{in}/K$	$U_d I_o$	f_s	2
全波整流	K	$2V_{in}/K$	$U_d I_o$	$2f_s$	2
倍流整流	$K/2$	$2V_{in}/K$	$U_d I_o$	$2f_s$	2

综上所述，对于低电压大电流的整流侧，综合考虑功率密度、效率和简单可控性，应选择采用全波整流的方式。

燃料电池电动汽车用 DC/DC 变换器：燃料电池的输出电压受到单体电压的限制，不能直接对电动汽车的动力蓄电池和电机驱动供电。为了能让燃料电池稳定有效地输出功率，采用 DC/DC 变换器对其进行功率控制，改善输出特性 DC/DC 变换器的位置如图 2-34 所示。DC/DC 变换器的另一个作用是，可以根据电机驱动和动力蓄电池的需求来控制输出电压和输出电流。

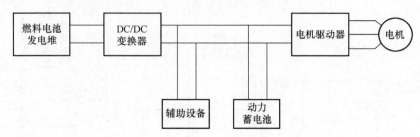

图 2-34　燃料电池电动汽车动力系统

DC/DC 变换器作为燃料电池发电系统的关键部件，其技术的进步促进了燃料电池产业的发展，为燃料电池电动汽车的推广奠定了技术基础。前人对应用于燃料电池的 DC/DC 变换器做了大量的研究，一种 Boost + 改进型半桥 DC/DC 变换器，其拓扑结构如图 2-35 所示。

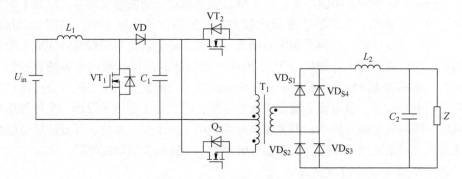

图 2-35　Boost + 改进型半桥 DC/DC 变换器

该拓扑用于输出电压为 20V 的燃料电池，通过利用 Boost 电路升压至 48V，再利用改进型半桥电路升压至 110V，实现了 2kW 的功率输出。有学者设计了一个通过将两个 Buck – Boost 电路并联来实现功率双向流动的 DC/DC 变换器，其适用于以燃料电池供电为主，蓄电池供电为辅的燃料电池系统中。拓扑结构如图 2-36 所示，U_{in1} 接燃料电池，U_{in2} 接蓄电池。从而将燃料电池的能量单相输出给负载或者通过双向 DC/DC 变换器给蓄电池充电。因此蓄电池既能够向外放电，也能够回收负载产生的再生制动能量。

有文献提出了采用两级 Boost 升压电路，能够将燃料电池的输出电压提升至负载所需要的电压等级，其应用于负载电压范围变化大的场合。还有文献提出了针对燃料电池的并联式升降压型 DC/DC 变换器，并在控制策略中加入补偿和输入电压前馈实现了较好的稳态和动态性能。该拓扑能够实现高升压比，同时减小输入电流输出电压纹波，拓扑结构如图 2-37 所示。

有文献对 Boost + 移相全桥两级式燃料电池 DC/DC 变换器进行了深入研究，提出将输入电流作为被控对象的控制策略。在燃料电池输出电压在大范围波动时，变换器也能够稳定输出功率，拓扑结构如图 2-38 所示。

对燃料电池 DC/DC 变换器在车载应用中的要求：

DC/DC 变换器能够根据氢燃料电池的输出特性，对输出功率进行控制，保证燃料电池能够正常工作。同时根据负载

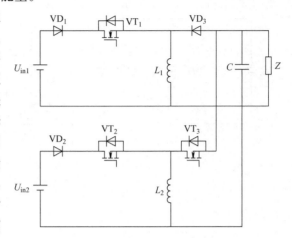

图 2-36 双输入双向 DC/DC 变换器

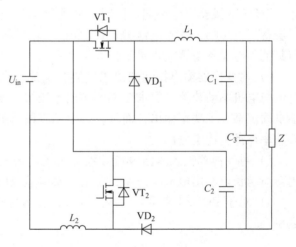

图 2-37 并联式升降压型 DC/DC 变换器

的需求，对输出电压和电流进行控制。当燃料电池 DC/DC 变换器应用在车载环境中时，有着如下几个方面的要求：

1）对变换器转换效率的要求：转换效率是车载 DC/DC 变换器的重要指标之一，高的转换效率意味着电能的利用率高，同等电量下电动汽车行驶的更远。

2）对变换器功率密度的要求，车载电力设备对体积有着严格的要求，小体积高功率密度更加节省空间。

3）对变换器电磁干扰性能的要求：电动汽车车身有很多电子设备，在行驶过程中存在多种电子设备同时工作的情况，用电设备产生的电磁干扰将对燃料电

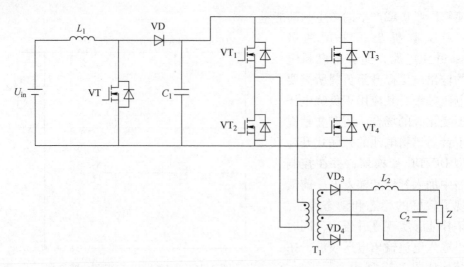

图 2-38　Boost + 移相全桥两级式燃料电池 DC/DC 变换器

池 DC/DC 变换器产生影响。同时，变换器本身也会产生电磁干扰对车内其他电子设备产生影响，燃料电池 DC/DC 变换器电磁抗干扰性能的强弱决定着其自身与其他用电设备是否能正常工作。

4）对变换器输出特性的要求：燃料电池功率变换器后级所接负载为动力蓄电池与电机驱动装置，要求变换器输出电压与电流的大小可控，实际上变换器并不是固定某一个功率输出，而是在一个功率段范围内输出，这就要求其能够在所有功率点都能稳定输出。

5）对变换器输入输出电流纹波的要求：输入电流纹波越小，燃料电池堆使用寿命越长。输出电流纹波小，对动力蓄电池充电将更加稳定。

6）对于 DC/DC 变换器成本的要求，成本是产品能否商业化推广的关键因素之一。

2.3　功率母线

现代高速开关和封装技术要求改变传统的效率分配方法，包括电线束、通铜片总线和印制电路板上的电源线和地线。通过采用功率母线，能实现更小的感应电流、更低的电压、更多的电荷和更小的空间占用。如图 2-39 所示的双层结构的功率母线（Bus Bars）已经应用于大型计算机系统、通信和

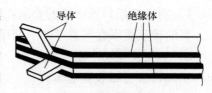

图 2-39　双层导体的功率母线

航空电子学等的功率分配子系统,新型通用功率器件已经显著提高了开关速率,在传统工业的功率电路中采用功率母线是必然的趋势。

大功率 IGBT 及其模块电路连线中的电感是功率母线设计的重要因素,低电感的功率母线可以降低电路的瞬时电压和控制寄生振荡,从而提高可靠性。

1. 功率母线的优点

功率母线的优点在于,把载有信息的电磁波沿导线传送时,频率越高,趋肤效应和邻近效应就越显著,其结果是使导体的有效电阻增加、信号衰减增大。采用多层叠层式功率母线的优点有:

1)具有稳定的滤波能力:图 2-40 是双层导体功率母线和绞线的示意图,它们的长度和截面积都相等。通过比较这两种连线的电阻、电容与电感值,可以发现叠层导体的功率母线的电感小、电容大,亦即具有较强的滤波能力。

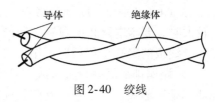

图 2-40 绞线

2)增强了对电磁干扰 EMI 和射频干扰的抑制能力,有实验得出 400pF 的母线电容能够很好地抑制 500kHz 随机噪声信号。

3)占用空间小、载流能力大。为了传输大电流,需要用直径较大的圆导线,例如用直径为 7.37mm 的 AWG 圆线。可以使用 0.41mm×25.4mm 的母线导体来传输相同的电流,由于几何尺寸不同,功率母线相对于类似的线束结构占用的空间更少,大约只需线束空间的 1/10~1/2。

4)功率母线的扁平结构,提取最佳散热效果,可增强通过机箱的气流,甚至可作为空气导向器或隔板:功率母线的扁平结构有助于提高散热效果。相比于传统的圆导线,功率母线的扁平形状可以提供更大的表面积,使得热量更容易散发出去。这样的设计有助于保持功率母线的低温运行,提高电路的可靠性。此外,功率母线的扁平结构还能够改善机箱内部的气流。通过合理放置功率母线,可以引导和增强机箱内部的气流流动,提高散热效果,并有助于降低电路元件的温度。由于功率母线的扁平形状和结构稳定性,它们有时还可以用作空气导向器或隔板,用于优化机箱内的空气流动,分隔不同的电路或组件,提高整体的散热效果和电路布局。

高频电力电子装置中(如变频器、开关电源等)由于分立单导体直流母线和缓冲回路具有很高的寄生电感量,在功率开关关断瞬间,由于线路 di/dt 很高,会产生上升率很高的瞬时电压。由于功率开关反并联二极管和缓冲回路二极管的特性,瞬时过压会传导到同一桥臂的另一个功率开关上,对其造成潜在危害。这种危害无法通过选择开关器件来消除。寄生电感量越大、负载电流越大、功率开关的电流下降时间越短,这种危害越严重。

2. 功率母线的分类

根据电磁学理论，如果将连接导线做成扁平截面，在同样截面积下做得越薄越宽，它的寄生电感就越小；相邻导体内流过相反的电流，其磁场抵消也可使寄生电感减小。在这种思想的指导下便产生了功率母线。功率母线有四种基本类型：电缆绞线、印制电路板、裸铜排平面并行式母线和叠层功率母线。

1）电缆绞线。电缆绞线是最常用的传统功率母线形式，它们价廉、简单可行。这种功率母线被广泛地应用于电力电子装置上。但是电缆的自感大，与圆导线相比，扁平母线的自感只有圆导线的 1/3～1/2。

2）印制电路板。印制电路板的功率母线主要用于电流较小的装置中，当电流较大时，要求电路板的覆铜层很厚、造价太高，也难以实现。另外，用来连接多层导线板的穿孔不仅需要占用大量空间，而且会影响装置的可靠性。

3）裸铜排平面并行式母线。这也是在电力电子装置中被广泛应用的一种传统功率母线形式，但是它的互感较大。

4）叠层功率母线。多层的叠层式母线是使用最广泛的类型，它是由矩形铜条与介质隔离层组成，裸露的边缘用环氧树脂密封，由于是多层导体设计，它能处理集成回路的混合功率电平，而且提供功率滤波用的电容。

3. 功率母线的设计

FLDRE 公司生产的叠层式多层母线有功率总线、IGBT 总线、双总线和帽盖（Cap）总线等，各种总线有多种形状与规格，并可根据应用要求进行设计。

功率母线设计的灵活性是它可以选定多种尺寸和形状，有些设计可安装在印刷电路板和底板上，有些大型母线可以是完整的框架、结构、甚至可以设计成支架构件。

电阻、电容、电感和电导 4 个独立参数能全面反映传输线，包括功率母线特征的基本参数。功率母线上允许的电压降常常是选择母线截面积和材料时考虑的主要因素，这就要求将允许电压降参数相关的电阻减至最小。

电阻为

$$R_1 = \frac{\rho}{Wt} \tag{2-49}$$

式中，R_1 为 20℃时的电阻；ρ 为电导率；W 为导体宽度；t 为导体厚度。当工作温度高于或低于 20℃时，电阻为

$$R_2 = R_1[1 + \alpha(T_2 - T_1)] \tag{2-50}$$

式中，R_2 为温度为 T_2 时的电阻；T_2 为新的工作温度；α 为电阻温度系数。

由于趋肤效应和邻近效应，交流电阻值随工作频率的增高而加大。

母线设计的另一目的是使电容增至最大和使电感减至最小。多层导体叠层母线的电容为

$$C = \frac{0.572KA(N-1)}{d} \tag{2-51}$$

式中，K 为介电常数；A 为导体表面积；N 为导体层数；d 为介质层厚度。

电感为

$$L = \frac{0.978dl}{w} \tag{2-52}$$

式中，l 为导体长度。由式（2-52）可见，母线宽度 w 应尽量大，介电层厚度 d 应尽量薄。

电导 G 是描述传输线绝缘质量的参数，等于直流电导 G_0 和交流电导 $G_\sim$ 之和，交流电导近似为

$$G_\sim \approx \omega C \tan\delta \tag{2-53}$$

式中，ω 为角频率，$\omega = 2\pi f$；$\tan\delta$ 为介电损耗角的正切。

与通用逆变器不同的是，用于 EV 的电机驱动器必须具有体积小、结构紧凑、功率密度高等特点，因而对电机驱动器系统的可靠性和电磁兼容性提出了很高的要求。电机驱动器的功率回路对系统产生的电磁干扰影响最大，设计出合理的、符合系统性能要求和可靠性要求的功率回路是电机驱动器的关键技术之一。目前国内外用于 EV 的电机驱动器均采用功率母线作为滤波电容与功率模块的连接部件，功率母线主要有两种形式：一是采用铜排作为功率母线，它的最大不足在于，铜排具有较大的漏电感和较强的内应力；二是采用极板作为功率母线，它通过螺栓与功率模块相互连接，这种连接方式在小功率电机驱动器中得到了很好的应用。但在大功率场合，尤其是在大电流电机驱动器中，采用常规的极板作为母线会产生以下两个问题：

1）安全问题。即指由于功率模块与功率母线直接相互接触，当电机驱动器受到振动、冲击时，功率母线很容易出现与相反极性的模块端相碰撞，导致电机驱动器工作不正常。

2）电流分布与接触电阻问题。由于器件与极板不是直接接触，需要通过螺栓与器件的直流输入端连接，这种连接方式存在间隙，容易导致电流分配不均匀，产生连接处局部过热，同时会增加线路的接触电阻。

4. 新型功率母线

针对常用的功率母线的种种不足和缺陷，现今提出一种采用叠层功率母线技术和极板 - 凸台导电技术的新型功率母线。实验证明，运用这种新型功率母线可有效地减小功率母线寄生电感，降低功率模块开关过程中产生的过冲电压和功率母线对电机驱动器空间的电磁干扰，同时可以增加伴生电容，有利于提高高频时的电容容量，减小电压纹波。这一新型功率母线已成功应用于 EV 的电机驱动器中。

高频化、大功率电压控制型功率器件在开关过程中，由于母线寄生电感和功率模块自身电感的影响，会产生很高的尖峰电压，这种尖峰电压一方面增加了开关损耗，使系统发热增加，另一方面，可能出现因尖峰电压过高而影响功率模块正常工作。因而，必须将开关过程的尖峰电压限制在允许范围内。降低开关过程中尖峰电压的途径有两条：一是通过选择合适的栅极驱动电阻来减小 di/dt，从而减小尖峰电压，但弊端是导致 dv/dt 减小，开通时间和关断时间延长，进而增加开关损耗；二是减少电机驱动器直流回路功率母线的分布电感（寄生电感），通常采用叠层功率母线。

4 层式叠层功率母线如图 2-41 所示，4 层式叠层功率母线从功率模块向上看，依次为：绝缘板1、负极板、绝缘板2、正极板，各叠层的形状如图 2-42 所示。采用四叠层功率母线技术可有效地降低电机驱动器功率母线的寄生电感，减轻电机驱动器功率模块开关过程中的尖峰电压对功率器件产生的过冲压力，降低功率母线对电机驱动器的空间电磁干扰。

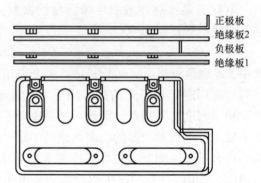

图 2-41　新型叠层功率母线连接图

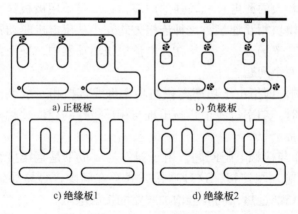

图 2-42　各叠层形状

1）叠层功率母线寄生电感计算。电气连接线路的电感由分布在空间中的磁链与电流之比来决定。导体的电感分内电感和外电感两部分，内电感是导体内磁链作用的结果，与电流的集肤效应和邻近效应有关；外电感由两根载流导体的形状和空间位置决定，与电流频率无关。根据电磁理论假设：①叠层功率母线的长度远大于宽度，同时宽度远大于厚度和两块极板之间的距离，则叠层功率母线在长度方向上的磁感应强度 B 相同；②叠层功率母线为非铁磁性物质，流过的电流为 I，且在两叠层母线内均匀分布，则宽度方向的电流密度为 $d = I/b$。叠层功率母线的电感表示为

$$L = \frac{\mu_0 w l}{12b} + \frac{\mu_0 l}{\pi}\left\{\frac{2a}{b}\tan^{-1}\left(\frac{b}{2a}\right) + \frac{1}{2}\ln\left[1 + \left(\frac{2a}{b}\right)^2\right]\right\} \quad (2\text{-}54)$$

式中，L 为电感，包括叠层功率母线的内电感和外电感；l 为叠层功率母线长度；b 为宽度；w 为厚度；a 为两块极板之间的距离；μ_0 为极板的磁导率。

假定叠层功率母线的 b 远大于两块极板之间的距离 a，即当 $(b/2a) \to \infty$ 时，代入式（2-54）可得简化的电感计算式

$$L = \frac{\mu_0 w l}{12b} + \frac{\mu_0 a l}{b} \quad (2\text{-}55)$$

当叠层功率母线的两块极板无限靠近时，同时假定与其他因素相比可忽略不计，由式（2-55）可知电感为零。

2）叠层功率母线伴生电容计算。电压控制型功率模块中间直流回路均采用电解电容作为储能和滤波电容，由于电机驱动器通常工作在高频状态（通常为 10～20kHz），又因等效电感和等效电阻的存在，所以电解电容在高频下的等效容量大大下降。计算表明，在 10kHz 下，电解电容的等效容量为 120kHz 下标称容量的 1/8～1/6；工作频率达到 20kHz 时，等效容量均为 120Hz 下标称容量的 1/10 左右。因而，如何提高直流回路在高频下的有效电容容量是电机驱动器研究和应用的难点之一。叠层功率母线因其正极板与负极板呈相互重叠状态，当极板上分别施加正负电压时，叠层功率母线相当于一个电解电容，且与直流回路滤波电容相并联。叠层功率母线电容量为

$$C = \frac{\varepsilon_0 \varepsilon S}{t} \quad (2\text{-}56)$$

式中，ε_0 为介质在真空状态下的介电常数，$\varepsilon_0 = 8.85 \times 10^{-12} \text{F/m}$；$\varepsilon$ 为介质的相对介电常数；S 为叠层功率母线正、负极板的重叠面积；t 为叠层功率母线正、负极板间距离。

3）叠层功率母线对电机驱动器空间电磁干扰分析。根据电磁场理论，当导体中有电流流过时，会在空间任何一点产生磁场。设空间某点的磁场用磁感应强度 B 来衡量，空间中的磁导率可近似为真空中的磁导率 μ_0，则 B 随电流成正比变化。当叠层功率母线中通入两个大小相同、方向相反的电流时，它们在空间某点产生的 B 是两个方向相反电流产生的 B 的矢量和。根据毕奥－萨伐尔定律，空间任意一点的合成 B 的幅值为

$$B = \frac{\mu_0 I}{2\pi l_1 l_2}\sqrt{l_1^2 + l_2^2 + 2l_1 l_2 \cos\theta} \quad (2\text{-}57)$$

式中，I 为极板中的电流；l_1 为正极板中心到空间某点的距离；l_2 为负极板中心到空间某点的距离；θ 为空间某点到两极板中心点的连线的夹角。

由式（2-57）可知，当叠层功率母线中极板上电流一定时，要使空间某点的电磁干扰尽可能小，应使 $d = \sqrt{l_1^2 + l_2^2 + 2l_1 l_2 \cos\theta}$ 尽可能小，即正负极板之间的中心距 $(w+a)$ 尽可能小。

5. 功率母线损耗分析与估算

如图 2-43 所示，根据电磁感应定律，当磁性器件工作时，其内部的交变磁场会在铁心内产生感应电势及感应电流（涡流）以阻止磁场的变化。导体中的涡流是由集肤效应和邻近效应所引起的，这些涡流会在高频大电流多层绕组中会引起很大的损耗。

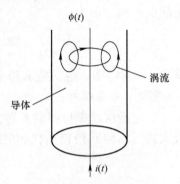

图 2-43 交变磁场在铁心中引起涡流

因此，准确地计算母线电阻和感抗是设计符合规格的母线非常重要的一环。

（1）母线电阻的计算

为了计算方便，将不同规格的母线按照其截面积从小到大进行排列，构成序列 S_k，$(k=1, 2, \cdots, 7)$ 表示第 k 种类型的母线。S_1 表示规格为 $25\text{mm} \times 3\text{mm}$ 的母线；S_2 为 $25\text{mm} \times 4\text{mm}$ 和 $30\text{mm} \times 4\text{mm}$；$S_3$ 为 $40\text{mm} \times 4\text{mm}$；$S_4$ 为 $40\text{mm} \times 5\text{mm}$；$S_5$ 为 $50\text{mm} \times 5\text{mm}$；$S_6$ 为 $50\text{mm} \times 6\text{mm}$；$S_7$ 为 $60\text{mm} \times 6\text{mm}$。

在计算母线电阻时，按 20℃ 时铝的电阻率 $\rho = 2.82\Omega \cdot \text{m} \times 10^{-8}$ 和 20℃ 时铜的电阻率 $\rho = 1.72\Omega \cdot \text{m} \times 10^{-8}$ 计算。以下各式的电阻和感抗的单位均为 $\text{m}\Omega$。

以表示母线工作温度为 20℃ 时单位长度 1m 的交流电阻，其值为

$$R_{i20} = K_{li} K_{\text{skin}} R_{20} \tag{2-58}$$

式中，K_{li} 为邻近效应系数，母线取 1.02；K_{skin} 为集肤效应系数；R_{20} 为 20℃ 时母线单位长度直流电阻。单位长度铝母线电阻计算公式为

① 对于 $S_1 \sim S_7$ 类型铝母线，有

$$R_{i20} = \frac{18.65}{1.02^k S^{0.9}}, \quad 当 k = 1, 2, \cdots, 7 \tag{2-59}$$

② 对于 S_8 及以后各类型铝母线，有

$$R_{i20} = \frac{16.5}{S^{0.9}} \tag{2-60}$$

类似可得单位长度铜母线电阻计算公式。

① 对于 $S_1 \sim S_7$ 类型铜母线，有

$$R_{i20} = \frac{11.37}{1.01^k S^{0.9}}, \quad 当 k = 1, 2, \cdots, 7 \tag{2-61}$$

② 对于 S_8 及以后各类型铜母线，有

$$R_{i20} = \frac{10.51}{S^{0.9}} \tag{2-62}$$

由于迭层功率母线的分层结构，集肤效应使得上述各层导体中的电流密度不相等，因此在计算母线电阻时引入电阻增加系数 K_R，理论分析与实际计算表明，K_R 与导体中流过电流频率和导体高度有关，而与电流的大小无关。

$$K_R = \zeta \frac{\text{sh}2\zeta + \sin2\zeta}{\text{ch}2\zeta - \cos2\zeta} \tag{2-63}$$

式中，$\zeta = h(\pi\mu f/\rho)^{0.5}$；$h$ 为矩形导体高度；f 为频率；ρ 为电阻率。因此，可以将母线电阻的公式修正为

$$R_{i20} = K_{li}K_{skin}R_{20}K_R \tag{2-64}$$

（2）母线感抗的计算

从已知的母线感抗计算公式可见，母线的感抗除了与截面大小有关，还与母线平放或竖放及母线间距等有关。当母线固定（平放或竖放以及排列间距等）后，母线的感抗就是其截面积的简单函数。因此，同样可以由母线截面构造感抗计算的简化公式。

以符号 L_3 表示三相回路母线的感抗，L_1 表示单相回路母线的感抗，长度均为一个单位长度（1m）。根据手册可构造下面的计算公式（对母线平放或竖放均适用）：

$$L_3 = \frac{0.54 \times 1.15^\lambda}{S^{0.18}} \tag{2-65}$$

式中，λ 为与相线间距 D 有关的计算参数，其值为 $\lambda = 0$、$D = 250\text{mm}$，$\lambda = 1$、$D = 350\text{mm}$。

当 PEN 线与邻近线的中心距离为 200mm 时，单相感抗可按下式计算：

$$L_1 = \frac{2.135}{1.056^\lambda}L_3 \tag{2-66}$$

由以上公式计算母线的电阻和感抗，其计算值与设计手册给出的值最大误差不超过 4%，电阻值的偏差一般小于 $0.005\text{m}\Omega$，感抗数值的偏差一般小于 $0.010\text{m}\Omega$，因此具有较好的准确性。

与母线电阻计算同样的道理，计算叠层功率母线感抗时也引入漏抗减小系数 K_K：

$$K_K = \frac{3}{2\zeta} \frac{\text{sh}2\zeta - \sin2\zeta}{\text{ch}2\zeta - \cos2\zeta} \tag{2-67}$$

从而 L_3 和 L_1 可以修正为

$$L_3 = \frac{0.64 \times 1.15^\lambda}{S^{0.18}} \times K_K \tag{2-68}$$

$$L_1 = \frac{2.135}{1.056^\lambda} \times L_3 \times K_K \qquad (2\text{-}69)$$

6. 功率母线控制开关

锂离子电池在使用过程中，多串联使用以提高电压，并联以提高容量。其中并联使用的方案有两种：单体电池并联后串联，或单体串联后并联。在特殊应用场合，相关标准明确规定了只能单体电池串联成组后形成蓄电池模块，蓄电池模块并联以提高整套电源系统的容量。

锂离子蓄电池电源管理系统多以串联蓄电池模块为管理对象，仅对充放电过程中属于同一模块的单体电池进行充放电均衡控制，以确保属于同一模块的各单体电池可基本同步完成充放电过程。对于各模块间的特性差异，多数仅以功率二极管进行简单的环流阻断，缺乏有效的控制手段。

结合并联锂离子蓄电池模块的充放电特点，现有适用于锂离子蓄电池动力电源模块的功率母线控制开关。以 IGBT 模块实现的双向可控功率电子开关，可以准确实现各并联蓄电池模块的双向功率控制。各蓄电池模块在该系统的控制下可实现充电时"只充不放"、放电时"只放不充"，在当前模块过充或过放时实现当前模块从母线上切除，即"不充不放"。

图 2-44 所示为一套典型的锂离子蓄电池动力电源系统的功率拓扑。该系统的主功率回路主要包括了 4 个蓄电池模块，1 个总成管理系统，1 个充电机和 1 个负载。充电或放电时分别对应于充电机或负载接入电源系统，充电机和负载不会同时接入整套电源系统。

图 2-44 中的每个蓄电池模块均由串联蓄电池组和与其串联的母线控制开关组成。在充放电过程中，功率母线控制开关为蓄电池模块提供了一条双向可控的功率传输方式。以充电过程为例，在充电时各模块中的 K_C 接通 K_D 断开，各模块并联充电且都属于"能充不能放"状态。当某一模块充电完成后，该模块所对应的 K_C 和 K_D 均断开，当前模块相当于从母线切除，属于"不能充不能放"状态。其他模块继续充电直到所有模块均从母线断开，此后充电机的功率开关 K_{M1} 断开即认为充电完成。放电过程与充电过程类似。通过母线控制开关，图中所示的主功率回路可以有效地实现各并联的蓄电池模块与母线的各种形式的功率连接。

（1）功率母线控制开关的主功率电路

将图 2-44 所示的母线控制开关应用于蓄电池电源系统中，要求其损耗低、速度快、工作可靠、使用寿命长。常用的主功率开关可分为两类：以接触器为代表的机械式开关，以全控制型电力电子器件 IGBT 为代表的电子开关。如忽略导通电阻，直流接触器在导通时无导通压降，因此其主功率触点并无明显的损耗。IGBT 导通时存在着正向压降，工作时存在导通损耗，但在相同的功率等级下接

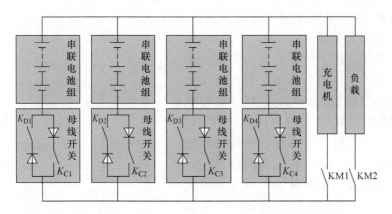

图 2-44 锂离子蓄电池动力电源功率拓扑

触器的控制线圈所需的功率消耗与 IGBT 的导通损耗基本相当。

用于锂离子蓄电池母线控制开关的主功率电路如图 2-45 所示,该电路使用了两块 IGBT 模块。图 2-45 中,S_1 和 S_4 驱动信号时序相同,为放电控制开关;S_2 和 S_3 驱动信号时序相同,为充电控制开关。驱动电路依据充放电要求分别为两组开关提供相应的驱动信号,可实现四种充放电状态:可充不可放、可充可放、不可充可放、不可充不可放。

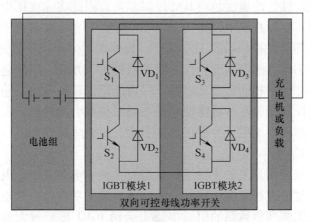

图 2-45 母线控制开关的主功率电路

图 2-46 给出了蓄电池模块在充电和放电状态下两种典型的主功率开关状态。在充电状态下,S_2 和 S_3 驱动信号有效并导通,S_1 和 S_4 关断,充电电流通过由 VD_1、S_2 组成的第一条通路和由 S_3、VD_4 组成的第二条通路向蓄电池模块充电。VD_1、S_2 和 S_3、VD_4 两支电路并联对充电电流进行分流。在放电状态下,S_1 和 S_4 驱动信号有效并导通,S_2 和 S_3 关断,充电电流通过由 VD_3、S_1 组成的第一条通路和由 S_4、VD_2 组成的第二条通路向蓄电池模块充电。VD_3、S_1 和 S_4、VD_2

两支电路并联对放电电流进行分流。

(2) 功率开关器件的分流

主功率回路在工作时总是由两条并联通路对充放电电流进行分流,假定每条并联支路中的二极管电流均为定值,则可认为主电路为两路IGBT并联电路。IGBT并联使用时,由于器件本身、外部主回路以及驱动电路参数不一致,在动态时会产生一定的不均流现象。通常认为只要导通最大电流的IGBT在初始工作时处于安全范围内,即使发生不均流现象,IGBT也能可靠地并联工作。但IGBT的动态不均流现象会随着温度的变化而发生改变,有可能影响IGBT的正常使用。研究表明,IGBT并联时,静态导通电流大的IGBT由于正温特性,电流将自动减小,达到自动均流的效果。

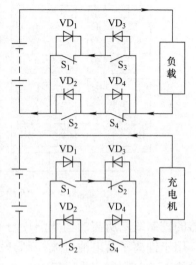

图2-46 充放电过程中的主功率开关状态

在图2-46所示的功率开关电路中,IGBT与二极管串联使用,而二极管的正向压降有负温度特性,即温度越高其管压降越低,因此实际应用中就确保各器件的工作温度相同。实际系统中,将图2-46所示的两个IGBT模块安装于同一块散热片上,以确保各器件有相同的工作温度。另外参考采用以下措施缓解IGBT并联动态不均流:①尽量选取内部特性一致的器件进行并联,最好是同一型号、同一批次的产品;②选用相同的驱动电路,尽可能降低驱动电路的输出阻抗和回路寄生电感;③设计和安装时尽可能使电路布局对称和引线最短,以减小寄生参数的影响;④若工作环境恶劣,为保证器件安全,应当降额使用。

(3) 吸收电路

模块功率母线控制开关的主要工作状态有3种:电池充电、电池放电和不充不放。电池在充放电过程中电子开关的动作会导致主功率回路的电流瞬变,该电流瞬变附加在电池侧和负载侧的引线电感上会给IGBT形成较大的瞬态电压,对IGBT造成损害,必须配备合理的吸收电路来限制该瞬态电压,吸收原理如图2-47所示。图给出的主功率回路的状态为蓄电池模块向负载输出功率时双向电子开关将主功率回路切断时的瞬态。图2-47中,L_{S1}和L_{S2}为功率母线控制开关与蓄电池模块间的引线电感,L_{S1}和L_{S2}为功率母线控制开关与负载间的引线电感,C_S和C_L为寄生电感的吸收电容。

假设在t时刻功率传输线路被功率母线控制开关切断,那么有以下3种状态:

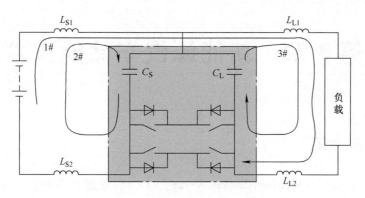

图 2-47 双向电子开关的吸收原理

1）在 t 时刻前蓄电池模块向负载正常传输功率,功率电流沿着图 4 中的 1# 电流回路方向流动。在假定负载电流无明显波动的前提下,主功率开关仅承受功率电流,无明显的电压作用于主功率开关上,主功率开关的损耗功率仅为电流与管压降的乘积。此时,C_S 与 C_L 两端的电压等于蓄电池模块的输出电压 U_d,主功率回路的功率电流为 I_L。

2）在 t 时刻,主功率回路的主要寄生参数 L_{S1}、L_{S2}、L_{L1} 和 L_{L2} 以 t 时刻前的功率电流 I_L 为初值,开始瞬态过程。

3）在 t 时刻后,主功率回路中的寄生参数产生瞬态,电源侧的作用回路如图中回路 2# 所示,负载侧的作用回路如图中回路 3# 所示。其直接结果使得 C_S 两端的电压升高为 $U_d + \Delta u_1$,C_L 两端的电压降为 $U_d - \Delta u_2$。忽略导通压降,功率母线管理系统的主功率开关两端的电压由零变为 $\Delta u_1 + \Delta u_2$。由于吸收的电容存在 IL 有释放回路,因此 $\Delta u_1 + \Delta u_2$ 会明显减小,在稳定后最终等于蓄电池模块的输出电压 U_d。

第 3 章　新能源汽车储能技术

3.1　飞轮储能

飞轮能量储存（Flywheel Energy Storage，FES）系统是一种源于航天领域的能量储存方式，它通过加速转子（飞轮）至极高速度的方式，将能量以旋转动能的形式储存于系统中。当释放能量时，根据能量守恒原理，飞轮的旋转速度会降低；而向系统中贮存能量时，飞轮的旋转速度则会相应地升高。大多数 FES 系统使用电流来控制飞轮速度，同时直接使用机械能的设备也正在研发当中。高能的 FES 系统所使用的转子是由高强度碳纤维制成的，并通过磁悬浮轴承实现悬浮，在真空罩内转子的转速可达到 20000 到 50000r/min。这类飞轮可以在几分钟内达到所需的速度——远远快于其他形式的能量存储。

如图 3-1 所示，一个典型的 FES 系统包括一个用以减少摩擦力的真空室，内部配有由轴承支撑的转子，以及与之连接的一体化电动机和发电机。其中的轴承可以是滚珠、磁悬浮轴承等。第一代 FES 系统使用大型钢质飞轮，并配以机械轴承。新型系统则采用了碳纤维强化树脂复合飞轮，后者拥

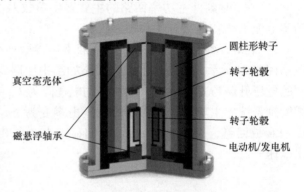

图 3-1　典型飞轮的主要元件

有更高的强度，质量上还比前者减轻了一个数量级。为了减少摩擦力，有时会使用磁悬浮轴承（Magnetic bearing）替代机械轴承。由于早期的磁悬浮轴承需要在极低的温度下工作以达到超导（SC）状态，受限于高昂的造价故一直未得到发展，后来高温超导体（HTSC）的出现改变了这一状态。然而单纯的高温超导体磁悬浮轴承虽然能提供稳定可靠的支撑，但面对大型结构却难以提供必需的提升力。因此，目前多采用混合型磁悬浮轴承，即以永磁体支撑重载荷，而超导体使载荷稳定。超导体能保持载荷稳定是因为其卓越的抗磁性：如果飞轮偏离中心，由于磁通钉扎（Flux pinning）效应，会产生一个回复力使之归中，这就是所谓的轴承的磁钢度。如果磁钢度和阻尼较低的话，则可能会发生转轴振动——这种

第3章 新能源汽车储能技术

超导磁体的固有问题，也使得纯超导体磁悬浮轴承难以在 FES 中应用。磁通钉扎效应是飞轮能够稳定悬浮的重要因素，这也使得高温超导体相较其他材料更适于 FES 系统。只要磁通钉扎效应足够强，高温超导体粉末就能形成任意形状。但在 FES 系统的实际运行中，由于超导材料的磁通蠕动（Flux creep）或磁通运动（Flux motion）效应，飞轮会逐渐下降、悬浮力也会减弱，如何克服这些问题则是 FES 中完全由超导体提供悬浮支撑力所要面临的持续挑战。

目前，飞轮储能在全球和我国储能市场领域还属于小众技术。根据中国化学与物理电源行业协会储能应用分会出品的《2022 储能产业应用研究报告》，2021 年全球储能市场装机功率 205.3GW，飞轮储能占比为 0.47%，2021 年我国储能市场装机规模为 43.44GW，压缩空气和飞轮储能占比为 0.4%。不过，随着储能市场的整体爆发，飞轮储能蓄势待飞，有望在万亿储能市场中占比提高。

飞轮储能是一种典型的物理储能方式。从结构上来看，飞轮储能包括三个核心部分：飞轮、电动机-发电机和电力电子变换装置。其中，飞轮是整个产品的核心部件，直接决定着储存能量的多少；电力电子变换装置，决定了输入输出能量的大小。简单地说，飞轮储能是将能量以飞轮转动动能的形式来存储。充电时，飞轮由电机带动飞速旋转；放电时，相同的电机作为发电机由旋转的飞轮产生电能。储存在飞轮中的能量与飞轮（以飞轮转轴作为其转动惯量的参考轴）的质量和旋转速度的平方成正比。与电池一样，飞轮储能有三种工作状态，即充电、放电和浮充。飞轮储能的能量状态可以用荷电状态（State of Charge，SOC）来描述：当 SOC=0 时，表示飞轮储能系统放电完全，当前可用的能量为 0；当 SOC=1 时，表示飞轮储能系统完全充满，当前可用的能量为 1。在飞轮储能系统充电时，从外部输入的电能通过电力电子变换装置，驱动电动机带动飞轮旋转以储存动能。此时，飞轮从低转速向高转速加速运行，SOC 上升；放电时，即当外部负载需要能量时，旋转的飞轮带动发电机发电，从而将动能转化为电能，再通过电力电子变换装置转化成负载所需的各种频率、电压等级的电能，以满足不同的用电需求。此时，飞轮从高转速向低转速减速，SOC 下降；浮充时，飞轮处于充满电的待机状态，此时飞轮处于（额定）最高转速。为了维持这一状态，外界需要给飞轮储能系统提供涓流充电，但这个涓流很小，在很多情况下可以忽略不计。

从技术路线来看，全球飞轮储能技术主要有两条技术路线：第一条技术路线是以接触式机械轴承为代表的大容量飞轮储能技术，其主要特点是储存动能、释放功率大，一般用于短时大功率放电和电力调峰场合；第二条技术路线是以磁悬浮轴承为代表的中小容量飞轮储能技术，其主要特点是结构紧凑、效率更高，一般用作飞轮电池、不间断电源等。为提高飞轮的转速和降低飞轮旋转时的损耗，飞轮储能的关键技术包括高强度复合材料技术、高速低损耗轴承技术、高速高效发电/电动机技术、飞轮储能并网功率调节技术、真空技术等。因此，飞轮储能具备多种优点：①功率特性好、响应速度快，可实现毫秒级大功率充放电，可靠性高。②高效率、免维护，磁悬浮支撑无摩擦损耗，系统维护周期长。③使用寿命长，即不受重复深度放电次数影响，使用寿命一般在20年以上。④适用温度宽泛，容量特性不受高低温影响，工作温度一般在-10~+40℃。⑤绿色环保、无污染，无化学物质，无电池后期回收压力。

尽管飞轮储能具备多种优点，但其缺点也很明显：①成本比较高。在实际工作中，飞轮的转速可达40000~50000r/min，一般金属制成的飞轮无法承受这样高的转速，容易解体，因此飞轮一般都采用碳纤维制成。制造飞轮的碳纤维材料目前还很贵，成本比较高。②能量密度不够高，能量释放只能维持较短时间，一般只有几十秒钟。③自放电率高，如停止充电，能量在几到几十个小时内就会自行耗尽。例如，Active Power公司的飞轮储能系统单位模块输出250kW，待机损耗为2.5kW，因此有些数据称其效率为99%。但这是有条件的，只有在迅速用掉的情况下才有这么高的效率。如果算上自放电，则效率会大大降低。例如，几万转高速飞轮系统损耗在100W左右，1kW·h的系统只能维持10h的自放电。

飞轮储能应用广泛，可以用在航空航天、轨道交通、电网调频、不间断电源、储能电站、微网等领域。

1）航天航空领域。如在人造卫星、飞船、空间站上，飞轮电池一次充电可以提供同重量化学电池2倍的功率，同负载的使用时间为化学电池的3~10倍。同时，因为它的转速是可测可控的，故可以随时查看电能的多少。美国太空总署已在空间站安装了48个飞轮电池，联合在一起可提供超过150kW的电能，相比化学电池，可节约200万美元左右。

2）轨道交通的能量回收领域。城市轨道交通的主要能源消耗是电能，电能费用庞大。根据不完全统计，城市轨道交通系统每年的用电量约为150亿kW·h，约占全国总用电量的0.3%。有效回收再生制动能量，既可减少大量能耗，节约能源，降低运营电力费用成本，产生显著的经济效益，也可以提升列车运行安全稳定性，对城市轨道运营商具有重要的现实意义。飞轮储能轨道能量回收系统，即把飞轮储能应用于存储轨道机车产生的制动能量（由于机车制动导致牵引网电压升高，通过飞轮吸收平抑网压），并在下一个机车启动环节补充机车的能量消耗（机车启动导致网压下降，飞轮放电平抑网压下降）。

3）电力系统调频方面。现有火电机组在功率跟踪与电网调度要求之间的差距逐渐加大，成为各大电厂亟须解决的痛点。飞轮储能系统具有响应迅速、跟踪精确的特点，能够有效提升以火电为主的电力系统整体调频能力，保证电力系统频率稳定，改善电力系统的运行效率，提升电网运行的可靠性及安全性。

3.2 超级电容器

超级电容器又称电化学电容、双电层电容器、黄金电容、法拉电容，由于其静电容量比普通电容高3~9个数量级，达到千法拉或万法拉而得名。德国物理学家亥姆霍兹在19世纪末发现，在电势的作用下，电极和电解液之间的固液双层结构间可以存储电荷，根据这一发现研发了利用电解质极化以静电荷方式储存能量的超级电容器。

超级电容器是功率型储能器件，与能量型锂电池互补、协同的超级电容器是功率型储能器件。超级电容器相较传统电容器具有更高的能量密度，相较电池具有更高的功率密度，是一种新型功率型储能器件，具备充电时间短、使用寿命长、温度特性好、绿色环保等特性。超级电容器已作为备用电源、功率电源、能量回收系统被广泛应用于消费电子、工业、国防军工等领域。能量密度较低、储能成本较高是过去限制其应用范围的两大因素。目前，混合型超容能量密度大幅提升，原材料国产化带动超容成本持续降低，同时各部委相继出台多项政策，支持包括功率型储能在内的新型储能产业发展，技术进步、成本降低、政策驱动三重利好有望共同推动超级电容器打开应用天花板。超级电容器在立足智能表、轨道交通等成熟市场的同时，在港口机械、采掘装备、电网调频、油改电、储能、电动客车等领域打开市场，尤其储能、电网调频、乘用车用等市场潜力较大。

超级电容器主要由正负电极、电解液、隔膜构成（图3-2）。超级电容器属于电化学储能器件，主要由正负电极、电解液及防止发生短路的隔膜构成，电极材料具备高比表面积的特性，隔膜一般为纤维结构的电子绝缘材料，电解液根据电极材料的性质进行选择。以市场主流的双电层电容为例，充电时，电解液中的正、负离子在电场的作用下迅速向两极运动，通过在电极与电解液界面形成双电层来储存电荷。

超级电容器的充放电属于物理过程，具有循环次数高、充电过程快的特点，非常适合在电动汽车中应用。超级电容器的电容量大且内阻小，使其可以有很高的工作电流和数倍于工作电流的峰值电流，因此具有很高的比功率，这个特点使超级电容器非常适合在大电流频繁充放电的工况下使用。对于电动汽车而言，超级电容器的这些特性可以满足其在起步、加速和制动等工况下对大电流高功率的需求。由于超级电容器采用的是物理储能方式，不涉及化学反应，因此理论上超级电容器不存在过放电问题，可以一直放电到0而不会损坏。超级电容器与普通电容器相比的一个重要特点是时间常数较大（秒级），因此不适用于交流电路。未来超级电容器主要有三个技术发展方向：①提高单体模块额定电压。②提高超级电容器容量和比能量。③降低超级电容器成本。

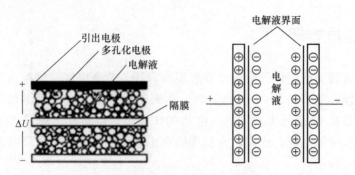

图 3-2 超级电容器结构示意图

按照工作原理,超级电容器可分为三类,如图 3-3 和图 3-4 所示。双电层电容器(EDLC)是目前市场主流的超级电容器类型,混合型超级电容器(HUC)具备更高的能量密度,正在成为重要研究与发展方向。

1)双电层电容器:EDLC 的充放电过程通过离子的物理移动完成,不发生化学反应,充电时,双电层电容电解液中的正、负离子在电场的作用下迅速向两极运动,并分别在两个电极的表面形成紧密的电荷层,即双电层,造成电极间的电势差,从而实现能量的存储;放电时,阴阳离子离开固体电极表面,返回电解液本体。

2)法拉第赝电容器:在电极表面或体相中的二维或准二维空间上,电活性物质进行欠电位沉积,发生高度可逆的化学吸附/脱附或氧化还原反应。因法拉第赝电容器可在整个电极内部产生,因此可获得比 EDLC 更高的能量密度,但因电极材料贵金属价格较高、充放电循环稳定性有限等因素而难以商用。

3)混合型超级电容器:以双电层材料作为正极,以法拉第赝电容器或电池类材料作为负极,融合了超级电容器与赝电容器或电池的优势。锂离子超级电容器(LIC)是混合型超级电容器的典型代表,在充放电过程中,电容器电极发生非法拉第反应,离子在电极表面进行吸附/脱附,电池电极发生法拉第反应,锂离子嵌入/脱出。

受益于独特的结构与工作原理,超级电容器具备高功率密度、高可靠性、环保等优良特性。

1)高功率密度特性:与锂离子电池充电时不同,锂离子电池充电时,锂离子需要与电荷结合并嵌入到负极碳层的微孔中,放电时需要从负极碳层脱嵌,而超级电容器充放电时的电荷移动发生在电极表面,因此超级电容器功率密度更高、充放电速度更快。对比来看,在功率密度方面,双电层超级电容器最高可达 40kW/kg,锂离子电池为 1~3kW/kg;充放电时间方面,EDLC 可达秒级,HUC 在分钟级别,锂离子电池在小时级别。

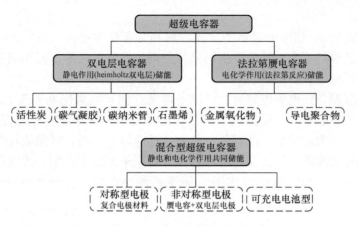

图 3-3 超级电容器的分类

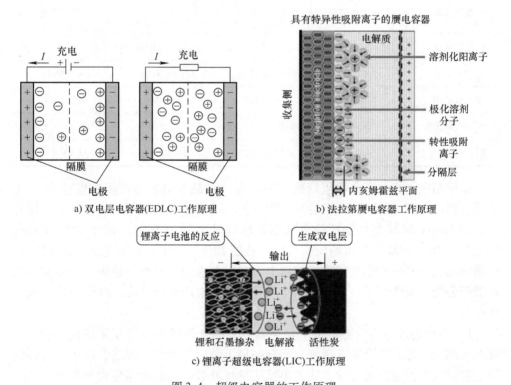

图 3-4 超级电容器的工作原理

2）高可靠特性：在工作温度方面，锂离子电池的工作温度范围为 -20 ~ 60℃，超级电容器可拓宽至 -40 ~ 85℃；在工作寿命方面，由于充放电过程中的电荷移动完全可逆，充放电次数可达 100 万次，工作寿命可达 15 年。且超级电容器短路、刺破均不会燃烧，相较短路、刺破时易自燃甚至爆炸的锂离子电池，安全性更高。

3）环保特性：超级电容器不含重金属和有害化学物质，其生产、使用、储存以及拆解过程均不会对环境产生污染，是理想的环保能源，而锂离子电池无法分解，易对环境造成污染。

超级电容器与铝电解电容器、锂离子电池性能参数对比见表3-1。超级电容器作为功率型储能器件，凭借高功率、长循环寿命特性，与能量型锂电池互补、协同。锂电池作为能量型储能器件，已被广泛应用于各类长时储能场景，超级电容器则可以凭借高功率、长循环寿命特性，应用于短时大功率、多次循环放电的单独储能场景，或与锂电池组成混合能源系统，实现与能量型锂电池的互补、协同。

表3-1 超级电容器与铝电解电容器、锂离子电池性能参数对比

性能参数	铝电解电容器	超级电容器		锂离子电池
		双电层电容器	混合超级电容器	
能量密度	0.01~0.3W·h/kg	1.5~8W·h/kg	4~80W·h/kg	100~265W·h/kg
功率密度	>100kW/kg	5~50kW/kg	3~10kW/kg	1~3kW/kg
温度范围	-40~125℃	-40~85℃	-40~70℃	-20~60℃
可充放电次数	无限	10万~100万次	2万~10万次	0.05万~1万次
室温下工作寿命	>20年	5~15年	5~10年	3~5年

根据超级电容器产业联盟数据，2021年全球超级电容器市场规模达15.9亿美元，预计2027年将达37亿美元，2021—2027年市场规模CAGR（复合年增长率）约18%；2021年中国超级电容器市场规模达25.3亿元，预计2027年将超60亿元，2021—2027年市场规模CAGR将超20%。未来，技术进步、成本降低、政策驱动三重利好有望共同推动超级电容器打开应用天花板，超级电容器正在向新能源公交、电网调频、储能、汽车启停等新兴应用领域渗透，百亿市场空间正在打开。

1）混合超级电容器能量密度显著提升。混合超级电容器在保持较高功率密度的基础上，显著提升能量密度，不断拓展下游应用边界。因混合超级电容器的赝电容器或电池电极通过发生法拉第反应进行充放电，故单体能量密度可达80~160W·h/kg，系统能量密度已经突破40W·h/kg，显著高于EDLC。混合超级电容器凭借较高的能量密度和较低的成本，成功应用于分钟级别的储能、大客车等领域，不断拓展行业边界。

2）超级电容器能量密度有望进一步提升。超级电容的能量密度主要取决于其比电容和电压窗口，因此进一步提升能量密度的方法包括提高电极比电容、开

发高电化学电位区间电解质、优化超级电容器结构、减少器件对电解液的消耗等。随着技术的不断进步,NASA 于 2019 年预测,2025 年超级电容器系统能量密度有望提升至 50~100W·h/kg,2030 年有望达到 100~200W·h/kg。提升超级电容器能量密度的主要方法见表3-2。

表3-2 提升超级电容器能量密度的主要方法

提升能量密度方法	介绍
提高电极比电容	比电容的提高方式包括对现有材料的表面改性、掺杂和研发新型电极材料。另外,器件的电容受电极材料孔径和电解质离子形状及尺寸匹配的影响,因此应合理选择电极材料和电解质离子的协同配比。同时可使用双电层电容器材料和赝电容器材料构建非对称超级电容器,来提升器件比电容
开发高电化学电位区间电解质	开发利用高电化学稳定电压电解质,可扩宽器件的工作电压范围,进一步提升其能量密度。通常,离子液体的稳定电位区间最高,有机系电解质其次,而水系电解质的稳定电位区间最低
优化超级电容器结构	超级电容器使用的电解质存在分解电压,在电极电位超出稳定电位窗口界限后,会发生电解质溶剂分子分解等副反应,因此限制了器件的工作电压。由于超级电容器正负极副反应机理不同,因此稳定电位窗口的上下电位界限相对于超级电容器开路电压是非对称的,实际充放电中存在没有利用的稳定电位区间。因此,通过正负极容量的配比、电极材料表面电荷控制等改变电极电位变化过程,拓展利用负极未利用的电位区间,来提升能量密度
减少器件对电解液的消耗	在超级电容器充放电过程中需要消耗电解质,锂离子超级电容器通过正极开路电位控制,预嵌的锂可补偿电解液消耗,能够克服电解质的消耗,因此可实现能量密度的提升

超级电容器应用干法电极工艺,实现了循环寿命延长、能量密度提升、成本降低。原有湿法电极工艺下,需要将负极、正极粉末与有黏结剂材料的溶剂混合,再涂覆至集流体上干燥形成电极;干法电极工艺下则无需使用溶剂,直接将少量黏结剂与电极粉末混合,通过挤压机形成电极材料薄膜,再将电极材料薄膜层压到集流体上形成电极。干法电极工艺主要有三点优势:①黏结剂用量少,提升了锂离子电池良品率和使用寿命。②不使用溶剂,减少了充放电循环过程中的能量损失,提升了能量密度。③工艺简化,制造成本可降低10%~20%。但目前干法电极技术仍存在电池倍率较低的问题,即大电流放电性能较差,有待工艺优化解决。在产业端,特斯拉于 2019 年收购超级电容器企业 Maxwell,旨在将 Maxwell 的干法电极技术应用于锂电池生产中,国内烯晶碳能、力容新能源等超级电容器厂商也已具备干法电极技术。

干法电极工艺与湿法电极工艺的对比见表3-3。

表3-3 干法电极工艺与湿法电极工艺的对比

对比项目	湿法电极	干法电极
杂质	溶剂残留	无（电性能提升）
粉末黏结强度	低	高（不易造成短路）
压实密度	低	高（能量密度高）
铝箔和碳层的黏结强度	低	高（耐振动性强，安全性高）

3.3 燃料电池

燃料电池（Fuel cell）是一种主要通过氧或其他氧化剂进行氧化还原反应，把燃料中的化学能转换成电能的发电装置。最常见的燃料为氢，其他燃料来源来自于任何的能分解出氢气的碳氢化合物，例如天然气、醇和甲烷等。燃料电池有别于原电池，优点在于通过稳定供应氧和燃料来源，即可持续不间断地提供稳定电力，直至燃料耗尽，不像一般非充电电池一样用完就丢弃，也不像充电电池一样，用完须继续充电；通过电堆串联，甚至可成为发电量为兆瓦（MW）级的发电厂。1839年，英国物理学家威廉·葛洛夫制作了首个燃料电池，如图3-5所示。而燃料电池的首次应用就是在美国国家航空航天局20世纪60年代的太空任务当中，为探测器、人造卫星和太空舱提

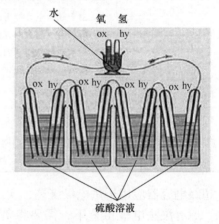

图3-5 威廉·葛洛夫1839年电池草图

供电力。从此以后，燃料电池就开始被广泛使用在工业、建筑、交通等方面，作为基本或后备供电装置。现今生活中存在多种燃料电池，它们的工作原理大致相同，必定包含一个阳极、一个阴极以及让离子（通常是氢正离子）通过电池两极的电解质。电子由阳极传至阴极产生直流电，形成完整的电路。各种燃料电池是基于电解质种类和电池大小而分类的，因此其种类更加多元化，用途亦更广泛。燃料电池单体只能输出相对较小的电压，大约0.7V，因此多以串联或成组的方式制造，以增加电压，满足应用需求。

另一方面，燃料电池发电后会产生水与热，基于使用不同的燃料，有可能产

生极少量二氧化碳和其他物质,对环境的污染比原电池及化石燃料发电厂少,是一种绿色能源。燃料电池的能量效率通常为40%~60%;如果废热被捕获使用,其热电联产的能量效率可高达85%。燃料电池的市场正在增长,2020年固定式燃料电池市场规模达到50GW。

燃料电池有多种类型,但是它们都有相同的工作模式。燃料电池结构示意图如图3-6所示。其主要由三个相邻区段组成:阳极、电解质和阴极。两个化学反应发生在三个不同区段的界面之间。两种反应的净结果是燃料的消耗、水或二氧化碳的产生,和电流的产生。生成的电流可以直接用于电力设备,即通常所称的负载。在阳极上,催化剂将燃料(通常是氢气)氧化,使燃料变成一个带正电荷的离子和一个带负电荷的电子。电解液经专门设计使得离子可以通过,而电子则无法通过。被释

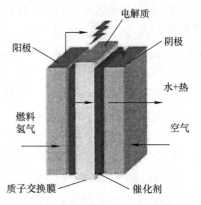

图3-6 燃料电池结构示意图

放的电子串过一条电线,因而产生电流。离子通过电解液前往阴极。一旦达到阴极,离子与电子团聚,两者与第三化学物质(通常为氧气)一起反应,而产生水或二氧化碳。

1. 质子交换膜燃料电池(Proton Exchange Membrane Fuel Cell,PEMFC)

PEMFC采用可传导离子的聚合膜作为电解质,所以也叫聚合物电解质燃料电池(PEFC)、同体聚合物燃料电池(SPFC)或固体聚合物电解质燃料电池(SPEFC)。

质子交换膜燃料电池阳极边的氢流到阳极催化剂,并分离成质子和电子,运作温度约80~100℃。这些质子与氧化剂发生反应导致它们成为"多元促进质子膜"。质子透过膜到阴极,但电子因为电绝缘膜被迫流到外部电路。阴极的氧气与氢离子及电子反应生成水;而这个反应中,唯一的产物是水。除了这种氢燃料电池,还有烃类燃料的燃料电池,包括柴油、甲醇和化学氢化物等。这些类型燃料电池的产物是二氧化碳和水。PEMFC的组成部分有双极板、电极、催化剂、膜和必要的硬件。各部件所用的材料类型有所不同。双极板可以用不同类型的材料制造,如金属、表面包覆的金属、石墨等。膜电极元件(MEA)是质子交换膜燃料最核心的部件,为PEMFC提供了多相物质传递的微通道和电化学反应场所。贵金属元素铂或类似元素通常作为催化剂在PEMFC中使用。另外,电解液可以是一种高分子膜。

2. 固体氧化物燃料电池(Solid Oxide Fuel Cell,SOFC)

SOFC是指使用固体氧化物为电解质且在高温下工作的燃料电池。通常使用

诸如用氧化钇稳定的氧化锆等固态陶瓷电解质。在阴极，氧分子得到电子还原为氧离子；氧离子在电解质隔膜两侧电势差与氧浓度差驱动力的作用下，通过电解质隔膜中的氧空位，定向跃迁到阳极侧，并与燃料进行氧化反应。由于电池本体的构成材料全部是固体，因此可以不必像其他燃料电池那样制造成平面形状，而是常常制造成圆筒型。SOFC 的特点为：由于是高温工作（800~1000℃），通过设置底面循环，可以高效发电（效率 > 60%），使用寿命预期可以达到 40000~80000h 甚至更高。由于氧离子是在电解质中移动，因此也可以用 CO、天然气等作为燃料。SOFC 系统的化学反应可以表达如下：

$$阳极反应：2H_2 + 2O^- \rightarrow 2H_2O + 4e^- \tag{3-1}$$

$$阴极反应：O_2 + 4e^- \rightarrow 2O_2^- \tag{3-2}$$

$$整体反应：2H_2 + O_2 \rightarrow 2H_2O \tag{3-3}$$

3. 熔融碳酸盐燃料电池（Molten Carbonate Fuel Cell，MCFC）

MCFC 要求 650℃（1200°F）高温，类似于 SOFC。MCFC 以熔融碱金属碳酸盐作电解质，在高温下，这种盐变为熔化态允许电荷（负碳酸根离子）在电池中移动。MCFC 系统中的化学反应可表示如下：

$$阳极反应：CO_3^{2-} + H_2 \rightarrow H_2O + CO_2 + 2e^- \tag{3-4}$$

$$阴极反应：CO_2 + \frac{1}{2}O_2 + 2e^- \rightarrow CO_3^{2-} \tag{3-5}$$

$$整体反应：H_2 + \frac{1}{2}O_2 \rightarrow H_2O \tag{3-6}$$

SOFC、MCFC 的缺点有一点类似，就是缓慢的启动时间，这是因为它们的运行温度高。这使 MCFC 系统不适合移动应用，但适合用于固定式燃料电池。SOFC 技术的主要挑战是电池的寿命短。高温和碳酸盐电解质导致了阳极和阴极的腐蚀。这些因素加速了 MCFC 元件的分解，从而降低其耐久性和电池寿命。研究人员正在通过探索耐腐蚀材料部件，以及可以增加电池寿命而不降低性能的燃料电池的设计，来解决这个问题。

4. 碱性燃料电池（Alkaline Fuel Cell，AFC）

AFC 是一种燃料电池，由法兰西斯·汤玛士·培根（Francis Thomas Bacon）所发明，以碳为电极，并使用氢氧化钾为电解质，操作温度为 100~250℃（最新的 AFC 操作温度为 23~70℃）。NASA 早在 20 世纪 60 年代便开始将它运用在航天飞机及人造卫星上。AFC 的电能转换效率是所有燃料电池中最高的，最高可达 70%。

几种主要燃料电池的原理如图 3-7 所示，不同燃料电池的比较见表 3-4。

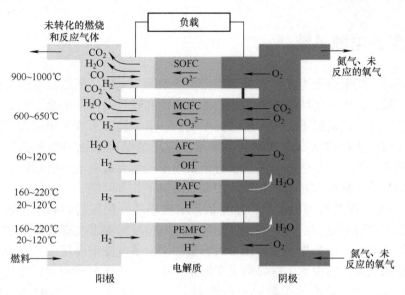

图 3-7 几种燃料电池的工作原理

表 3-4 主要燃料电池的比较

	比较内容	PEMFC	AFC	MCFC	SOFC
电解质	电解质材料	质子交换膜	氢氧化钾	磷酸锂，碳酸钠，碳酸	稳定氧化锆等
	移动离子	H^+	H^+	CO_3^{2-}	O^{2-}
	使用模式	膜	在基质中浸渍	在基质中浸渍或粘贴	薄膜、薄板
反应	催化剂	铂	铂	无	无
	阳极	$H_2 \rightarrow 2H^+ + 2e^-$	$H_2 \rightarrow 2H^+ + 2e^-$	$CO_3^{2-} + H_2 \rightarrow H_2O + CO_2 + 2e^-$	$2H_2 + 2O^- \rightarrow 2H_2O + 4e^-$
	阴极	$\frac{1}{2}O_2 + 2H^+ + 2e^- \rightarrow H_2O$	$\frac{1}{2}O_2 + 2H^+ + 2e^- \rightarrow H_2O$	$CO_2 + \frac{1}{2}O_2 + 2e^- \rightarrow CO_3^{2-}$	$O_2 + 4e^- \rightarrow 2O_2^-$
	运行温度/℃	80~100	190~200	600~700	700~1000
	燃料	氢	氢	氢、一氧化碳	氢、一氧化碳
	发电效率（%）	30~40	40~45	50~65	50~70
	设想发电能力	数瓦~数十千瓦	数百瓦~数百千瓦	250kW~数兆瓦	数千瓦~数十兆瓦
	设想用途	手机、家庭电源、汽车	发电	发电	家庭电源、发电

3.4 复合电源系统

由于插电式混合动力汽车消耗的能量主要来源于电能，所以具有较高的能量经济性、较长的纯电动续驶里程、较高的安全性和较长的循环寿命。然而在不影响电源系统寿命的前提下，以目前的技术现状，单一储能系统很难同时满足混合动力汽车对于能量和功率的要求。市场推广应用的储能系统主要包括动力蓄电池、超级电容器、燃料电池等类型。对于采用单一动力蓄电池组或超级电容器组作为PHEV的车载电源系统的形式，主要包括以下几点问题：

1) 行驶工况具有随机性，导致车辆需求功率的变化幅值和频率呈现不确定性，直线匀速行驶时需求功率较低，而急加速、爬坡时需求功率较高。在达到续驶里程的要求下，需要更多数量或更大容量的动力蓄电池来满足最高车速和加速时间对车辆动力性的要求，这将增大车辆整体质量，增加车辆初始购置成本。另外，大容量的动力蓄电池组散热条件苛刻，安全性较差，对系统的热管理要求较高。

2) 车辆高功率需求时，动力蓄电池组将处于大电流放电状态。由于动力蓄电池内阻的存在，会导致其电压损失增加，使实际的放电量小于标称容量，从而使车辆续驶里程缩短。同时持续大电流放电状态下，逐渐增大的内部电解液浓度差将导致动力蓄电池SOC估计精度降低，影响车辆能量分配的精确管理。

3) 动力蓄电池组在大电流放电情况下容量衰减速度增大，导致动力蓄电池循环寿命减少。为保证电动汽车正常使用，需要提前更换动力蓄电池组，这将大大增加车辆使用成本。而PHEV电源系统配备的动力蓄电池组数量多，更换成本高，这将严重降低其在经济性方面的优势。

4) 超级电容器本质上是功率型元件，适合用作启动、加速时的助力和制动再生能量回收。由于超级电容器的能量密度较低，无法满足PHEV的容量要求。所以，选择超级电容器作为单一储能元件的车辆大多采用公交运行模式，利用停站时间进行快速充电。在现有的技术条件下，还没有一种储能元件可以同时满足电动汽车动力系统对电源系统功率和能量的双重要求。单一储能元件的特性决定了其应用时会存在多种问题。

在充分发挥各储能系统优势的基础上，由两种或多种储能系统组合构成的复合电源可以很好地解决上述问题。以各种储能系统功率和能量特性分析为基础，可以形成锂离子动力蓄电池+超级电容器、锂离子动力蓄电池+超级电容器+飞轮、锂离子动力蓄电池+超导储能、锂离子动力蓄电池+飞轮、压缩空气储能+超级电容器、压缩空气储能+飞轮、燃料电池+超级电容器、锂离子动力蓄电池+燃料电池+超级电容器等若干拓扑结构的复合电源。近年来，由锂离子动力蓄电池、超级电容器和 DC/DC 变换器等相关部件构成的复合电源成为复合电源系统领域研究的热点。超级电容器的使用可以减少 PHEV 的重量和体积，提高系统效率和整车的制动能量回收效率。更为重要的是，由于锂离子动力蓄电池在低温条件下性能表现不佳，可以利用超级电容器比功率高、低温性能好的特点进行大电流放电，延长复合电源系统的使用寿命。

车用复合电源系统方案对于 PHEV 的运行模式而言，在纯电动工况下，复合电源系统实质上是一种混合动力系统，是"并联式电-电混合"的运行模式，如同"油-电混合"模式一样。两个能量源的作用并不相同：一个提供主要动力，是主能量源；而另一个起辅助作用，是辅能量源。因此，复合电源系统可以充分发挥动力蓄电池高能量密度特性与超级电容器高功率密度特性的优势，弥补两种储能元件的缺陷。但这种电源系统与 PHEV 和 BEV 系统同样复杂，如何高效地对多能量源进行有效管理、协调各能量源的功率分配、充分发挥各自的优势，成为 PHEV 研究的重点和难点。

3.5 动力蓄电池

根据 GB/T 19596—2004，动力蓄电池的定义为：为电动汽车动力系统提供能量的蓄电池。目前习惯于将用于电动汽车驱动电机的电池称为"动力蓄电池"。动力蓄电池按照其应用分为两种不同的类型：能量型电池和功率型电池。能量型电池指以高能量密度为特点，主要用于高能量输出的蓄电池。功率型电池指以高功率密度为特点，主要用于瞬间高功率输出、输入的蓄电池。当然，"能量功率兼顾型"电池是最理想的电池。

目前国内外研发的电动汽车用动力蓄电池主要包括物理电池和化学电池两大类别：物理电池主要有超级电容器电池、飞轮储能电池；化学电池主要包括铅蓄电池、锂电池、镍电池、镍氢电池、钠硫电池、空气电池等。无论何种类型的电池，表征其性能的参数是相同的，根据其主要特性参数的特点来进行划分是比较科学的。例如按照电池的输出功率来进行划分，按照目前的电池标准，将电池分为低倍率（3C 以下）、中倍率（3~7C）、高倍率（7C 以上）以及超高倍率几种。动力蓄电池是电动汽车的关键技术，决定了其续行里程和成本。电动汽车动力蓄电池相关的功能指标和经济指标包括：

1）安全性：主要包括电池的高低温稳定性、过充电、过放电、短路、针刺、挤压、震动等安全性。

2）质量能量密度：单位质量的电池材料所能储存或放出的电能，它关系着纯电动模式下电动汽车的续航能力。

3）体积能量密度：电池所能输出的最大功率除以整个电池的体积，用来描述电池作为储能系统的紧凑程度。

4）比功率：单位质量的电池所能提供的输出功率，用来判断电动汽车的加速性能和最高车速，直接影响电动汽车的动力性能。

5）循环寿命：是电池充电 - 放电深循环工况下的循环次数，是衡量动力蓄电池寿命的重要指标。循环次数越多，动力蓄电池的理论使用时间越长。

6）成本：电池的成本与新技术、原材料、制作工艺和生产规模等因素有关。通常新开发的高比功率动力蓄电池成本相对较高，但是随着新技术的不断采用，电池成本将会逐渐降低。

7）能量转换效率：即电池的充放电效率，理论上电池小倍率充放电的库伦效率可接近99%，但是由于温度、快速充电等原因，实际应用中的电池充放电效率约为80%。

这些因素直接决定了电动车的可靠性、经济性与安全性，不同电池的参数比较如表3-5所示。

表3-5 不同电池参数比较

电池类型	质量能量密度/(W·h/kg)	体积能量密度/(W·h/L)	比功率/(W/kg)	循环寿命[1]/次	当前市场成本[2]/(USD/kW·h)
铅酸电池	30~45	60~90	200~300	400~600	150
镍镉电池	40~60	80~110	150~350	600~1200	300
空气电池	190~250	190~270	105~120	—	—
镍氢电池	60~80	120~160	550~1350	1000~1500	200
钠硫电池	100	150	200	800	250~450
锂离子电池	90~180	140~200	250~450	800~2000	180

[1] 以循环衰减至剩余80%可充容量计。
[2] 以2018年新能源乘用车企业电池采购价格的平均值计。

镍电池的技术成熟，冲击和振动稳定性较好，自放电率低，可大电流放电，使用温度范围宽：20~65℃。但能量转换效率尚欠佳，活性物质利用率低，有记忆效应等。此外，其致命缺点是含有有毒金属元素。欧盟已经禁止了镍镉电池的进口与生产，从长期角度来看，镍镉电池将逐渐被其他性能更好的绿色电池所取代。

镍氢电池具有高比功率、充放电倍率较大、无污染、安全性能好等特点，缺点是具有轻度记忆效应，高温环境下热稳定性能差，但是由于其技术成熟，综合性能好，是当前混合动力汽车中应用最为成熟的绿色电池。由于各大车厂对于车用48V系统的青睐，大功率镍氢动力蓄电池正迎来一个划时代的发展机遇，在已经研制或投入生产的混合动力汽车中80%以上均采用镍氢电池作为动力电源。

空气电池也是化学电池的一种。构造原理与干电池相似,只是它的氧化剂取自空气中的氧。常用的空气电池包括：镁－空气电池,铝－空气电池,锂－空气电池等。但是由于其循环性能较差,并不适宜用作电动汽车动力蓄电池。吉利汽车研究院的实验结果表明空气电池更适合作为续航备用电池。空气电池能量密度高但其可释放的功率却十分有限,故不能满足单独供能的使用需求。

钠硫电池是一种由液体钠和硫组成的熔盐电池。这类电池拥有较高能量密度充/放电效率和使用寿命,且材料和制造成本较低。由于此类电池工作温度高达300℃至350℃,而且钠多硫化物具有高度腐蚀性,故其主要用于定点储能,目前尚不适用于电动汽车这样的移动储能装置。

锂离子电池在各类动力蓄电池当中性能比较高,可以适应快速充电、高功率放电等工况需要。其能量密度高且循环寿命长同时自放电率极低,是理想的移动储能装置。但其价格高及高温下安全性能差,是制约锂电池发展的关键瓶颈。当前随着锂离子电池的正负极材料不断开发、技术不断成熟、制造成本走低,锂离子电池将在电动汽车时代发挥主导作用。目前,全球新能源汽车产业、电子消费市场和能量储备市场在技术不断成熟、政府扶持政策不断落地的大背景下呈现出快速产业化的趋势。另外,电动工具、电动自行车、分布式储能等产业也将在低碳经济的背景下保持快速发展的势头。锂电池未来的重点应用领域将集中在新能源汽车和分布式能源存储系统等领域,该领域内的产业规模将在未来几年保持快速增长趋势,而传统的消费性电子产品用锂电池产业规模将保持现有的速度平稳增长。所以,从锂电池市场结构来看,锂离子市场规模未来增长的动力主要来自于以新能源汽车电池。[1]

3.5.1 铅酸电池

铅酸电池作为拥有100余年历史的化学电源,目前被广泛应用于通信、动力、电力、储能、应急等各个领域,具备有成熟的生产技术及高度的可靠性,同时由于生产成本低廉,环境适用性强,在经济社会发展的各个方面起着重要的作用。铅酸电池作为最古老的电池体系,质量能量密度和体积能量密度无法与其他体系媲美,但其以低廉的成本、好的安全性、高稳定性、高回收利用率等优点,占据着全球电池市场最大份额。如表3-6所示,2021年我国铅酸电池在化学电池中市场份额是最大的,其销售额达到了1390亿元。

铅酸电池能量密度较低,快速充电放电能力较差,不适宜深度循环,循环寿命短,此外,铅酸电池含有重金属铅,对环境的污染严重,且电解液为浓硫酸,在强烈的碰撞下会发生爆炸,对驾驶人和乘客的生命安全构成威胁。因此,铅酸电池并不适用于电动汽车。但由于其成本低廉,广泛应用在电动自行车和低速电瓶车等领域。

表 3-6　2021 年我国各种化学电池的销售情况

化学电池品种	电池产量	电池的销售收入/亿元
锂离子电池	56 亿只	820
镍氢电池	5.5 亿只	32
镍镉电池	3 亿只	14
铅酸电池	$1.92 \times 10^9 \text{kV} \cdot \text{A} \cdot \text{h}$	1390

1. 铅酸电池的工作原理

1882 年，Glandstone 和 Tribe 提出了"双硫酸盐化理论"，主要阐述了铅酸电池成流反应，并在后期成功地得到实验证实和普遍认可。电池放电时正、负极活性物质都会转化成 $PbSO_4$，故得此名。

其电池表达式为：

$$(-)Pb|H_2SO_4|PbO_2(+) \tag{3-7}$$

充放电过程发生的反应如下：

$$PbO_2 + 3H^+ + HSO_4^- + 2e^- \underset{充电}{\overset{放电}{\rightleftharpoons}} PbSO_4 + 2H_2O \tag{3-8}$$

正极：

$$Pb + HSO_4^- - 2e^- \underset{充电}{\overset{放电}{\rightleftharpoons}} PbSO_4 + H^+ \tag{3-9}$$

电池反应：

$$Pb + PbO_2 + 2H^+ + 2HSO_4^- \underset{充电}{\overset{放电}{\rightleftharpoons}} 2PbSO_4 + 2H_2O \tag{3-10}$$

由上述反应式可看出，铅酸电池满足典型的二次电池的条件：①可逆电池体系；②电池中电解质溶液有且仅有一种；③其放电产品呈固态且难溶于电解液。不可忽视的是，反应过程中硫酸不仅能够传到电子和参与反应，而且是铅离子的溶剂，但参加反应的是 HSO_4^-，不是 SO_4^{2-}，这是由于硫酸电解液的一级电离常数 K_1 远大于二级电离常数 K_2。在参与电极反应时硫酸先解离为 HSO_4^- 和 H^+，解离出的 HSO_4^- 再参与成流反应，从而达到充放电的目的。

在 25℃下，

$$H_2SO_4 \rightleftharpoons HSO_4^- + H^+ \quad (K_1 = 10^3) \tag{3-11}$$
$$HSO_4^- \rightleftharpoons SO_4^{2-} + H^+ \quad (K_2 = 1.02 \times 10^{-2})$$

在正负极成流反应进行的同时，常常会伴随一系列副反应的发生。同大部分氧化还原反应伴随着副反应产生一样，铅酸电池在充放电过程中阴阳极也会发生副反应。

阴极析氢反应：

$$2H^+ + 2e^- \rightarrow H_2 \uparrow \tag{3-12}$$

阳极析氧反应：

$$H_2O - 4e^- \rightarrow 4H^+ + O_2 \uparrow \tag{3-13}$$

电池在充电时，氢的析出电势高于负极电极电势，便于发生析氢反应；正极电极电势低于氧的析出电势，便于发生析氧反应。除此之外，正极还会发生腐蚀反应，负极上铅发生自溶。

充电过程中，外接的直流电源使正、负极板放电时产生的 $PbSO_4$ 恢复为最初的活性物质，并将电能转化为化学能储存。在外界电流作用下，正极板上 $PbSO_4$ 会被离解成 Pb^{2+} 和 SO_4^{2-} 离子进入电解液，电子从正极向外电源流动，正极板附近的 Pb^{2+} 不断放出电子，生成 Pb^{4+}，然后与水进一步反应，在正极板上生成 PbO_2。同理，负极板同样将 $PbSO_4$ 离解为 Pb^{2+} 和 SO_4^{2-} 离子，并从外电源不断得到电子，与 Pb^{2+} 作用，生成绒状 Pb 附着于负极板表面。在电池内部，正极生成游离的 H^+，负极生成 SO_4^{2-} 离子，在外加电流作用下 H^+ 和 SO_4^{2-} 离子分别向负极和正极转移，形成电流。过充电时，电池中的水还会被电解。

放电过程中，负极板上的电子由于电位差的影响通过负载进入正极板形成电流，在电池内部完成化学转化。在负极板上，每个 Pb 原子都会放出两个电子形成 Pb^{2+} 附着，再与电解液中离解的 SO_4^{2-} 离子发生反应，生成难溶的 $PbSO_4$ 富集。而正极板的 PbO_2 也与两个电子发生反应，生成的 Pb^{2+} 再与电解液中的 SO_4^{2-} 离子作用，最终生成 $PbSO_4$ 难溶物。正极板水解得到的 OH^- 与电解液中游离的 H^+ 离子发生反应，生成水分子。由于电解液中电场力的作用，SO_4^{2-} 和 H^+ 分别向正负极移动，极板之间产生对应的电流，形成整个回路，电池就会向外持续性地放电。在放电过程中，H_2SO_4 浓度持续下降，正负极上 $PbSO_4$ 不断富集，由于 $PbSO_4$ 不导电，电池内阻会逐渐增加，电解液浓度不断减小，电池电动势降低。

2. 铅酸电池的组成

铅酸电池主要由正负极极板、隔板、电解液，以及一些零部件如：端子、排气阀、极耳、电池壳和槽等部件组成。由于铅酸电池的用途不同，各种蓄电池也有不同的规格要求，因而其结构也存在或多或少的差异。市面上所使用的 6V、12V、24V 等电池都是由若干个单体电池串联或并联组成。工业成品电池结构如图 3-8 所示。

3. 铅酸电池国内外研究现状

（1）我国研究现状

在我国，一方面，由于存在着对传统蓄电池的偏见，铅酸电池领域高科技人才匮乏，产业分散，厂家众多，但大多规模不大，技术水平不高，生产制造缺乏理论指导，通常都是靠经验积累，中低档产品和国外相差不大，但高尖端设备的

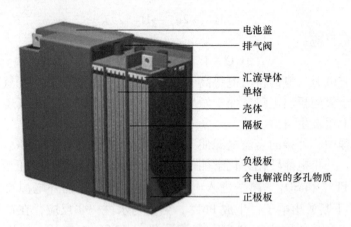

图 3-8　铅酸电池结构图

差距比较大。另一方面，我国技术人员对于铅酸蓄电池的积极性不高，各项相关技术发展缓慢。在某些领域，比如用在储能电池独立发电系统中的铅酸电池，寿命要求至少达到 5 年，但我国目前生产的该类型产品，寿命只有 2~3 年左右。一些规模较大的铅酸蓄电池生产厂家，在一些高端蓄电池上的技术相对比较成熟，但配套的一些关键材料依赖进口，导致这些高端蓄电池难以大规模推广。

（2）国外研究现状

在国外，铅酸电池产业比较集中，规模较大，在电池生产设备上较为领先，自动化水平高且注重环保。目前国外的研究热点是超级电池器和铅碳电池，政府对该领域支持力度很大。美国政府曾分别资助 3430 万美元和 3250 万美元支持两家公司发展铅酸"超级电池"项目。日本古河公司对于超级电池器的研究及生产在国际上处于领先水平，目前已经实现了在电动汽车上的运行实验。

在技术层面上，目前对于铅酸电池的研究主要集中在以下几个方面：

1）荷电状态（State of Charge，SOC）及剩余电量估测。
2）铅酸电池寿命预测研究。
3）铅酸电池充电技术。
4）铅酸电池特性建模仿真技术。

针对这些难题，国内外进行了一系列的研究，包括铅酸电池在线监测技术、建模仿真分析、管理系统设计等。德国 VARTA 公司、西门子公司，美国 SPD 公司、Alber 公司、Autocap 公司、Btech 公司，加拿大 Midtronics 公司，日本丰田公司、古河公司等一些国际知名公司，在铅酸电池状态监测技术上取得了较好的进展，所开发的电池监测系统不仅功能齐全，而且精度上达到了很高的水平。

（3）铅酸电池研究发展方向

铅酸电池在市场上占有牢固的地位，除了其价格低廉、安全性高、技术成熟等特点外,还与其近几年在竞争中发展了许多新技术密切相关。近年来,新型的铅酸电池正在快速发展,如卷绕式电池、超级电池、双极性电池等。

卷绕式铅酸电池是螺旋形结构,采用压延铅合金的方式制造出了很薄的铅箔作为极板基片,将正极板、隔板、负极板交替叠放卷绕在一起。超级电池是一种混合式储能装置,用来取代高成本且复杂的超级电容器-铅酸电池系统,它将非对称超级电容器和铅酸电池的铅电极组合成一个一体式的负极,然后共用正电极,不需要另设额外的电子控制装置。其中超级电容器作为脉冲动力,铅酸电池作为能源。双极性电极是一面有正极活性物质而另一面有负极活性物质的坚实薄片极板。在双极性电池中必须有两个单极性电极,其中具有正极活性物质的单极性正电极与正极端子连接,具有负极活性物质的单极性负电极与负极端子连接。

锂电池在实际应用中面临着许多问题,如电池组规模庞大、对电池一致性的要求非常高、电池组寿命低等缺点。而新型铅酸电池,除了双极性电池在中国的发展缓慢外,卷绕式铅酸电池已经可以商业化生产,虽然性能稍微弱于锂电池,但是其综合性能和性价比都要好于锂电池。而超级电池正在快速发展,它不仅具有卷绕式电池的优势,而且在环保方面也有较理想的效果。此外,《铅蓄电池行业准入条件》的发布将淘汰那些产能低、环保不合格的铅酸电池企业,从而保证铅酸电池从生产到再回收都能满足环保要求。未来的5~15年,铅酸电池仍然会占有主导地位,当然这也需要广大的研究铅酸电池科研人员齐心协力,开拓创新发展更好的铅酸电池。

3.5.2 镍氢电池

镍氢(Ni-MH)电池诞生于20世纪70年代,并于90年代进行商业化。其使用储氢合金作为负极材料,使用氢氧化镍作为正极材料,KOH水溶液作为电解液和多孔的聚合物材料作为隔膜,工作电压为1.2V。镍氢电池与镍电池和一次性干电池具有相近的工作电压、更高的能量密度和更好的环保性,因此,大规模替代镍镉电池和一次性电池应用于电动工具、便携式电子器件等领域。Ni-MH电池的工作原理如图3-9所示。

研究表明,充放电过程中正负极和电池反应为

正极: $$Ni(OH)_2 + OH^- \xrightleftharpoons[\text{放电}]{\text{充电}} NiOOH + H_2O + e^- \tag{3-14}$$

负极: $$M + xH_2O + xe^- \xrightleftharpoons[\text{放电}]{\text{充电}} MHx + xOH^- \tag{3-15}$$

电池反应: $$M + xNi(OH)_2 \xrightleftharpoons[\text{放电}]{\text{充电}} MHx + xNiOOH \tag{3-16}$$

其中,M和MHx分别为贮氢合金和其他相应的氢化物。

当Ni-MH电池过充电时,发生的反应为

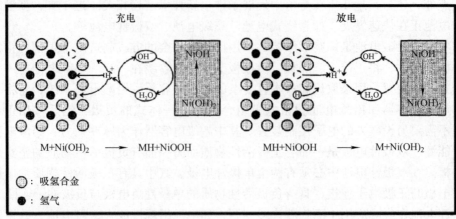

图 3-9　Ni–MH 电池的工作原理图

正极：$\qquad 4OH^- \rightarrow 2H_2O + O_2 + 4e^- \qquad$ (3-17)

负极：$\qquad 2MH + \dfrac{1}{2}O_2 \rightarrow 2M + H_2O \qquad$ (3-18)

$\qquad M + H_2O + e^- \rightarrow MH + OH^- \qquad$ (3-19)

当 Ni–MH 电池过放电时，发生的反应为

正极：$\qquad 2H_2O + 2e^- \rightarrow H_2 + 2OH^- \qquad$ (3-20)

负极：$\qquad H_2 + 2OH^- \rightarrow 2H_2O + 2e^- \qquad$ (3-21)

$\qquad H_2 + 2M \rightarrow 2MHx \qquad$ (3-22)

Ni–MH 电池的正负极反应都在固体内进行，属于固相转变机制，不存在传统水溶液蓄电池所共有的溶解、析出反应的问题，也不生成任何水溶性金属离子的中间产物，因此，其正负电极具有较高的结构稳定性。另外，在电池工作过程中，电解液组分（KOH 和 H_2O）无额外消耗，因而可实现 Ni–MH 电池的密闭性和免维护。当电池过充电时，正极上析出的氧气透过隔膜在氢化物电极表面被还原成水；而电池过放电时，正极上析出的氢气透过隔膜被氢化物电极吸收。因此，从理论上讲，镍氢电池在过充电或过放电时，皆不会产生气体聚集的问题，具备优良的耐过充电和耐过放电能力，是一种安全性很好的二次电池。

目前以丰田为代表的混合动力汽车生产厂商，主要采用镍氢电池作为其产品的储能装置。从 2007 年至今，丰田混合动力电动汽车的全球累计销售量超过 400 万辆。同时，在纯电动汽车领域，一些知名的汽车生产厂商如本田、丰田、日产、现代、福特、戴姆勒·克莱斯勒等也尝试过向市场推出使用镍氢电池的纯电动汽车。我国稀土资源丰富，发展镍氢电池具有得天独厚的优势，自 20 世纪 90 年代以来，先后在天津、辽宁、广东、河南、湖南等多个地区建立了镍氢电

第3章 新能源汽车储能技术

池及相关材料的生产基地。目前，中国已经成为世界最大的镍氢电池生产国家，镍氢电池产品广泛应用于便携式电动工具、零售类电子器件、混合动力汽车和军事装备等多个领域。

镍氢电池作为一种成熟的二次电池技术，具有以下技术优点：①即使在滥用条件下仍具有良好的安全性；②良好的一致性；③优良的高低温性能；④良好的环境友好性；⑤高的可回收价值。

同时，镍氢电池也具有比能量相对较低（相对锂离子电池）、自放电性能较差、循环寿命一般、原材料成本较高（与锂离子电池相比，价格优势不明显）等诸多缺点，使其在与锂离子电池的市场竞争中处于劣势地位。

镍氢电池要在激烈的市场竞争中建立一定的市场地位，就必须根据自身的技术特点，扬长补短，发展趋势如下：①提高电池的自放电性能，以实现对零售类的一次性干电池进行部分替代；②降低电池的材料和制造成本；③提高电池的循环寿命，以降低使用成本；④提高电池的低温充放电性能，以提高电池在极端环境下的适应能力。

传统镍氢电池与一次性干电池相比具有较大的自放电，这是影响镍氢电池对一次性干电池进行市场替代的关键因素。影响镍氢电池自放电的因素多种多样，从储氢合金的角度来说，提高合金的抗腐蚀性能、降低储氢合金的平衡氢压、减少合金中 Mn 等易产生穿梭效应的元素是提高镍氢电池自放电性能的关键。值得注意的是，含镁超晶格储氢合金相对于 AB 型储氢合金具有更好的低自放电性能。

随着社会的飞速发展，各种电动工具层出不穷，相应对电池的功率要求也不断提高，因此，提高镍氢电池的功率密度势在必行。开发具有良好高倍率放电性能的储氢合金对于提高镍氢电池的市场竞争力以及发展新能源汽车产业具有十分重要的意义。表面催化活性和氢在合金中的扩散速度是被认为是影响储氢合金倍率放电性能的关键因素。

综上所述，随着市场竞争的日益激烈，开发具有更长循环寿命、更低成本、更高容量、更低使用温度、更低自放电性能和更高功率性能的镍氢电池，是保持其市场竞争力的关键所在。同时，提高储氢合金的抗腐蚀能力、表面催化活性和氢在合金中的扩散速度是实现上述性能的主要途径。

不同车型锂离子电池参数见表3-7。

表3-7 不同车型锂离子电池参数

参数	特斯拉 Model S	宝马 I3	通用 雪佛兰 Volt	丰田 普锐斯锂电版	日产 聆风	比亚迪 E6
车辆类型	纯电动	纯电动	增程式混动	混动	纯电动	纯电动
电池供应商	松下	三星 SDI	LG	松下	自主研发	自主研发

（续）

参数	特斯拉 Model S	宝马 I3	通用 雪佛兰 Volt	丰田 普锐斯锂电版	日产 聆风	比亚迪 E6
电池配备容量 /(kW·h)	40，60，85	22	16	4.4	24	60
质量能量密度 /(W·h/kg)	170	130	81	80	140	100
续驶里程/km	>400	257	80（电动）	24（电动）	175	300
正极材料	NCA （镍钴铝锂）	改性锰酸锂	锰酸锂	镍钴锰酸锂	锰酸锂	磷酸铁锂

3.5.3 锂离子电池

如图3-10所示，目前锂离子电池主要有圆柱形、方形和软包等形式。其中圆柱形锂离子电芯主要有18650、26650、14450等型号；方形锂离子电芯主要有钢壳、铝壳、塑料壳等样式；薄板型锂离子电池主要是铝塑软包聚合物电芯。

由于特定的包装材料与结构不同，因此各类型动力蓄电池在技术性能方面有所差异，各有特点。圆柱形电池多用于移动电子设备和电动汽车，应用最为广泛；聚合物软包锂电池多用于平板电脑、智能手机等对电芯安置空间有特殊要求的电子设备；方形电池多用于不间断电源（Uninterruptible Power System，UPS）等储能设备。

a) 圆柱形　　　　　　　　b) 方形　　　　　　　　c) 软包形

图3-10　锂离子电池形式

圆柱形电池：一般采用卷绕方式，生产工艺成熟，生产与组装成本低。其结构如图3-11a所示。受益于成熟的工艺，圆柱形锂离子电池组装成组的成本较低，且由于体表面积较大，散热性能要优于方形电池。此外，圆柱形电池可依据具体需求而进行多种形式的组合，便于新能源汽车使用空间的充分布局。但是圆柱形电池通常使用钢壳或铝壳封装，重量较大，导致电池组比能量相对较低。

方形电池：方形电池的壳体多由不锈钢或铝合金等材料制成，电池内部采用卷绕式或叠片式工艺（图3-11b），对电芯的保护作用优于于铝塑膜电池（即软包电池），其安全性相对圆柱形电池也有了较大改善。但是由于方形电池通常是根据产品要求的尺寸定制化生产，因此造成目前市场上方形电池型号众多，工艺很难统一。

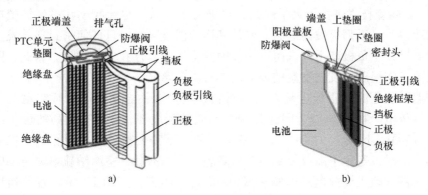

图3-11　圆柱形和方形电池的结构

软包电池：指以铝塑膜为外壳的锂离子电池，一般采用叠层工艺。与方形电池相比，软包电池具有设计灵活、重量轻、内阻小、不易爆炸、循环性能好、能量密度高等特点。软包电池随着3C数码产品的普及得到快速发展，由于其布置灵活和能量密度高等特点，逐步应用到新能源汽车、储能等领域。

扣式电池：此类电池的结构简单，易于制作，主要用于计算器电子表等小型电子设备，在科研领域也用于试验正负极材料及试制新型锂电池，一般不直接作为动力蓄电池使用。

锂离子电池具有高能量密度、循环寿命长等特点，目前已被广泛应用到移动设备、电动汽车、智能电网等领域。

3.5.4　钠硫电池

近年来，随着电动汽车及规模化储能技术的快速发展，以及锂离子电池原材料价格的飙升，市场对二次电池的能量密度、价格等方面提出了更高的要求。因此，发展高能量密度且价格低廉的二次电池成为目前储能技术的研究热点。钠硫电池具有理论能量密度高（1274W·h/kg，正、负极元素在自然界的丰度高且价格低廉等优点而被广泛关注。例如，金属钠的价格约为2100美元/t，大约是锂的价格的1/10（锂约为25000美元/t），而硫的价格更低，约为20美元/t，并且硫的理论比容量为1672mA·h/g。目前商业化钠硫电池的工作温度为300～

350℃，其使用钠离子导电的 $\beta''-Al_2O_3$（离子电导率约为 0.2S/cm）为固态电解质，此时负极钠与正极硫均为液态，且电池的基本反应为

$$2Na + xS \Longleftrightarrow Na_2S_x (x = 3 \sim 5)$$

高温钠硫电池的放电最终产物为 Na_2S_3，其理论能量密度为 760W·h/kg。然而，高温钠硫电池所依赖的密封材料、耐腐蚀外壳等关键技术由日本 NGK 公司、美国 GE 公司等少数企业所垄断。近年来，中国科学院上海硅酸盐研究所对 $\beta''-Al_2O_3$ 陶瓷技术进行了大量研究，也进行了中试。尽管我国在高温钠硫电池领域已取得了一系列突破性进展，但是其运行温度高，一旦任何密封部件发生破损都将会导致正负极产生蒸汽而直接接触发生反应，存在安全隐患。因此，降低钠硫电池工作温度、发展室温钠硫电池具有重要意义。

室温钠硫电池的正极也是采用硫材料，负极为钠金属。然而其在室温环境下，最终放电产物为 Na_2S，因此相较于高温钠硫电池，其具有更高的理论能量密度（1274W·h/kg）。并且其室温的运行环境不需要额外的保温箱，不仅降低了成本，同时也避免了高温带来的安全隐患。尽管如此，室温钠硫电池也面临许多挑战：例如硫正极放电终产物生成 Na_2S 之后体积膨胀约 160%，容易造成电极材料的脱落；中间产物多硫化物会溶解于电解液，穿梭至负极发生不可逆的副反应，造成容量快速衰减；并且钠金属负极在循环过程中产生的钠枝晶会刺穿隔膜，造成短路。因此发展稳定、安全的电极材料对于室温钠硫电池至关重要。

基于此，利用室温钠硫电池的放电终产物 Na_2S 作为正极，不仅可以消除硫正极的体积膨胀问题，还可以提供钠源，使之与其他安全的负极（如硬碳、锡金属等）配对，避免直接采用钠金属负极引起的安全隐患。因此，

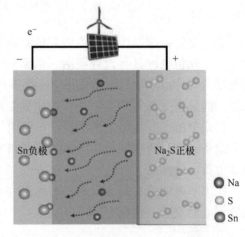

图 3-12　钠硫电池反应过程示意图

正极、负极的全电池反应（图 3-12）可分别表述为：

负极：　　　　　　　　$Sn + xNa^+ + xe^- \Longleftrightarrow Na_xSn$

正极：$xNa_2S \Longleftrightarrow Na_2S_x + (2x-2)Na^+ + (2x-2)e^- \Longleftrightarrow xS + 2xNa^+ + 2xe^-$

总反应：　　　　　　　$xNa_2S + 2Sn \Longleftrightarrow xS + 2Na_xSn$

尽管 Na_2S 正极材料有许多优点，然而目前 Na_2S 作为室温钠硫电池正极材料的研究尚且处于起步阶段，其本征导电性差，并且其在充放电过程中，Na_2S 与多硫化物的转化动力学缓慢，中间产物多硫化物会溶解到电解液中，穿越至负极

表面，发生自放电现象，导致活性物质的流失及容量的快速衰减，即"穿梭效应"，限制其实际应用。

3.6 电池管理技术（BMS）

随着环境和排放压力以及国家政策的支持，电动汽车产业在我国发展迅速，而动力蓄电池管理系统的优劣直接关系到电动汽车的性能以及安全。

3.6.1 动力蓄电池管理系统的功能与性能要求

电池管理系统（BMS）是动力蓄电池的核心部件之一，其功能和性能要求如下。

1. 功能

1）采集通信：采集电芯的电压和温度、检测系统的高压和电流、检测系统的温度；应具备与外部实时通信功能，CAN 通信应用较多，菊花链有部分应用，未来无线通信亦是一个重要发展方向。

2）估算状态：基于传感器采集信息及网络通信信息，实现电芯或电池系统的荷电状态（SOC）、健康状态（SOH）、功率状态（SOP）、能量状态（SOE）和功能状态（SOF），有时统一简称为 SOX 功能。

3）执行控制：BMS 需要与一些执行器共同完成具体的动作，如继电器、风扇、水泵、电磁阀、快慢充电机、电加热器及均衡控制等部件的控制。

4）保护诊断：能够进行过电压、过电流及过温的保护，通过热管理，把电池温度控制在合理的范围之内。

5）安全保障：主要包括绝缘检测、环路互锁（HVIL）、碰撞断电及功能安全等方面。

2. 性能要求

BMS 隶属于汽车电子产品，传统汽车电子可划分为动力总成、安全性与舒适性、娱乐信息及车身控制四大域。不同域的产品具有不同的特征要求，BMS 属于其中的动力总成域，具有实时性、可靠性、安全性及可匹配性要求高的特征。在进行系统设计时，应充分且完整地考虑产品的各项要求。大体上，要考虑如下要素：

1）质量要求：外观及标识、包装；产品、PCBA 及物料的可追溯性；存储及运输；可靠性；质保期一般是 8 年或 15 万 km；所有物料应采用汽车级器件；不良品率应满足主机厂要求；印制电路板（PCBA）应涂三防漆，有对应防燃等级要求；应采用无铅焊接工艺；维修要有对应要求。

2）环境要求：工作环境温度范围，能满足 -40~85℃；工作环境湿度范围，能满足5%~95%；海拔要求，根据主机厂要求，一般能满足-150~5000m；防尘防水，由于电池包本身具备IP67等级，要求可放低；振动、冲击和跌落应能满足主机厂各项要求。

3) 有毒有害物质要求：应满足汽车产品有毒有害物质限量要求中的限制值。

4) 电气及EMC要求：通常需要满足各项标准，各个厂家有所不同，如ISO16750、CISPRR25、ISO7637、ISO11452、ISO10605等。

5) 功能要求：可以参考3.6.1节提到的五大功能，进行细化并针对每个条目定义出具体参数要求。功能要求并非越多越好，也并非越高越好，工程化的项目应考虑实际应用需求，寻求最佳性价比。

6) 法规标准：应根据BMS所销售目标市场进行对应法规排查；大型主机厂有对应企业标准。

7) 设计验证：应根据产品开发范围和周期要求，制定产品设计验证计划（DVP），通常应根据产品的开发阶段和范围进行对应的安排，应至少包括产品性能、功能、可靠性、安全性、标准法规等方面。

3.6.2 国内外研究现状

1. 国外研究现状

国外比较成熟且具有代表性的电池管理系统有：

1) 美国ACPropulsion公司研发的分布式系统BatOPT，包含中心控制模块和单元模块。其中有多个单元模块，单元模块与中心模块之间通过2-Wire总线进行通信，进行电压、电流、温度等数据和信号的传递。

2) 美国Aerovironment公司研发的SmartGuard系统，在实现数据采集和处理功能的基础上，还具有电池故障和过充电、过放电等非正常状态的报警功能，对电池系统有一定保护作用，并且能够对采集和处理过的数据进行存储。

3) 德国奔驰公司研发的BADICOACH系统，可实现对电池组中的26个单体进行电压、电流、温度等数据的采集工作，并将每组中SOC最差的单体电池的剩余容量显示给用户，同时具有电池组工作状况的故障报警和数据存储功能。

4) 德国B. Hauck公司研发的BATTMAN系统，除了以上所介绍的系统具有的功能之外，还具有较强的兼容性，通过设置其参数，可以对不同类型的电池组进行管理。

除此之外，为了提升电池管理系统的性能，国外很多学者及研究人员在电池状态监测、系统安全、电池电化学模型、荷电状态估计算法和电池均衡控制等方面取得了一定突破。

1) 一种用于电池监测、电池状态、电池管理的层结构被提出，其通过在电池组内安装各种传感器,可对监测层进行数据采集,通过对实时采集的数据来维护系统的安全,并确定电池的状态,电池状态决定了充电时间、放电策略、电池均衡和热管理,而且也将被传递到用户界面。

2)为了提高车辆电能的生产、分配、控制和储存效率,采用单电池和双电池系统与智能手段相结合使电池保持在一个适当的操作窗口,满足车辆电气结构。

3)一种新的锂离子电池的模型,从控制的角度提出了锂离子电池的电化学模型,提供了对锂离子电池储存能量的基本原理的直观解释,并且给出了描述锂离子电池动态行为的方程,与等效电路模型相比,该模型是基于电化学原理建立的物理模型。

4)一种将开路电压法、卡尔曼滤波法和阿赫计数法相结合的 SOC 估计算法被提出,并将其应用于混合动力电动汽车 HEV658 电池管理系统。在道路仿真实验中,改进后的 SOC 估计算法能够对初始 SOC 进行评估,并能准确地测量出系统的库伦效率。

韩国 Ajou 大学和先进工程研究院联合开发了能够实现电池组热管理、与整车和上位机通信以及在电池组充放电过程中实时检测等功能的 BMS,能够在汽车制动时给电池组反馈信号,做到最大功率控制。三星公司研发的 SAMSUNGSDI 系统能够同时收集 40 个电池模组的电压温度及电流信号,同时实现电池单体间的均衡控制。自 1997 开始,日本青森工研究中心开始致力于 BMS 的研发,本田、丰田等著名日本车企也将 BMS 的研发纳入企业重点研究领域,且取得了良好的成果。

特斯拉(Tesla)的电池包包含了成千上万个单体电池,通过串并联混合的连接方式组成电池包,几十节电池先串联组成一个电池块,几十个电池块再并联组成一个电池组,最后几个电池组之间通过串联的方式组成电池包,这样可以做到电池的分级管理,提高电池组以及单体电池的可靠性,图 3-13 所示为特斯拉汽车的电池系统。

图 3-13 特斯拉汽车的电池系统

2. 国内研究现状

在电池管理系统的研发上,我国很多高校承担了一大批研究任务。北京交通大学、北京航空航天大学、清华大学、同济大学、北京理工大学、哈尔滨工业大学、吉林大学、湖南大学等高校参与 BMS 的研发,并且都取得了良好的成绩。

另外，国内的一些新能源车企、电池企业等也陆续开始了 BMS 的研发工作，并且取得了良好的成绩。例如，比亚迪公司的 BMS 能够为电池组提供良好的热管理和单体电池均衡控制，这就使得汽车续驶里程增加、动能提升、电池组使用寿命延长，减少了诸多电动汽车使用的焦虑，如电池包维护、续驶里程短等。哈尔滨冠拓公司的 MC17 可完成动力蓄电池各项数据的采集工作，且采集精度较高，电压采集精度在 0.3% 以内，电流采集精度在 0.5% 以内，温度检测范围为 $-10 \sim +80℃$，精度在 1℃ 以内。惠州亿能公司的 EVO1 系列～EVO5 系列适用于多种类型的电动汽车，也匹配各种类型的锂离子电池。

3.7 动力蓄电池热管理技术

新能源汽车的动力蓄电池在进行电化学反应的过程中，会向外界释放出一定的热量，因此会出现温度增加的情况。在这种条件下，动力蓄电池自身性能将会受到一定的影响，例如电池循环寿命、电池一致性、电池充放电效率、电池可用容量、SOC、电压以及内阻等，情节严重时，还可能导致热失控现象的产生，进而致使电池着火。

动力蓄电池工作温度的变化将对新能源汽车的加速性能、车速峰值以及续驶里程产生一定程度的影响，要想使新能源汽车处于较高的行驶速度，动力蓄电池就需要释放出充足的电流作为支撑，倘若此时周边温度条件较低或较高，均会对动力蓄电池的性能产生较大程度的影响，影响其电流释放。由此可见，对于新能源汽车动力蓄电池而言，一个性能良好、效率较高的热管理系统必不可少，该系统能够冷却动力蓄电池系统或者是加热动力蓄电池系统，从而使新能源汽车能够在严寒或酷热的条件下实现顺利行驶。

3.7.1 动力蓄电池热管理性能要求与分类

电池热管理是根据温度对电池性能的影响，结合电池的电化学特性与产热机理，基于具体电池的最佳充放电温度区间，通过合理的设计，建立在材料学、电化学、传热学、分子动力学等多学科多领域基础之上，为解决电池在温度过高或过低情况下工作而引起热散逸或热失控问题，以提升电池整体性能的技术。处于合理的工作温度区间是电池组保持良好性能的必要条件。因此，针对锂离子电池组设计合理的热管理方案对于电池系统整体性能的提升具有重要意义。动力蓄电池化学反应能否顺利进行对于电池的实际性能至关重要。由于温度对化学反应具有显著影响，因此电池组性能也受到温度条件的制约。其中低温条件造成的影响包括：①导致电解液黏度增加其至出现凝结现象，阻碍导电介质的运动，影响电池使用寿命，极端条件下带来安全隐患；②降低电池组内部化学反应速率，引起充放电缓慢,从而导致输出功率等电池性能显著降低;③降低电池组内部化学反应深度,导致电池容量的下降。

另一方面,过高的温度条件则会导致电池内部电解液发生分解变质,随着热量在电池内部的积累会进一步引起隔膜热缩分解等一系列不良的副反应,影响电池寿命,引起安全隐患。因此,将电池的温度维持在适宜的温度区间,对提高电池的性能以及延长其使用寿命具有重要意义。作为电动汽车的动力来源,电池在使用时不可避免地需要串并联为电池组,以满足电动汽车的使用需求。大量单体电池串联为电池组之后,充放电过程产热又会造成新的热相关问题。不同单体的固有物性参数,例如内阻、电压、容量等性能的差异对电池组热管理提出了新的挑战。

由于车辆空间有限,电池模块需要紧密排列,图 3-14 展示了圆柱形电池包与平板软包电池包内部的堆叠结构。一方面,紧密排列的电池很容易导致电池箱内热量堆积,导致温度超出合理范围。另一方面,不同位置的电池单体往往温度条件也不尽相同,因此需要设计合理的热管理方式降低不同单体之间温度的差异。通常情况下,高温处电池较低温处更容易老化,电池组各单体在长时间运行后性能差异增大,电池组整体性能和寿命受到高温区电池寿命和性能的制约。因此,采用合理的热管理方式来维持电池组内部各单体温度的均一性对电池组整体寿命和安全性具有重要意义。

图 3-14　圆柱形电池包与平板软包电池包内部的堆叠结构

电池热管理主要包括散热管理和加热管理,在保证电池组温度在合理范围的条件下,同时维持电池箱内各点温度的均一性。具体来讲,散热管理为控制电池组最大温升及温差,防止电池组温度过高或出现明显温度差异;而加热管理则是避免充放电过程中温度过低对电池组产生的负面影响。

针对动力蓄电池组充放电过程中由于散热不及时而导致局部温度过高的问题,国内外学者提出了一系列设计方案,目前电池热管理的研究可按以下方式分类:

1）根据热管理系统是否主动介入温度控制可分为主动式热管理与被动式热管理。主动式热管理是指通过温控手段主动调整电池温度，始终保持电池处于合理温度区间；被动式热管理是指当电池温度过高或过低时切断电源对电池进行保护，当温度恢复到正常范围后接通回路使电池继续工作。

2）根据冷却系统是否需要额外辅助散热设备（一般为压缩机），可分为主动式冷却系统和被动式冷却系统（图3-15）。主动式冷却是指附加的辅助散热设备参与温度控制，且VCC（Vapor Compression Cycle）设备需要额外耗功；被动式冷却是指热管理系统无辅助制冷设备参与温度控制，仅通过相变材料、热管理等手段进行冷却，且无需外耗功。

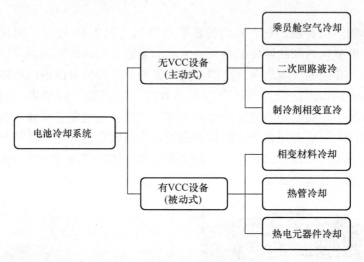

图3-15　电池冷却系统分类

3）根据冷却介质是否直接接触电池表面换热，可分为直接冷却系统和间接冷却系统。直接冷却是指电池表面与冷却介质直接接触，通过冷却介质流动带走热量；间接冷却是指冷却介质不直接接触电池表面，电池箱通过换热设备与环境端进行热交换。

4）根据冷却介质或冷却设备可分为风冷、液冷、相变冷却和热管冷却等冷却方式。本文以此分类方法展开对比分析，同时介绍各类热管理方式的研究进展。

1. 以空气为介质的热管理系统

空气广泛存在，无化学腐蚀作用，也不会影响电池内部的各种电化学反应。风冷冷却方式是目前最受关注的车载电池热管理方式之一。风冷冷却方式包括自然冷却和强制冷却。然而，随着车用锂离子电池组不断面向数量多、能量高、质量大、排列紧密的方向发展，仅使用自然冷却往往不能满足电动汽车动力蓄电池组的热管理需求。随着电池热负荷的上升，仅凭自然对流进行电池降温的控温效果并不理想，强制对流的风冷方式可以在一定程度上控制电池组整体温升情况，但会增大锂离子电池单体间的温差。

另一方面，强制风冷则需要依靠风机、风扇等辅助设备，不仅需要消耗额外的能量，还需要加装风道，造成电池组散热系统过于复杂和庞大。目前针对强制风冷系统的研究主要着眼于电池组排列方式、风道数量、电池间距等设计参数对散热效果的影响。早期研究表明，采用并行通风结构，空气依次流过各个电池模块，冷却效果较好；采用加装挡风板的方式，可通过改善流场分布从而提高热管理效果；在合理的位置设计风道开孔，可使散热更加充分，同时有利于电池内部温度分布的均匀性；在电池间增加导热系数较高的材料，有利于电池组整体散热。

2. 以液体为介质的热管理系统

由于空气冷却可满足的电池热负荷非常有限，对于能量密度较高的电池组不能进行有效的冷却，因此采用导热系数更高的液态流体代替空气作为冷却介质可明显提升热管理效果。液冷式热管理相对于传统风冷式热管理具有冷却/加热速度快、与电池壁面之间换热系数高等优势。液冷式热管理按照冷却介质与电池是否直接接触可分为间接/直接式两种冷却方式。

间接式液冷通常使用水或乙醇溶液作为循环冷却工质，该方式的热管理系统必须搭配水冷套等辅助换热配件。直接接触式液冷可省去上述辅助换热设备，但要求换热流体换热系数高且不导电，常用的冷却工质有矿物油、乙二醇等。

液冷式电池热管理系统的主要缺点有：采用液冷的电池组系统具有冷却液及辅助循环系统，因此总体质量较大，电池系统的结构相对复杂，在使用中存在冷却液泄漏的可能，导致整体装置维护成本较高。此外，由于驱动冷却液循环需要额外耗功，一定程度上降低了电池组整体能源利用率。

Tao 等研究了蛇形通道冷却板散热结构，如图 3-16 所示，

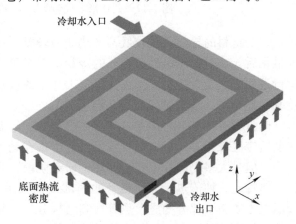

图 3-16 蛇形通道冷却板散热结构

其优化了板内通道结构布置、流道宽度等结构，对其进行模拟仿真，分析了冷板的压降和冷却目标平均温度及方差，并得出结论：入口通道逐渐由窄变宽，能够使电池温度分布更加均匀。

3. 基于热管与相变材料的热管理系统

使用相变材料（Phase Change Material，PCM）冷却电池的热管理方法可使车载电池冷却系统变得更轻便，并且无需增加额外的设备。圆柱形电池包的 PCM 热管理方案如图 3-17 所示。随着电动汽车技术的发展，相变材料冷却法得到了科研领域和汽车公司的关注。Al – Hallai 等提出将相变材料用于电池组热管理系统这一想法。相变材料式热管理系统可有效缩减整体电池系统的体积，同时可以获得比对流换热方式更为显著的热管理效果。赵佳腾通过模拟研究验证了采用相变材料可有效改善电池组热特性，实现理想的控温与均温效果。与此同时，Siddique 通过在热管理系统上耦合散热翅片和石蜡/泡沫铝复合相变材料的方法，可以使动力蓄电池适应更为复杂的环境工况，有效减少电池在实际运行中因热滥用和热失控等情况所引发的热安全事故。

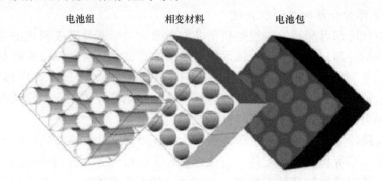

图 3-17　圆柱形电池包的 PCM 热管理方案图

相变材料的导热系数较低，导热能力较差，在温度还未达到相变条件或是完全融化后无法对电池组进行充分的冷却，甚至阻碍热量扩散，容易导致电池组在运行过程中热量大量积聚。在大电流大功率或极端高温天气情况下，不仅热管理效率明显降低，甚至还存在安全隐患。

热管具有许多显著优点，如导热性能好、等温性能好、热流方向可逆、热流密度适应区域宽等，目前热管技术已经出现在动力蓄电池组热管理技术的研究探索中，但是大多仍旧处于实验和理论研究阶段，尚未得到工程化应用。

热管是一种传热元件，热管的内部结构如图 3-18 所示。热管由管壳、管芯和填充工质三个部分构成，热管按其结构分为冷凝段、绝热段和蒸发段。①冷凝段管内气态工质通过向外部环境散热而使自身液化；②蒸发段管内液态工质通过吸收热源的热量而使自身气化；③绝热段不与外界发生任何热量的交换，一是可以作为传输路径将热量从蒸发段传送至冷凝段，故又称为传输段；二是可以作为隔热段将蒸发段的热源与冷凝段的冷源分开，使得热管可以制作成任意形状以满足不同工况的需求。

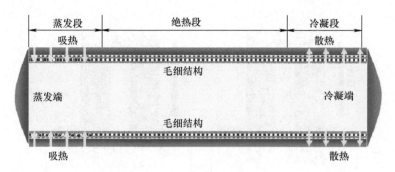

图 3-18　热管的内部结构图

将装有铝制肋片的热管应用到电池组进行热管理试验，该试验显著降低了电池组的最高温度，同时极大地缩小了电池表面的温差。王颖盈等分别对采用平板微热管阵列的电池组进行了模拟，结果表明，热管结构的热管理系统可有效改善电池组的温度特性。

热管由于自身形式多种多样，方便布置于紧凑的电池组内，也可与其他冷却方式相结合获得更为理想的散热效果。目前，热管技术的研究正在稳步发展，尤其是以微型热管为代表的热管技术发展为动力蓄电池热管理带来了良好的应用前景。

4. 基于热电制冷与沸腾换热等技术的热管理系统

热电制冷热管理系统主要是利用珀尔帖效应实现制冷。热电材料由两种不同导体组成一个闭合环路，当其中一个结点被加热、另一个结点被冷却时，环路中就产生电势。温差电势的大小与结点的温度和导体材料的性质有关。当冷端温度一定时，根据电势的大小就可确定热端的温度，这就是用热电偶测温的原理。相反，如果在此环路中接入一直流电源，则会出现一个结点吸热而另一个结点放热的现象。如果改变电流的方向，则吸热、放热的结点位置也应相应改变。这种现象称为珀尔帖效应，也是热电制冷的机理（图 3-19）。

热电偶由半导体材料制成，一种为电子型（N 型）半导体材料，另一种为空穴型（P 型）半导体材料，电偶之间用金属片（又称汇流条）相连。如图 3-19 所示，接通电流后，一侧金属片从外界吸热，另一侧金属片向外界放热。

热电制冷在电动汽车动力蓄电池热管理方面的应用尚处于探索阶段，但是在汽车空调、车载冰箱、座椅冷却/加热装置以及电子设备冷却方面的应用已经非常成熟。

沸腾指液体受热内部产生气泡进行汽化的过程。沸腾换热是取出热量的有效方法，具有传热效率高、所需传热温差小等优点。荷兰的研究人员 Van 等创新性地将沸腾换热与电池热管理相结合，通过实验研究了沸腾条件下的动力蓄电池热

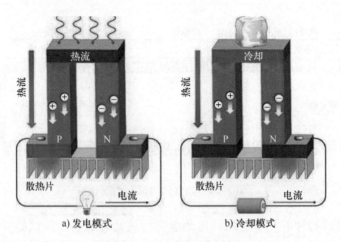

图 3-19 热电制冷的机理

性能控制,此研究选用标况沸点为 34℃ 的有机沸腾工质 Novec7000(非导电材料)将电池完全浸泡。实验装置如图 3-20 所示,沸腾工质与电池均密闭在耐压圆桶中,当电池放电产热时,电池表面的有机工质开始沸腾,此时通过控制桶内压力即可控制沸腾强度从而间接调整电池温度。通过冷却控制测试、均温能力测试、沸腾过程控制,验证了沸腾换热方式对电池温度控制具有理想的效果。通过实时控制桶内压力,可保持电池整体温度恒定。此方式对于大型电池组热管理系统的应用具有极大前景。

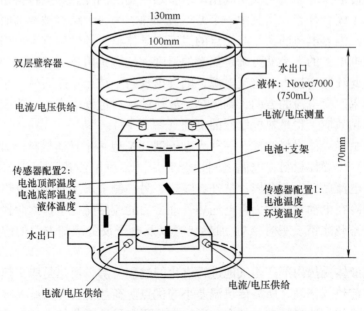

图 3-20 沸腾换热用于电池热管理的实验装置图

3.7.2 研究电池热管理系统的意义和目的

如图 3-21 所示,仅通过增加电池重量提升续驶里程已经无法满足新能源汽车的设计需求,须结合电池热管理、轻量化设计、减小空气阻力、优化能量管理等综合手段解决,其中电池热管理系统可有效提升电池作为储能元件的能源利用率。在不提升电池容量的前提下,通过温度控制来使电池组释放更多能量从而增加电动汽车续驶里程。同时电池热管理系统还可保证电池工作的安全性,延长使用寿命。由于新能源汽车动力蓄电池充放电过程中的电化学反应都具有一定的温度依存性,为保证其过程可控,就要求电池运行温度必须控制在一定范围内。一般来说温度主要会影响动力蓄电池的以下性能:①电化学系统运行;②充放电效率;③电池的功率和可用容量;④电池的热可靠性和热安全性;⑤电池的使用寿命和循环次数。此外,电池工作时如超出温度限值,随着热量的产生与累积,电池将发生过热、燃烧、爆炸等一系列安全问题。由此产生的电池漏液、有毒气体释放等现象还将进一步对电动汽车驾驶人及乘员造成危害。同时,温度过低也不利于电池性能的发挥。故为延长电池使用寿命,提升能量转化效率同时保证电池的热安全,必须设计有效、合理的电池热管理系统,在高温条件下对电池进行散热。低温条件下对电池进行保温或加热,以提升电动汽车整体性能。

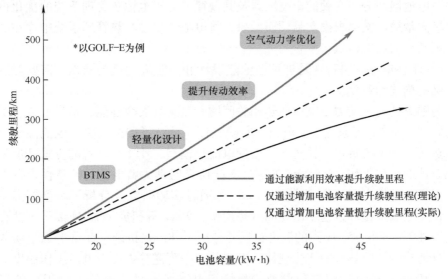

图 3-21 电动汽车的影响因素

基于前面的分析,电动汽车动力蓄电池系统的热相关问题可总结为以下三个方面:①电池运行时热量的散逸不及时,大电流放电时产生的热量堆积而形成高温;②单体电池产热不均匀,电池模块间的温度不均匀;③低温条件下电池电化学反应速率过低,无法提供额定的输出电压,导致电动汽车冷起动失效或动力性能劣化。

基于上述问题,可总结出电动汽车动力蓄电池系统热管理的要求为:①保证单体电池最适合的工作温度,避免电池组出现整体或局部过热现象;②减小和抑制单体电池尤其是大尺寸单体电池内部不同部位的温度差异,保证单体电池温度场分布均匀;③减小电池包内各模块间的温度差异,保证电池箱内温度均匀分布;④在满足热管理效果的前提下尽量降低系统所占体积与质量,实现轻量化设计的同时满足维护简便、可靠性好、制造成本低等。

3.7.3 电池热管理系统研究中存在的问题

与电子产品上广泛使用的小型储能型锂离子电池相比,大型动力型锂离子电池所面临的热相关问题更加严峻,其具体表现在电池大型化和高性能化导致的高热负荷和温度分布严重不均匀,相应地,锂离子动力蓄电池由于局部温度过高导致的热失控现象相较普通电池更难控制,造成的后果也更为严重。局部温度过高将会引起电池内部一系列的反应,如电解液的分解反应、电池正极材料的分解反应、SEI膜分解反应,嵌锂碳与电解液的反应等。这些反应发生时,会缩短电池的使用寿命甚至使电池发生热失控。因此,掌握电池温度场及最高温度的分布,了解与电池温度分布有关的影响因素及其规律,对于电池热管理系统的优化设计具有极大帮助。文书根据文献调研结果,将电池热特性与热管理系统中存在的问题整理归纳为以下四点:

1)单体电池的热特性是进行电池热设计和热管理的重要依据,需要对其进行准确的描述和量化。

为解决锂离子动力蓄电池的热相关问题和改善其安全性能,学者们进行了大量的研究。Zhang 等通过数值模拟和实验验证,总结了层叠式离子电池温度分布和产热速率的主要特点,针对简化后的电池热模型,使用分析解的方式开展了电池热设计的优化工作;Giuliano 等通过实验研究对动力蓄电池的热特性进行了测量和分析,并提出了热管理方案;Onda 等通过实验研究并分析了小型锂离子电池在快速充放电循环过程中出现的过热现象;Wang 等研究了 NCM 离子电池在过充电条件下 (4.6~5.0V) 的温度特性并分析了其产热机理;Zhao 等通过实验研究了电池热特性中热源的变化规律,发现热源中可逆热占比与电池工作温度关系密切;Meng 等通过拆解软包电池,测量了电池各部件在充放电过程中的发热功率。

此外,基于电池产热与热平衡模型的电池热特性数值模拟研究可以很好地展示电池在充放电过程中的温度变化与温度分布情况,同时可以对电池热安全问题进行评估和预测,从而获取改善及优化电池热特性的设计依据。目前关于电池热特性的模拟研究大多关注对多物理场耦合模型精度与准确性的提升，申池的电化学－热耦合模型揭示了在不同工作条件下的离子迁移热与粒子迁移热同环境温度、放电电流、电压、极化程度等影响因素的关系。Wu 等等通过模拟研究，分析了几种电池热效应模型，计算了电池在充放电过程中内阻等多因素对产热的影响，证实了在较高温度下的循环会严重影响电池的性能与寿命；Kim 等通过模拟研究计算了不同特征尺寸的集流体对聚合物离子电池温度分布的影响，发现集流体对电池热特性具有显著影响；Dong 建立了一套电池热耦合温度预测模型，发现在相同功率充放电条件下，充电温升小于放电温升，此外充放电过程中随着可逆热占比的变化，热特性随之改变；Niculut 等通过数值模拟计算了磷酸铁锂电池的电化学产热特性，在成组使用的电池包当中处于中心位置的单体具有局部过热的风险。

综上所述，已有的电池热特性研究大多致力于电池组或单体电池的最大温升和电池最大温差的描述，忽略或简化了单体电池温度分布规律的考虑，缺乏对电池温度分布的整体评价，同时对于单体电池的温度分布差异及影响的研究尚不完整；其次，很多方案尚处于仿真模拟阶段，缺乏可靠的实验支撑。例如目前锂离子电池常用的数值方法 – Bernardi 模型是基于电池内部产热均匀分布假设而建立的（适用于小型电池、低倍率放电），大型锂离子电池在高倍率放电情况下会出现明显差异。相应的，计算结果会有较大偏差：由于新能源内部的产热传热机理较为复杂，以 Taheri 为代表的学者提出了电池温度分布和演变的分析解，但是同样应用了产热率均匀分布等假设，同时忽略了极耳等关键产热部件对电池热特性的影响。

2）对于电池温度变化的监测，需同时考虑放电结束后的热惯性影响。

目前描述电池内部产热模型主要包括电池生热模型和电化学模型两种，分别采用这两种模型来研究电池的产热特性以及电化学行为的情况较为常见。但是锂离子动力蓄电池产热特性与电池内部电化学反应过程密切相关，两者之间相互影响，单独采用某种模型时无法反映电池内部电化学反应与其产热特性关系。基于多孔电极理论建立的电化学－热耦合模型，综合考虑电极反应动力学、质量和电荷守恒以及能量守恒，能够准确地分析锂离子电池充放电过程中电化学反应特性以及产热特性，获得更为合理的计算结果。Zhao 等用电化学－热耦合模型，重点分析了电池内部电极层厚度以及电极材料粒径对电池产热特性的影响；李慧芳等基于电化学－热耦合模型对电池放电过程中的不可逆产热进行了研究；Jie 等基于电化学－热合模型对商用 $LiFePO_4$ 电池短时间放电过程中的电化学参数的动态响应过程以及电池单元整体产热过程进行了分析；Wu 等为解决锂离子动力蓄电池的热相关问题和改善其安全性能，通过数值模拟和实验验证，总结了层叠式锂离子电池温度分布和产热速率的主要特点，针对简化后的电池热模型，使用分析解开展了电池热设计的优化工作；Li 等通过模拟研究，分析了几种电池热效应模型和其内部多种发热效应，计算了电池在充放电过程中内阻等多因素对产生热量的影响，证实了在较高温度下循环会严重影响电池的性能与寿命；Huang 等人通过模拟研究对大型叠层式离子电芯的热物性进行了估算，为进一步设计热管理方案提供了可靠依据。

综上所述，已有的电池热特性研究关注于电池充放电过程中的热行为，对断电后的电池发热及热传导过程研究尚不完善。同时电池热管理研究大多致力于电池组最大温升和电池组间最大温差的控制，忽略或简化了对电池热惯性的考虑，缺乏对电池放电结束后温度变化的预测，对于影响单体电池热惯性的因素研究尚不完整。目前离子电池常用的数值方法——Bernardi 模型是基于电池内部产热均匀分布假设而建立的（适用于低倍率放电），锂离子电池在高倍率放电情况下会出现明显差异，因此计算结果会有较大偏差。由于电池内部的产热传热机理较为复杂，使用电池温度分布和演变的分析解同样应用了产热率均匀分布等假设，忽略了热惯性对电池热特性的影响。

3）随着电池高性能化发展，现有风冷式热管理系统已无法满足均温控制的要求，需对风冷式热管理方式进行改善与优化设计。

传统电池热管理的风冷系统采用单向流动冷却空气，冷却空气的温度在电池箱内自进口到出口逐渐升高，在出口处由于空气与电池表面温差减小导致换热效果下降。故在流道上游的电池温度较低而流道下游的电池温度较高，在长时间充放电运行过程中会形成明显的温度分布情况，使电池一致性下降，性能劣化。传统风冷式热管理方案可通过增大进气流量、降低进气温度等手段控制电池整体温升，但是对于改善温度分布、减小温差并无帮助，甚至存在负面影响。据此在本章提出了往复式风冷电池热管理方案来优化温度分布，抑制温度梯度。往复式风冷的基础原理是利用周期性改变冷却空气流向，进口与出口周期性交替以实现理想的均一温度分布。

已有的一些研究表明，往复式风冷对改善温度场、降低温度梯度具有明显效果。Mahamud 等通过设计周期性反转的空气流道，有效降低了电池包内温度差异。实验结果表明，由于气流的重新分布和流场扰动的增加，相较于非反转式的空气流道，转换周期为 120s 时的反转流道可以降低电池组最大温差 72%。Yu 等设计了分层式的电池冷却流道，电池的上下部分别放置在上下层流道中，通过在上下层设置相反方向的冷却空气以获得理想的均温效果。研究结果显示此设计有效解决了热量在中心电池间的堆积问题，同时电池组最大温差可控制在 5℃范围内。Lu 等通过数值模拟方法研究了一种带有扰流装置的热惯性系统。实验设置了 252 节圆柱形锂离子电池作为研究对象，通过改变空气流道布置及流量大小证实了通过扰流装置实现的多通风孔（多进多出）流道布置可显著降低电池组的最大温升和最大温差。Liu 等设计了带有往复式风冷的电池箱结构,实验结果表明在 1℃ 和 13.33℃ 条件下,温度均匀性分别提升了 12.1% 和 62.4%。Na 等设计了双向水冷式热管理方案,通过多层流道的水冷换热装置实现冷却液的双向流动。CFD 模拟结果显示相较于单向流动模式,双向流动方式显著改善了温度均匀性,提升了电池组的散热效率。He 等研究了带有动态控制的往复式电池热管理方案。实验结果表明,相较于非动态控制案例,主动动态控制方式将可将最大温差从 4.2℃ 降至 1.0℃,同时还将冷却功耗降低了 38%。

综合上述文献调研可知,往复式风冷电池热管理模式具有理想的均温和控温效果。然而现有研究对象均为圆柱形电池及其组成的电池包,对于大型叠层式动力蓄电池的研究尚未开展。此外,之前研究的圆柱形电池由于尺寸较小,单体放电功率较低,电池单体的温度差异往往被忽略,研究重点主要关注在电池间温度差异的控制。但是大型叠层式电池由于单体尺寸大,放电功率高,因此具有明显的温度分布现象。温度差异会引起循环寿命衰减、充放性能下降等。对于大型电池的热管理方案设计,需要同时充分考虑电池自体的发热规律和温度分布变化。

4) 大型电池自体热传导性能较差,需设计有效的强化换热结构以实现电池组内高温区域热量向低温区域转移。

关于锂离子电池热特性与热稳定性的实验表明,磷酸铁锂电池的最佳工作温度为 18~45℃,可接受的电池单体间温差范围不高于 10℃。为实现此目标,学者们进行了大量的研究。Wang 等采用风冷方式分别通过改变电池组的排布方式和电池箱的结构模拟研究了电池组的热特性,结果显示,在所给条件下可使电池组处于合适的工作温度范围。靳鹏超和 Duan 等分别通过模拟和实验的方法验证了采用相变材料可有效改善电池组的温度特性。Tong 和 Panchal 等分别研究了水冷式电池热管理系统液体流量及温度的影响,发现水冷系统可明显降低电池组短时间剧烈放电时的最大温升和单体间的最大温差。Zou 等分别对采用平板微热管阵列和散热翅片的电池组进行了模拟,发现两种结构也可有效改善电池组的温度特性。Rao 等通过实验研究发现将超薄型热管和相变材料耦合,可有效解决离子电池的高温老化问题。Bai 等提出通过实验研究将水冷系统与相变材料相结合,并对该系统应用于电动汽车电池组的效果及可行性进行了系统的研究、讨论和论证。实验结果表明,在连续 5 次充放电循环过程中,水冷 - 相变材料(Phase Change Material,PCM)系统有效地控制了电池组的温升,改善了电池组温度场分布。Al - Hallaj 等针对插电式混合动力汽车的镍氢电池组的热负荷匹配了对应的相变材料冷却系统并进行了数值分析,结果表明,通过调整电池排布和相变材料用量可使电池组最大温差控制在 1℃ 以内,电池放电容量和循环寿命都得到了显著提升。Wang 等通过实验研究了在不同电池发热功率及非正常发热条件下,布置热管对于电池组热特性及散热性能的影响,证明了热管应用于电池热管理系统的可行性。

  翅片式热管理方案作为传统热管理方案的替代方案,将金属散热板与平板电池相结合,结构简单且无额外耗功。陈姿伶通过模拟研究了翅片高度对散热能力的影响,发现在热流密度为 $1000W/m^2$ 时纯铝翅片散热器最合理的翅片高度为 $50 \sim 60mm$。Chen 等通过对大容量离子电池的实验研究发现,在电池工作温度区间同等热负荷条件下,翅片散热与强制对流式风冷热管理方式对抑制电池组最大温升和最大温差效果基本一致。Mohammadian 等提出了针形翅片散热模块用于锂电池组,三维传热模型模拟计算结果显示,针形翅片可以极大程度地降低模组温差及温度分布不均匀程度。Kim 等通过镍氢电池二维热耦合模型研究了不同材质翅片包括铜及铜合金、银及银合金等对于电池温度特性的影响,同时对不同尺寸翅片(翅片厚度和翅片高度)的散热性能进行了对比分析,提出设计电池热管理系统时需在材质、尺寸、翅片间隙等影响因素中进行综合比较,以满足电池组最大温升和温度梯度限制的要求。

  尽管针对翅片式锂电池热管理方案已开展研究,但多数研究关注系统控温效果(对最大温升的控制),忽视或忽略了电池的均温需求(抑制最大温差)。同时许多研究目前尚处于以仿真模拟为主的阶段,缺乏足够的实验支撑与验证。

第4章 纯电动汽车能量管理

4.1 纯电动汽车的基本构型

电驱动系统作为纯电动汽车的核心部件,其技术水平直接制约着纯电动汽车的整体性能。如今,随着电动汽车设计理念的不断深化以及电驱动系统的不断进步,有各种各样的电驱动系统已经被采用。根据车轮驱动力矩的动力源,电驱动系统可分为集中式驱动和分布式驱动。

1) 集中式驱动的设计理念源自传统车辆,这种驱动形式是内燃机汽车最常用的驱动形式。在集中式驱动形式下,动力传递需要经过离合器、变速器、传动轴、差速器、半轴等传动部件,最终作用于车轮。这种设计构型最大限度地保留了电动汽车与传统内燃机汽车的兼容度,但由于受到传统汽车设计理念的束缚,集中式驱动设计方案传动部件多、传动效率低、控制复杂的缺点逐渐显现。

2) 分布式驱动形式取消了离合器、变速器、传动轴、差速器、半轴等传动部件,驱动电机直接安装在驱动轮内或驱动轮附近。在分布式驱动方案中,依据电机特点全新设计的电动汽车底盘为汽车结构的变革营造了极大的空间,逐步成为研究和设计领域的热点。

在分布式驱动电动汽车中,每个驱动轮都有独立的驱动系统。轮内电机驱动系统是分布式驱动的主要方案。

在这两种驱动技术中,集中式驱动技术相对成熟,但驱动力通过差速器近似平均地分配到左右半轴上,大多数车辆无法独立调节单个车轮的驱动力矩,如果不安装其他传感器和控制机构,很难进行车辆的运动学和动力学控制。分布式驱动技术是近年来兴起的,由于更换了大部分车轮与电机之间的机械部件,因此具有结构紧凑、传动效率高的优点。

4.1.1 集中式驱动系统

集中式驱动系统广泛应用于各类电动汽车,其主要结构如图4-1所示。

图4-1a是通过减速器增加转矩的单电机驱动系统,称为直驱系统。直驱系统由于其机械结构和控制方法最简单,开发成本最低,是目前应用最广泛的纯电驱动系统。由于车辆的动力性和经济性完全由驱动电机决定,因此对驱动电机的性能有很高的要求。图4-1b是一个与图4-1a非常相似的单电机驱动系统,区别

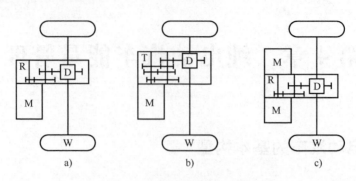

图 4-1 集中式驱动结构图
M—驱动电机　R—定比减速器　T—变速器　D—差速器　W—车轮

在于其通过变速器增加了输出转矩。由于电机驱动的调速范围大于内燃机驱动的调速范围,齿轮数较少的变速器就可以满足电动汽车在任何驾驶情况下的需要。由于匹配了多齿轮传动,如图 4-1b 所示系统驱动的车辆可以获得更好的动态性能,同时降低了对电机的性能要求。但是,自动变速的问题必须解决,否则电动汽车易控制的优势会因操作不便而丧失。图 4-1c 是另一种集中驱动系统,采用两个驱动电机和一个减速器,其中一个电机在大部分时间内作为主动力驱动车辆,另一个电机只在需要额外动力时启动。由于可以及时实现功率补偿,主、副电机驱动电动汽车的经济性能可能会大幅提高,但动力性能也会受到驱动电机的限制。

由于内燃机车辆所使用的传动装置的大部分部件可能会继续使用,因此集中式驱动系统的继承性较好。另一方面,驱动系统布置在前舱内,使得冷却、隔离和电磁干扰等问题变得容易处理。然而这种驱动方式结构复杂,效率低,不能充分发挥电机的性能。

4.1.2 分布式驱动系统

与传统内燃机相比,电驱动技术可以实现快速、准确的转矩控制,效率更高。电机系统、减速齿轮、车轮轴承和机械制动可以组合成具有不同功率密度和性能的模块,有利于提高车辆的驾驶性能。此外,由于取消传统燃油车中必不可少的变速器和差速器,分布式驱动电动汽车的传动系统紧凑、简单,不仅有利于降低能量损失,提高系统效率,而且便于底盘布置,激发了与集中式驱动明显不同的车身设计新特点。此外,分布式驱动电动汽车的制动防抱死系统(ABS)、牵引力控制系统(TCS)、驱动防滑系统(ASR)和直接横摆力矩控制系统(DYC)可以通过独立控制各车轮的驱动/制动力矩和精确测量各车轮的转速,提高了车辆在不同路况下的机动性能和安全性。在各车轮上应用制动能量回收系统,可大大提高能量利用率。如果在四轮电动汽车上应用四轮转向系统(Four -

Wheel–Steer，4WS）技术，将实现车辆转向性能，并有效减小转弯半径，甚至0转弯半径，从而大大增加转向灵活性。

由于大部分车轮之间的机械传动部件由控制信号代替，因此分布式驱动系统具有结构紧凑、传动效率高的优点。电机精确的转矩响应可以增强现有的车辆控制系统，例如ABS、TCS、DYC和其他先进的车辆运动/稳定控制系统。基于上述优点，分布式驱动成为电力驱动技术的一个重要发展方向。

1. 中央双电机构型

中央双电机构型的结构特点与集中式电机驱动构型相似，两个驱动电机和两个减速器对称布置于车架上，通过较长的半轴与车轮相连，独立驱动两侧车轮，如图4-2所示。其簧下质量小，制造技术成熟，应用安装方便，但是传动系统仍需万向节和传动半轴，且占用一定的底盘空间，

图4-2　奔驰中央双电机构型

造成车内设计空间有限，一般多用于高性能汽车或载货汽车上。

2. 轮边电机构型

轮边电机构型是从集中式到轮毂式构型之间的过渡构型，通常轮边电机与固定速比减速器一起安装在车架上，减速器输出轴直接或通过短半轴与车轮相连来驱动车轮。轮边电机构型的优势在于舍弃了传统的主减速器和差速器，不再经由长半轴部件传动，简化了机械传动结构，降低了车载自重。同时，减速器采用斜齿齿轮，相比主减速器

图4-3　ZF AVE130轮边电驱动桥

常用的双曲面齿轮，传递效率提高，制动回收能力提高，传动平稳，冲击、振动和噪声较小。ZF AVE130轮边电驱动桥如图4-3所示。

根据轮边电机安装位置不同，可分为电机固定式和电机摆动式，前者将轮边电机和轮边减速器固定于车架，后者将轮边电机和轮边减速器与悬架集成。

3. 轮毂电机构型

轮毂电机就是车轮内装入电机，也就是将动力、传动装置和制动装置集成在

一起放入车轮内部，直接驱动车轮行驶。轮毂电机实物如图4-4所示。

由于取消了半轴、万向节、差速器、变速器等传动部件，整个驱动系统结构更加简单，可获得更好的车内空间利用率，同时布局更为灵活，不需要复杂的机械传动系统，因此传动效率也有相应提升。

图4-4　轮毂电机实物

根据电机转子的结构形式，可分为外转子电机和内转子电机。其中外转子电机是指电机主轴固定，转子和电机外壳一同旋转；内转子电机是指电机外壳固定，转子和电机主轴一同旋转。这两种形式也决定了轮毂电机的两种构型。由于各制造厂商设计方案不同，各种构型又略有差异。

常用的轮内电机分布式驱动系统的配置如图4-5所示。在图4-5a中，车辆由多个低速轮毂电机驱动，外部转子直接安装在车轮的外缘上。由于取消了所有的传动，驱动系统的传动效率最高，但驱动电机的性能较差。在图4-5b中，车辆由多个高速内转子轮毂电机通过一些行星齿轮减速器驱动，驱动系统体积小于外转子电机驱动系统；在图4-5c中，驱动系统安装在车辆的车架上，通过短半轴的车轮驱动，可以提高车辆的平顺性。

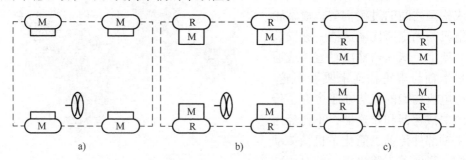

图4-5　轮内电机驱动系统
M—驱动电机　R—定比减速器

对于基于电动轮驱动的全轮驱动车辆，可以自由切换不同的驱动方式，有利于电机在高效率范围内工作。因为当汽车在道路上行驶状态良好时，所需要的功率相对较小，所以可以采用双电机驱动。但在加速、爬坡和高速条件下，可以启动四轮驱动，保持汽车的最佳功率，并可根据行驶状态实时控制各车轮的驱动功率。

4.2 电动汽车能量管理策略

4.2.1 再生制动能量回收

纯电动汽车与传统车辆的一个重要的区别是可以实现再生制动。所谓再生制动，是指在车辆减速或制动时将其中一部分机械能转化为其他形式的能量并储存的过程，即利用电机的电气制动产生反向力矩使车辆减速或停车。对于感应电机来说，电气制动有反接制动、直流制动和再生制动等。其中能实现将制动过程中的能量回收的只有再生制动，其本质是电机转子的转动频率超过电机的电源频率，使电机工作于发电状态，将机械能转化为电能通过逆变器的反向续流二极管给电池充电。

现在的大多数电动汽车上再生制动是通过将驱动电机作为发电机，使车轮产生制动力矩并给蓄电池、超级电容器等充电来实现的，不同于一般伺服电机系统的不可逆、不可控整流桥式供电方式。纯电动车以动力蓄电池组、超级电容器等为电源，从某种程度上为再生制动能量的回收提供了便利条件。

然而并不是所有的动能或者制动能量都可以再生。在纯电动汽车上，只有驱动轮上的制动能量可以沿着与之相连接的驱动轴传送到能量储存系统，另一部分制动能量将由车轮上的摩擦制动以热的形式散失掉。同时，在制动能量回收的过程中，能量传递环节和能量存储系统的各部件也将会造成能量的损失。另外一个影响制动能量回收的因素是能量存储系统当前的回收能力，当所需要的制动能量超出能量回收系统的范围时，电机可以吸收的能量将保持不变，超出的这部分能量就要被摩擦制动系统所吸收，由此看来摩擦制动也是必需的。一方面，单纯的再生制动不能给驾驶人在制动时提供很好的感觉，另一方面，在汽车需要紧急制动时摩擦制动将起到关键性的作用。只有将再生制动与摩擦制动有效结合，才能产生一个高效的制动系统。因此如何设计高效的制动能量回收策略来协调再生制动和摩擦制动成为十分重要的问题。

有学者以双电机驱动的纯电动汽车为研究对象，提出了一种基于制动安全和高效回收的优化能量回收策略，既提高了能量回收率，又缩短了制动距离。对于电机制动部分，以最小化能量损失为目标的转矩优化策略再生制动系统被提出。针对电液复合制动部分，一种可变预留电机制动力的动态协调控制策略被提出，以减小实际制动力矩与目标制动力矩的误差，并通过仿真结果验证了其有效性。

4.2.2 基于降低整车能量消耗的能量管理策略

另有一种电动汽车能量管理的策略，其主要思想为降低整车能耗。该方法只保留车辆行驶所必需的高压负载，将功率尽量分配到驱动系统，以最大限度降低整车高压负载部分的能耗。该方法可以降低行车过程中的能量消耗，但电池热管理系统的缺失会导致长时间高温的问题，这会加速电池老化、降低整车经济性。有学者对电动汽车进行了更多研究，评估了各种参数的相关性及其在使用阶段对电动汽车能源消耗相关的影响，将它们分为六组，如图4-6所示。

刘清虎重点研究了纯电动汽车的能量建模与仿真问题。其从传统的汽车理论出发，建立了锂离子动力蓄电池数学模型，推导了电机动力学公式，并在此基础上研究了纯电动车的功率消耗与电池充放电电压、电流以及电机定子电压、电流之间的关系。对纯电动汽车的续驶里程和制动能量的回收问题进行了分析，并对建立的模型进行了验证。

Myriam Neaimeh 为了提高续驶里程，基于能量消耗方程与迪杰斯特拉算法从路径规划的角度进行研究以找到最小化能量消耗的路径。陈勇针对电动汽车续驶里程的计算方法开展了深入研究，基于电池释放能量与电动汽车消耗能量相等的前提条件，针对不同速度下匀速行驶时的续驶里程和阻力功率进行计算分析，建立了电池均匀性对输出功率的影响模型，同时还分析了整车参数和环境温度等对续驶里程的影响。

王震坡、孙逢春等对电动汽车的能量消耗进行了相关研究，得出了电动汽车各子系统的能耗统计结果，其中，驱动子系统所消耗的比重多达75.15%，是电动汽车主要的耗能部件；而车辆零部件的能耗比重为16.86%，主要包括了机械摩擦能耗、电器元件能耗、电池内耗、制动过程能耗；剩余为一些辅助功率元器件的能耗，具体包括空调系统的能耗、油泵能耗、气泵能耗以及某些低压电器的能耗等。

2019年，Marshall等人回顾了车辆热管理，重点关注车厢、电子设备（电池和绝缘栅双极晶体管）和车辆外部组件。其指出，客舱热管理的主要挑战与暖通空调系统有关，改进工作一般集中在两个关键领域，即通过各种技术（即表面玻璃和染色以及光伏设备）减少吸热，从而最大限度地减少暖通空调负荷，并通过分区冷却等技术提高冷却系统的效率来减少能量消耗。

4.2.3　基于提高电池效率/寿命的能量管理策略

除了以上两种方法，还有一种可行的方法是提高电池使用效率或延长电池寿命，通过热管理系统使电池尽量工作在高效能区间。该策略一般通过准确估测动力蓄电池组的荷电状态（State of Charge，SOC），即电池剩余电量实现，保证SOC维持在合理的范围内，防止由于过充电或过放电对电池的损伤，从而随时预报混合动力汽车储能电池还剩余多少能量或者储能电池的荷电状态。在这方面的研究中：

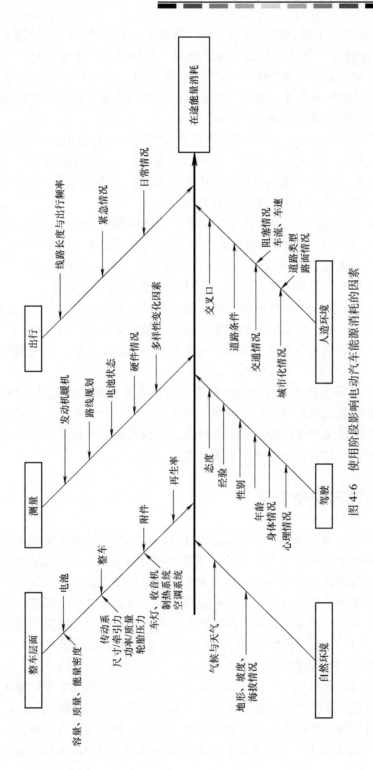

图4-6 使用阶段影响电动汽车能源消耗的因素

1)董冰以锂离子动力蓄电池为主线,研究了纯电动汽车能量管理系统,设计了 RC-H 电池等效电路模型及参数,应用卡尔曼滤波原理对安培-时间积分法的校正和优化,估算电池 SOC 并验证了估算精度;引入能量管理系统的功率分配系数,分析功率流关系,提出了控制目标,提出了基于模糊逻辑的纯电动汽车能量管理系统控制策略并进行了验证。

2)夏超英、Bhangu B. S. 等将卡尔曼滤波应用于动力蓄电池 SOC 估计,将动力蓄电池看作动力系统、SOC 是系统内部状态,利用卡尔曼滤波算法针对包含动力蓄电池的整个动力系统状态进行最小方差意义上的最优估计。该方法适用于电流波动较剧烈的混合动力汽车,但计算量较大。

3)Zhang Yongzhi 等人通过开发分层模型预测控制(MPC)策略进行基于再生制动的机舱热管理,开发了 MPC 控制器以优化规划车速。下层根据上层计划的再生制动行为实施机舱热管理,回收的能量可用于直接为空调(AC)系统供电。构建了重构的车辆功率流的状态空间方程,并在此基础上制定了优化问题,以最小化电池老化意识控制的能量消耗。进行实验以验证分层 MPC 策略的性能。仿真结果表明,车辆行驶适应道路地形,交通流量和交通信号以节能的方式,引起交流电源负载和机舱热负载的变化,充分利用回收能量,最大限度地减少电池老化。

4)Smith J. 等人提出了一种基于热管技术的 8 棱柱高功率电池 BTMS 系统。该系统由用于电池级热控制的散热模块、用于系统级热控制的液冷板散热模块和用于在它们之间传递热量的传热模块设计而成。该系统针对高达 400W/模块的热负荷进行了测试,并表现出令人满意的性能。

4.3 电动汽车整车热管理

整车热管理作为能量管理的重要组成部分,其能效高低直接对整车性能有关键性影响。纯电动汽车在冬季采用 PTC 加热器通过将电池电能转化为热能的方式对车内环境进行制热;其次为保证动力蓄电池稳定工作,也需要对其进行温度控制;电机在高温下工作会对其中的部件造成损耗,因此对电机的温控也是必不可少的。如何统筹这三大子系统间的热量耦合方式、开发集成化的热管理系统以满足车辆制冷/制热需求,特别是解决低温环境下系统效率低、能耗高的问题是当前纯电动汽车能量管理研究的一大重点。

新能源车热管理系统技术迭代的目的在于实现各回路热量与冷量需求的内部匹配,能耗最优,降低电池能耗实现制冷与制热功能。目前主流主机厂已完成热管理基本功能实现,但技术仍在不断创新和迭代。根据目前发展趋势,技术路线从以 PTC 加热为主的 1.0 技术逐步发展至以采用新型制冷剂的集成式热管理系统

第4章 纯电动汽车能量管理

为代表的3.0技术。

PTC电加热器耗电量大,产热与耗电量的比率很低,有研究表明,PTC电加热器使车辆在电池充满电状态下行驶里程减少24%。热泵系统具有能效比高、对原有交流系统改造小等优点。基于目前节能降碳的背景,热泵系统的制冷剂正逐步替代为更为环保的工质,目前满足$GWP \leqslant 150$的替代工质有:HFO-1234yf、R152a、CO_2(R744)和R290,满足制冷需求的替代工质有HFO-1234yf、R152a和R290,满足采暖需求的替代工质有CO_2和R290。其中,只有R290能同时满足制冷和采暖需求,且在压焓图上其吸、放热能力最大,但因其易燃,实车应用还需解决安全问题。

4.3.1 新能源汽车热管理1.0技术架构(PTC电加热系统)

传统的空调系统主要由单台冷却空调和PTC组成,这是调节客舱温度的一种简单的方法。其整体结构类似于传统燃油汽车的空调系统,PTC电加热的最大优点是结构和控制简单、成本较低。这是一种常见的用于电动汽车的空调系统,但由于其制热效率小于1,在冬季制热时需要消耗大量的电池能量,这使得纯电动汽车的行驶范围大大降低。

按采用PTC电加热方式的不同,传统的空调系统又可分为单冷空调系统配套的PTC空气加热和PTC水加热两种形式。图4-7为单冷空调PTC空气加热系统原理图。PTC空气加热采用电直接加热空气,其结构相对简单、加热温度高,但由于直接用电来取暖,因此存在一定的安全隐患。图4-8为单冷空调与PTC水加热系统的匹配示意图。PTC水加热方法是用PTC模块加热冷却液,然后空气被冷却液加热。虽然安全系数较高,但系统更复杂,并且由于冷却液作为中间传热介质,不仅热损失大,加热温度也相对较低。

4.3.2 新能源汽车热管理2.0技术架构(热泵系统)

为了减少空调系统对电能的消耗,提高其能效比和续驶里程。纯电动汽车已经开始使用能耗低、效率相对较高的热泵空调。常用的车用热泵系统主要有R134a热泵系统、CO_2热泵系统和太阳能辅助热泵系统等。R134a热泵系统运行压力适中,初始成本低,技术相对成熟。热泵系统是纯电动汽车空调系统发展的主流趋势。常见车载热泵系统如图4-9所示。

虽然热泵空调的能量转换效率高,但传统的以氟利昂作为制冷剂的热泵空调系统在低温环境下产热量会急剧下降。因此,当车外换热器表面温度既低于空气的露点温度又低于水的三相点温度时,水蒸气极易在换热器表面凝结或结霜。随着霜层厚度的不断增加,空气侧的气流和热阻不断变大。当霜层太厚时,车辆需要进入除霜模式:空气源热泵空调系统热效率下降,能耗增加,难以满足车厢的

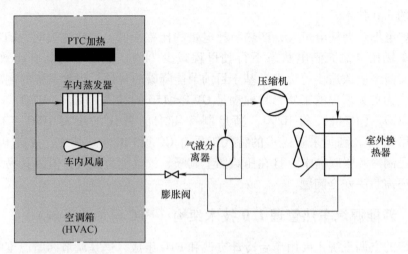

图 4-7 PTC 空气加热系统

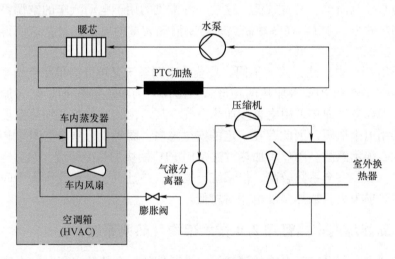

图 4-8 PTC 水加热系统

供暖需求。当车辆处于除湿状态时,车内湿空气首先被空调系统的蒸发器冷却,空气中的水蒸气被冷凝并排出,然后通过冷凝器将其加热到适宜的温度并送回车辆内部,从而达到除湿的目的。因此对车用蒸发器与冷凝器的性能及可靠性就有一定要求,对换热器的设计可参照 QC/T 1176—2022《汽车空调用蒸发器》和 QC/T 1177—2022《汽车空调用冷凝器》。

当热泵系统面临恶劣的工作条件时,其制热能力通常会受到限制,这时需要安排额外的 PTC 加以辅助。热泵系统的辅助电加热通常有两种方式:

1) 直接热泵系统,如图 4-10 所示,直连式空调的前端模块和空调箱直接与

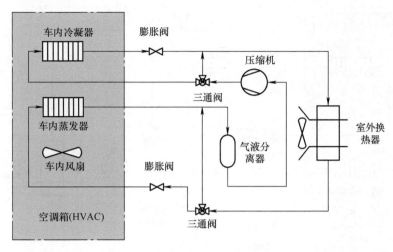

图 4-9 常见车载热泵系统

空气进行热交换。空气加热 PTC 与冷却系统中的车载冷凝器配合布置，提供热量，通常效率很高。

2）间接热泵系统，如图 4-11 所示，热泵系统在板式换热器中对二次回路的循环液施加热量，二次回路循环液与 PTC、暖风芯串联。间接热泵系统结构简单，可以防止制冷剂泄漏到客舱造成的安全隐患，它适用于制冷剂有易燃和微易燃属性的系统。

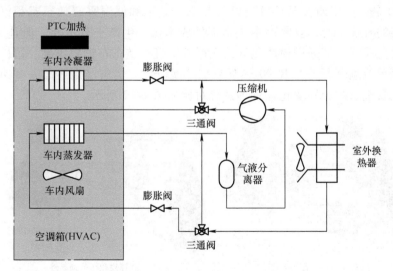

图 4-10 直接空调热泵系统

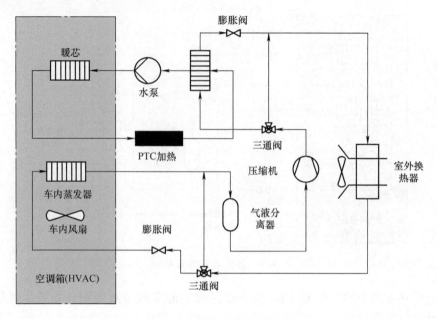

图 4-11　间接空调热泵系统

4.3.3　新能源汽车热管理 3.0 技术架构（模块化、间接式、新型制冷剂）

R290 是自然工质，对环境友好，其制冷效果和低温采暖效果都很好，性能上是理想的替代工质，且制冷系统零部件成本低，生产工艺不变。但是 R290 易燃，为避免泄漏，需采用模块化双二次循环，且对整车布置要求高，国内很多企业和科研单位刚刚开始对 R290 热泵系统开展研究，实车应用还需一些时日。非模块化热管理系统与模块化热管理系统对比如图 4-12 所示。

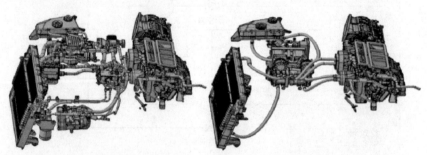

a) 非模块化热管理系统　　　　　　b) 模块化热管理系统

图 4-12　非模块化热管理系统与模块化热管理系统对比

传统热系统方案中,电驱、电池、乘员舱的温度独立管理,协同性差,导致整体功耗偏高、体验差。集成式热管理系统根据能量场、温度场和流场的特点,通过管理电池电驱等热源、精细化控制车内温度分布、优化车内外流场,实现全场景工作模式下的最优能效,从而提高热量综合利用率,打造舒适体验,提升整体性能。华为的集成式热管理系统如图4-13所示,其由极简的水源架构以及零部件高度集成,降低系统流阻和控制复杂度,将热泵

图4-13 集成式热管理系统

系统最低工作温度由常用的-10℃降低至-18℃以下,相比传统非热泵方案能效比提升2倍以上。未来的热管理系统是"更懂人的系统",能够通过用户习惯、区域气候等数据进行建模和训练,智能进行温度、风量、过冷度等调节,从而实现智能化调节,提升用户体验。

将R290这种性能优秀的制冷剂应用于集成式热管理系统中,结构简单、系统成本较低,同时有助于降低整车碳排放,是未来热管理系统升级的重要方向。

4.4 纯电动汽车能量管理方案实例

4.4.1 特斯拉 Model S 电池能量管理方案

特斯拉 Model S 的动力蓄电池组由 7104 个圆柱形 18650 NCA 基的锂离子电池(直径为18mm,高度为65mm,0表示其为圆柱形电池)组装成 16 个模块。每个模块由6组74个单体并联连接,然后6组串联连接形成电池模块。

在动力蓄电池组内,每个锂离子电池在放电过程中都会出现温度上升,但它既不能很好地承受超出其工作范围的温度,也不能很好地承受温度的不均匀分布。温度的安全范围根据所使用的化学物质的不同而不同,范围从-40~60℃。然而,为了获得最佳的输出性能,电池温度需要调节在电动汽车应用的理想工作范围内(15~35℃)。当长时间频繁出现温度失调时,会产生一些不利影响,对电池性能、生命周期有害,甚至可能导致安全问题,从而影响动力蓄电池组的整体效率和性能,进而影响动力蓄电池组和电动汽车。

特斯拉 Model S 使用了以间接液体冷却为主的热管理系统,它通过消除电池组内部的热量来确保电池组的温度保持在一定阈值以下。图4-14所示为在模块内部输送冷却液的热交换器管道。冷却管覆盖有导热和电绝缘材料,可调节模块

内部的温度，同时也将电池彼此隔离。在弯曲处，使用了橙色绝缘胶带，这种材料称为 Kapton 胶带，用于提高绝缘性。特斯拉动力蓄电池组中使用的冷却剂是水和乙二醇的溶液。图 4-15 显示了溶液流过动力蓄电池组时温度如何升高。

图 4-14　热交换器管道

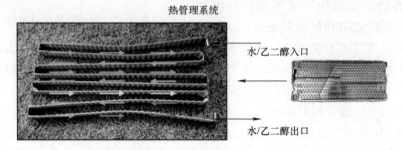

图 4-15　溶液流过动力蓄电池组时温度如何升高

对动力蓄电池模组进行高强度测试后对不同区域的温度进行监测。测试以 20℃ 的初始温度开始，并进行 250A 充电和放电循环。蓝线表示冷却剂入口，红线表示冷却剂输出。每个模块中电池的最高和最低温度如图 4-16 所示。从图中可以清楚地看出不同模块之间存在低温偏差。保持相近的温度也很重要，因为它会影响电池的内阻，从而影响动力蓄电池组的整体特性。

装有水-乙二醇溶液的管道采用获得专利的波浪形设计，增加了包装的表面积和包装效率。图 4-17 取自特斯拉冷却液管波浪形设计的专利文件。

另一方面，汽车空调系统需要提供必要的加热、通风和空调，以确保驾驶舱内的舒适环境和足够的能见度（除雾和除冰），调节乘员舱的空气温度和湿度，以满足乘客的热

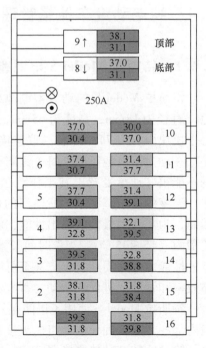

图 4-16　实验后电池模组的温度数据

舒适性，确保驾驶安全。对车内温度的不合理调节会导致能量的浪费，进而使续驶里程减少。在加热技术类型方面，特斯拉 Model S 建议使用座椅加热器代替车厢加热，以减少其用户的能源消耗。

4.4.2 宝马 i3 电池能量管理方案

1. 冷却系统

1）i3(i01) 的动力蓄电池单元直接通过制冷剂进行冷却。空调系统的制冷剂循环回路由两个"并联"支路构成：一个用于车内冷却，一个用于高电压蓄电池单元冷却。两个支路各有一个膨胀和截止组合阀，用于相互独立地控制冷却功能，如图 4-18 所示。蓄能器管理电子装置可通过施加电压控制并打开膨胀和截止组合阀，这样可使制冷剂流入高电压蓄电池单元内，在此膨胀、蒸发和冷却。进行冷却时，电池将热量传递至制冷剂，使制冷剂温度升高，在冷凝器内制冷剂会重新变为液态，可使其能够继续吸收热量。通过这种方式可产生约 1000W 的最大冷却功率，反过来说，动力蓄电池可排放出最高 1000W 的热功率。当然只有在车外温度极高且驱动功率较高的情况下才需要上述最大冷却功率。

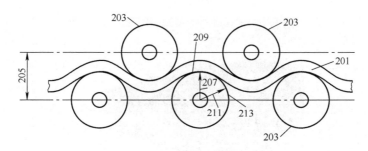

图 4-17　特斯拉冷却液管波浪形设计

2）为了通过制冷剂对电池进行冷却，在电池模块下方带有由铝合金平管构成的热交换器，它与内部制冷剂管路连接在一起。动力蓄电池的整个加热/冷却系统和冷却组件如图 4-19 所示。

2. 加热装置

如果将 i3（i01）的动力蓄电池长时间放置在 0℃ 以下的低温户外环境，应在行驶前将电池加热至最佳温度水平，以保障电池的稳定、高效运行。对电池进行加热时会启用高电压系统并使电流经过加热丝网，该网沿冷却通道布置（图 4-20）。由于冷却通道与电池模块接触，因此加热线圈产生的热量会传至电池模块。

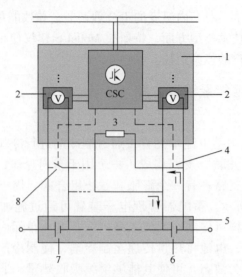

图 4-18 空调系统制冷剂循环回路

1—制冷剂循环回路内的冷凝器　2—用于车内空间的制冷剂循环回路电风扇　3—电动制冷剂压缩机　4—干燥器瓶　5—动力蓄电池单元　6—制冷剂循环回路内的膨胀和截止组合阀（用于冷却动力蓄电池）　7—热交换器　8—车内鼓风机

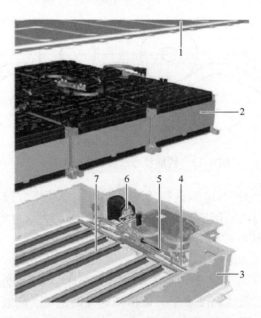

图 4-19 动力蓄电池加热/冷却系统及其冷却组件

1—动力蓄电池盖板　2—电池模块　3—动力蓄电池壳体　4—制冷剂回流管路　5—制冷剂供给管路　6—膨胀和截止阀连接法兰　7—热交换器

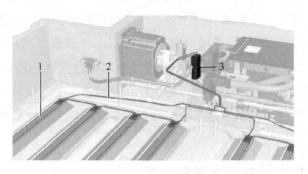

图 4-20 加热丝网

1—加热线圈 2—接口 3—高电压加热装置插头

3. 热交换器

在动力蓄电池单元内部，制冷剂在管路和铝合金冷却通道内流动。通过入口管路流入的制冷剂直接在动力蓄电池单元接口处分入两个供给管路，之后再次分别进入两个冷却通道并在其内吸收电池模块的热量。在冷却通道末端制冷剂被输送至相邻冷却通道内，由此回流并继续吸收电池模块的热量，如图 4-21 所示。

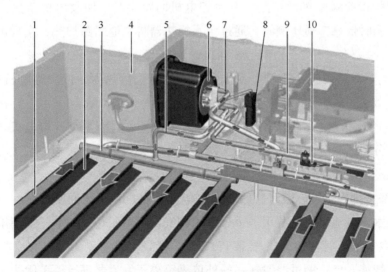

图 4-21 制冷剂的流动路线

1—热交换器 2—弹簧条 3—冷却通道连接装置 4—动力蓄电池壳体 5—制冷剂供给管路
6—膨胀和截止阀连接法兰 7—制冷剂回流管路 8—电气加热装置插头 9—制冷剂供给管路
10—制冷剂温度传感器

最后带有制冷剂的四个管路段重新汇集到一起，由一个共同的回流管路通到抽吸管路接口处。在其中一个供给管路上还有一个温度传感器，传感器信号用于控制和监控制冷剂温度，该信号直接由蓄能器管理电子装置（Speicher Management Elektronik，SME）控制单元读取。为了确保冷却通道完成为电池模块散热的任务，必须以均匀分布的作用力将冷却通道压到电池模块上，该压紧力通过嵌有冷却通道的弹簧条产生。弹簧支撑在动力蓄电池单元壳体上，从而将冷却通道压到电池模块上。

4.4.3 小鹏 P7 电池热管理系统方案

小鹏 P7 电池热管理系统主要包括以下 6 个部分。

1）空调热舒适性系统，主要是空调制热、制冷、除湿、前风窗玻璃除雾、车内温度以及空气循环的智能调节等。

2）电池加热冷却系统，应用 1 个四通换向阀和 2 个三通比例阀，实现电池和电机回路的串并联，从而实现余热回收和电池中温散热功能。高温时，依靠电池换热器，靠制冷剂给电池强制冷却。中温时，依靠四通换向阀将电池回路与电驱回路串联，通过前端低温散热器散热，可以节省电动压缩机功耗。低温时依靠三通比例阀将低温散热器短路，电池和电机回路串联，回收电机余热给电池保温。超低温时依靠三通比例阀，通过水水换热器将电池回路加热，实现电池的快速升温。

3）电驱冷却系统，依靠电动水泵，通过低温散热器，依次给电机控制器、电机进行散热。

4）XPU、大屏主机散热，通过温度及温升速率判断是否开启电机水泵，从电机回路分流一部分流量到 XPU、大屏主机水冷板进行冷却，通过散热器或旁通进行散热。

5）补水排气系统，通过膨胀水箱与电池、电机、暖风回路连接，分别为三个回路补水，电池和电驱共用一个分水箱排气，暖风回路用一个分水箱排气。

6）空气质量管理系统，依靠 PM2.5 传感器实时监测，并且在中控大屏显示，然后智能开启空调过滤空气；另外依靠等离子发生器进行杀菌除尘和净化空气；依靠空气质量控制系统（Air Quality System，AQS）传感器进行尾气防护。

整个热管理系统的水路是相连通的，通过三通和四通水阀实现串联和并联模式。热管理系统的框图如图 4-22 所示。

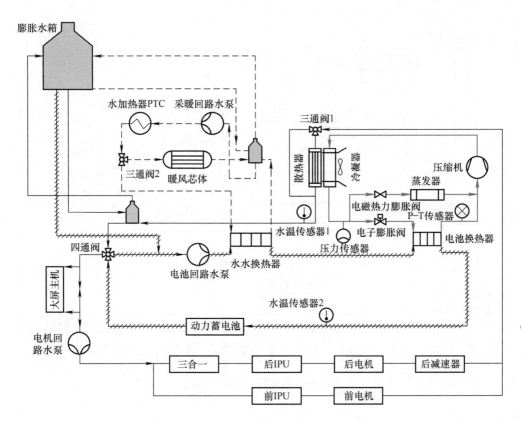

图 4-22 热管理系统框图

小鹏 P7 的电池冷却控制原理如图 4-23 所示。

电池冷却分为两种:

1) 充电场景。在该模式下 BMS 判断电池冷却需求, VCU 判断是否满足电池冷却的条件, HVAC 综合环境温度、电池回路水温、电机回路水温, 判断是否使用压缩机冷却, 从而驱动水阀、压缩机, 发出水泵、风扇请求。该冷却回路为: 压缩机→冷凝器→电子膨胀阀→电池换热器→压缩机。

2) 行车场景。VCU 判断是否满足电池冷却的条件, HVAC 综合环境温度、电池回路水温、电机回路水温, 判断是否使用压缩机冷却, 从而驱动水阀、压缩机, 发出水泵、风扇请求。该冷却回路为: 动力蓄电池→电池回路水泵→水水换热器→电池换热器。

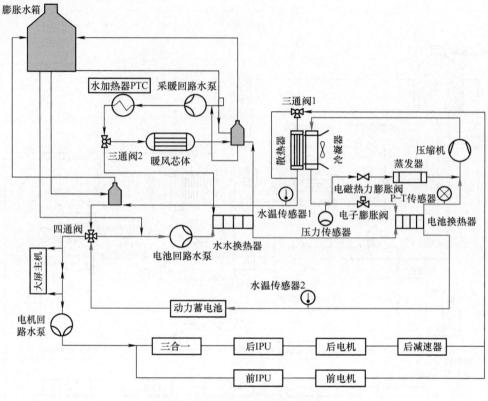

图 4-23 电池冷却控制原理图

第5章 混合动力汽车能量管理

1898年，德国著名汽车工程师、保时捷公司创始人，费迪南德·保时捷（Ferdinand Porsche）设计了一款电动机安装在汽车轮毂内、同时安装有内燃机和铅酸电池的汽车，该车型取名为Lohner – Porsche Mixte Hybrid，该车时速可达56km，采用串联式架构，是世界上第一款混合动力汽车。随着内燃机技术的成熟，在整个20世纪，几乎所有的汽车都采用内燃机作为单一动力源。在经历石油危机后的20世纪90年代末，日本丰田公司研制了世界上第一款商用混合动力汽车普锐斯（Prius），几年后经技术改进的第二代车型取得了巨大的商业成功，丰田将这套混合动力系统取名为THS（Toyota Hybrid System）。混合动力汽车没有舍弃内燃机，是一种介于传统燃油汽车和纯电动汽车之间的中间形态。相比于传统内燃机汽车，混合动力汽车通过电机和电池调整发动机运行状态从而达到更好的燃油经济性，相比于纯电动汽车，混合动力汽车则可以有效消除里程焦虑，因此在纯电动汽车电池、充电等问题未完全解决前，混合动力汽车是一种理想的过渡汽车类型。

5.1 混合动力汽车的基本构型及工作模式

混合动力汽车有多种分类方式，按照混合动力系统的构型可以分为串联式混合动力汽车、并联式混合动力汽车和混联式混合动力汽车；按照电力参与驱动的程度可分为微混、轻混和重混；此外，还将可以外接电网对电池进行充电的混合动力汽车称为插电式混合动力汽车，将发动机仅用于发电，为电机提供辅助动力的混合动力汽车称为增程式混合动力汽车。

5.1.1 串联式混合动力汽车的构型及工作模式

1. 串联式混合动力汽车结构

串联式混合动力汽车发动机仅与发电机直连发电，发动机与传动系统不存在机械连接，功率变换器将发电机输出的电力经整流调压后输出给驱动电机，其结构形式如图5-1所示。发动机根据驾驶人的驾驶意图以及道路情况自由调整运行工况，同时带动直连的发电机旋转发电对外输出动力。与传统内燃机汽车或其他类型的混合动力汽车不同，串联式混合动力汽车中发动机的机械运动结构与底盘传动系统完全解耦，发动机与发电机共同组成了串联式混合动力汽车的动力源。

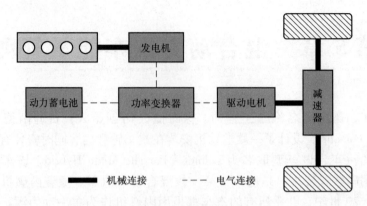

图 5-1 串联式混合动力汽车构型

动力蓄电池用于储存发动机-发电机组发出的多余的电力,经变压后为整车电器设备供电,当发动机-发电机组无法满足当前功率需求时,动力电池可以补充功率输出。功率变换器可以控制电池在动力系统中的充放电情况并控制发动机-发电机与电池之间输出功率的比例。驱动电机是整车的直接动力源,它通过发动机-发电机或电池输出电力驱动,因此串联式混合动力汽车最终的驱动力直接来源于电力。

相比于传统内燃机汽车,串联式混合动力汽车至少增加了一台大功率发电机、一台大功率驱动电机以及一个能量存储单元即动力蓄电池。发动机仅与发电机直连组成发动机-发电机组发电,与传动系统不存在机械连接,因此发动机的转速、转矩与行驶工况没有直接联系,可以综合驾驶人驾驶意图、电池 SOC 以及整车工作模式等因素将发动机控制在其万有特性曲线图内任意一个经济工况点工作,使发动机工作在最佳运行工况。此外这种发动机与传动系统机械解耦的连接方式也可以很大地减少发动机瞬态响应需求,可以使发动机进行最优的喷油和点火控制,使其工作在最佳工况点。

2. 串联式混合动力汽车工作模式

串联式混合动力汽车根据不同的行驶条件和驾驶人的意图,其动力系统可以有多种工作模式,通过选择最优的工作模式,汽车在行驶过程中可以达到提高燃油经济性,减少排放的目的。串联式混合动力汽车的主要工作模式包括:纯电驱动工作模式、发动机单独驱动工作模式、联合驱动工作模式、行车充电工作模式、混合充电工作模式、再生制动工作模式和停车充电工作模式。

(1) 纯电驱动工作模式

如图 5-2 所示,纯电驱动工作模式是指当动力蓄电池 SOC 较高、汽车处于低速工况或者汽车起动时,为了避免发动机运行在燃油经济性较差的区间,关闭发动机-发电机组,仅由动力蓄电池通过功率变换器向驱动电机供电,驱动车辆行驶。

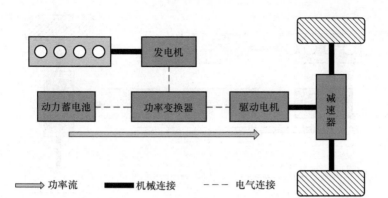

图 5-2　串联式混合动力汽车纯电驱动工作模式

（2）发动机单独驱动工作模式

如图 5-3 所示，当汽车在行驶工况中，发动机可在高效区间工作且动力蓄电池 SOC 较高时，由发动机 – 发电机组单独提供电能，驱动车辆行驶。此时，动力蓄电池系统既不供电也不从传动系统中获取能量。该模式为发动机单独驱动工作模式。

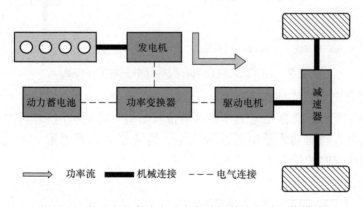

图 5-3　串联式混合动力汽车发动机单独驱动工作模式

（3）联合驱动工作模式

如图 5-4 所示，当车速较高、整车需求功率较大，且动力蓄电池 SOC 较高时，发动机和动力蓄电池联合输出功率，共同向驱动电机提供电能，驱动车辆行驶。该模式为联合驱动工作模式。

（4）行车充电工作模式

如图 5-5 所示，当动力蓄电池 SOC 较低时，发动机提高驱动功率，发动机 – 发电机组除了向驱动电机提供电能驱动车辆行驶外，同时向动力蓄电池系统充电。该模式为行车充电工作模式。

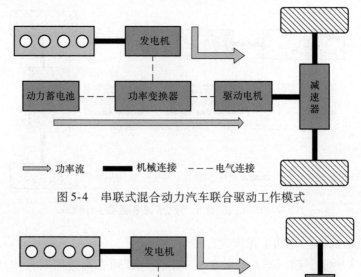

图 5-4 串联式混合动力汽车联合驱动工作模式

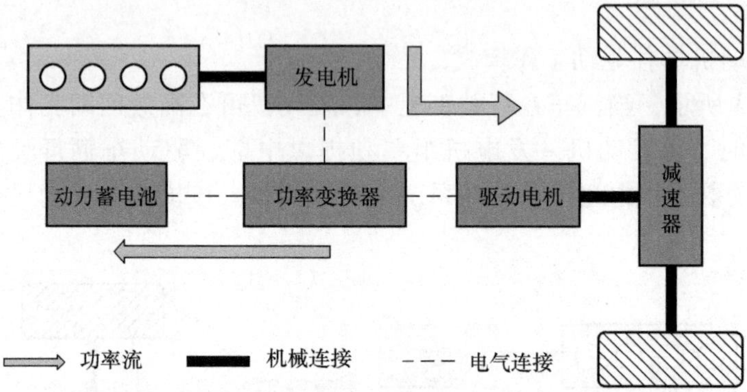

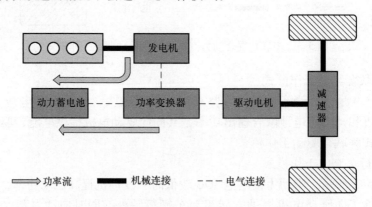

图 5-5 串联式混合动力汽车行车充电工作模式

（5）混合充电工作模式

如图 5-6 所示，混合充电工作模式是指发动机－发电机组和运行在发电状态下的驱动电机共同向动力蓄电池系统充电，通常在动力蓄电池 SOC 较低且车辆处于再生制动减速的情况下会进入此工作模式。

图 5-6 串联式混合动力汽车混合充电工作模式

(6) 再生制动工作模式

如图5-7所示,再生制动工作模式是指在汽车制动或减速行驶且动力蓄电池SOC没有超过上限时,关闭发动机-发电机组,驱动电机工作在发电状态,通过电磁力矩消耗整车动能并将其转化为电能向动力蓄电池充电。

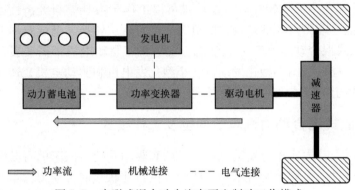

图5-7 串联式混合动力汽车再生制动工作模式

(7) 停车充电工作模式

如图5-8所示,当车辆停止行驶且动力蓄电池SOC较低时,利用发动机-发电机组向动力蓄电池进行充电。

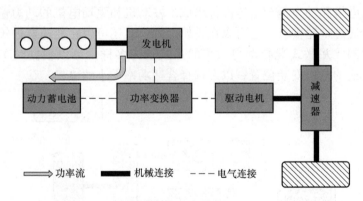

图5-8 串联式混合动力汽车停车充电工作模式

3. 串联式混合动力汽车特点

(1) 串联式混合动力汽车的优势

1) 串联式混合动力汽车的发动机与底盘传动系统不存在机械耦合,因此在满足功率需求的情况下,可以控制发动机运行在燃油经济性较好的工况点。

2) 串联式混合动力汽车整体结构较为简单,驱动仅来源于驱动电机,整车动力系统控制相比于其他类型的混合动力汽车较为简单。

3) 串联式混合动力汽车相比于传统内燃机汽车,可以在低速或起动过程中使用纯电驱动工作模式,提高了燃油经济性。

(2) 串联式混合动力汽车的劣势

1) 串联式混合动力汽车在搭载较小容量的动力蓄电池时,发动机的运行工况仍需要跟随外部工况需求改变,造成燃油经济性下降。

2) 当外部功率需求较高时,发动机可以工作于最佳燃料经济性区间,但是由于串联式混合动力汽车的结构,能量需要经过两次转换,造成效率下降。

3) 串联式混合动力汽车的发动机、发电机、驱动电机都需要覆盖整车的所有功率需求,难以选用小型化发动机、小型化发电机和驱动电机,造成应用在体积较小的车辆上时存在布置困难的情况。

5.1.2 并联式混合动力汽车的构型及工作模式

并联式混合动力汽车有发动机和电机两套驱动系统,汽车的行驶驱动力由发动机、电机通过动力耦合装置单独或联合提供。并联式混合动力汽车对于各种复杂的工况有较好的适应能力,并且可以根据电机安装位置、电机功率大小等条件的不同组成种类多样的并联式混合动力系统。

1. 并联式混合动力汽车结构

并联式混合动力汽车结构如图 5-9 所示,其动力系统主要由发动机、动力蓄电池、驱动电机和动力耦合器等部件组成。发动机和驱动电机的动力输出可以在发动机前端通过带轮耦合,也可以在飞轮处耦合,还可以在变速器内等位置进行动力耦合,因此并联式混合动力系统的形式较为多样。可以根据整车的设计需要,确定合适的电机安装位置,以及选择合适功率大小的电机。

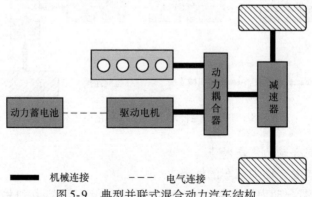

图 5-9 典型并联式混合动力汽车结构

当车辆在较小负载工况下运行时,传统内燃机汽车的燃油经济性较差。并联式混合动力汽车基于混合动力传动系统,在动力传动系的某个环节通过机电耦合装置引入电驱动力,并通过电驱动力的驱动和发电机调控发动机输出转矩,使发动机稳定工作于高效区,将多余的负荷给动力蓄电池充电。当整车运行在中高速

第5章 混合动力汽车能量管理

时,发动机可以直接为整车提供驱动力,避免因能量多次转换产生的浪费。由于机电耦合的形式和位置多样,以及电驱动的功率等级不同,并联式混合动力汽车的动力传动形式、工作模式、控制策略和集成方案的差别较大。

动力耦合器有转矩耦合、转速耦合和功率耦合三大类,并联式混合动力汽车主要采用转矩耦合型动力耦合器,例如同轴转矩叠加、双轴齿轮或带轮转矩耦合等形式,发动机和驱动电机之间的转速相等或保持固定比例,但两者产生的转矩是自由变量,其转速、转矩关系可以表达为

$$T = \eta_e T_e i_e + \eta_m T_m i_m \tag{5-1}$$

$$n = \frac{n_e}{i_e} = \frac{n_m}{i_m} \tag{5-2}$$

式中,T、T_e、T_m 为动力耦合器的总输出转矩、发动机输出转矩、电机输出转矩;n、n_e、n_m 为动力耦合器输出转速、发动机转速和电机转速;η_e、η_m 为发动机、电机与动力耦合器之间的机械传动效率;i_e、i_m 为发动机、电机的动力输出端齿轮与动力耦合器齿轮的齿数比。

2. 并联式混合动力汽车工作模式

并联式混合动力汽车中的发动机和驱动电机可以同时或分别单独提供驱动力,因此并联式混合动力汽车动力系统自由度高,有多种工作模式,较为典型的工作模式有纯电驱动工作模式、发动机单独驱动工作模式、联合驱动工作模式、行车充电工作模式、再生制动工作模式和停车充电工作模式。

并联式混合动力汽车的典型工作模式分类与串联式混合动力类似,但是由于两者在结构上存在较大差异,在同一种工作模式内,不同部件的工作状态差异较大。即使同为并联式混合动力汽车,由于其电池大小、混动系统构型的不同,不同车辆在同一种工作模式内各部件的工作状态也会存在较大的差异。

(1) 纯电驱动工作模式

纯电驱动工作模式如图 5-10 所示。当电池电量充足时,并联式混合动力汽车可以实现纯电驱动工作模式,驱动力全部来源于电池提供的电能,发动机停止工作,某些系统构型下,发动机可以脱离动力耦合器避免空转带来额外的电力消耗。对于电池容量较小的并联式混合动力汽车,只能在起步、低速等低负荷情况下实现纯电驱动;目前市面常见的并联式混合动力汽车,通常搭载了一块容量较大、支持几十千米纯电续驶的动力蓄电池,这种类型的并联式混合动力汽车,在电量充足时,可以在绝大部分工况下实现纯电动行驶,部分车型纯电行驶车速可超过 100km/h,纯电续驶里程超过 100km。

(2) 发动机单独驱动工作模式

发动机单独驱动工作模式如图 5-11 所示。当并联式混合动力汽车处于中高速平稳行驶状态时,发动机可以工作于经济区间,此时若使用电池驱动,则会快

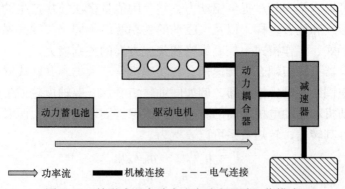

图5-10 并联式混合动力汽车纯电驱动工作模式

速消耗电池电量,因此在这种情况下可由发动机单独工作驱动车辆行驶,可以保证较好的燃油经济性。

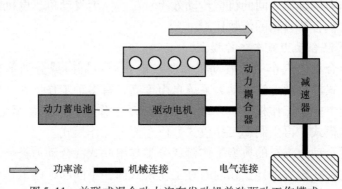

图5-11 并联式混合动力汽车发动机单独驱动工作模式

(3) 联合驱动工作模式

联合驱动工作模式如图5-12所示。当驾驶人猛踩加速踏板,并联式混合动力汽车处于急加速或爬坡模式时,发动机和驱动电机均处于工作状态,两种输出功率叠加,为车辆提供急加速或爬坡的功率需求,在这种情况下,车辆能达到最佳的动力性。

(4) 行车充电工作模式

行车充电工作模式如图5-13所示。当并联式混合动力汽车处于正常行驶状态时,若动力蓄电池SOC未达到最高限值,发动机在提供驱动车辆所需的动力外,多余的能量可通过发电机给动力蓄电池充电。该工作模式通常需要驾驶人手动开启,在中高速行驶过程对动力蓄电池进行充电,在进入拥堵的城市道路后关闭该模式并进入纯电工作模式,可以获得较好的综合燃油经济性。

(5) 再生制动工作模式

再生制动工作模式如图5-14所示。当并联式混合动力汽车处于制动强度不

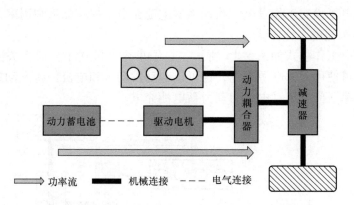

图 5-12　并联式混合动力汽车联合驱动工作模式

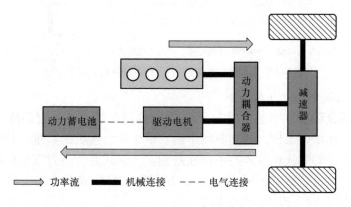

图 5-13　并联式混合动力汽车行车充电工作模式

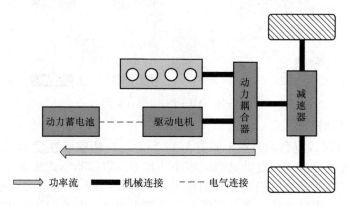

图 5-14　并联式混合动力汽车再生制动工作模式

大的减速过程时，利用电机电磁力矩反拖不仅可以有效地辅助制动，还可以使驱动电机以发电机模式工作发电,给动力蓄电池充电,提高能量利用率。

(6) 停车充电工作模式

停车充电工作模式如图 5-15 所示。在停车充电模式中,通常关闭发动机和驱动电机,可使用外部电源充电,也可以起动发动机和电机,将发动机工作区抬升至较高效率区间并拖动电机为动力蓄电池充电。

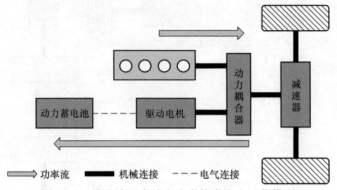

图 5-15 并联式混合动力汽车停车充电工作模式

3. 并联式混合动力汽车构型

并联式混合动力汽车有发动机和驱动电机两个动力源。它们既可以分开工作,也可以一起协调工作,共同驱动车辆。由于驱动电机的数量、种类,传动系统的类型、部件的数量和位置关系存在差别,并联式混合动力汽车构型具有多样性。根据驱动电机位置的不同,如图 5-16 所示,并联式混合动力汽车动力系统可分为 P0、P1、P2、P3 和 P4 等构型。

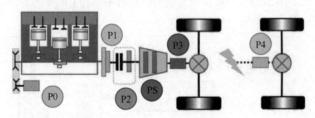

图 5-16 P0~P4 构型示意图

(1) P0 构型

P0 构型并联式混合动力汽车如图 5-17 所示,电机安装在发动机前端,以带传动或齿轮连接等形式与发动机曲轴相连,其中以带传动形式兼顾起动和发电的电机称为带传动起动发电机,英文简称 BSG(Belt-driven Starter Generator)。当发动机运行时,带动电机发电,可搭配一块较小容量的电池实现汽车起停功能以及部分发动机部件电气化。在发动机运行时,会有少量能量传递至电机发电,由于带传动连接效率有限,因此 P0 构型通常以 12~25V 微混和 48V 轻混为主,或与其他构型配合使用。

第 5 章　混合动力汽车能量管理

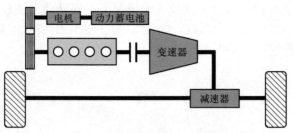

图 5-17　并联式混合动力汽车 P0 构型

48V 轻混系统主要优势在于：

1）燃油经济性提升。得益于 48V 系统可以使得车辆实现滑行起停、制动能量回收，可将水泵、空调等原本由发动机直接带动的附件电气化，减小发动机负荷。

2）动力性提升。在车辆加速过程中 BSG 能提供额外的转矩，可减少发动机急加速负荷下的喷油量。此外，如图 5-18 所示，在博格华纳等公司研发的 48V 轻混系统中，可以用电机完成"电子增压"，改善涡轮迟滞。

奥迪 Q7 配备的 48V 轻混系统如图 5-19 所示，该系统使用了一台大排量的 3.0T V6 涡轮增压发动机，电机通

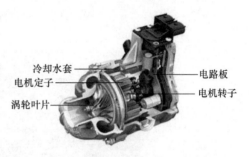

图 5-18　博格华纳 48V 电子涡轮

过带传动在发动机前端与曲轴连接，而动力蓄电池则安装在空间富余的车厢后侧，通过使用 48V 轻混系统，该车油耗可以低至 9.3L/100km。在起步阶段，奥迪 Q7 的 48V 轻混系统电机可以提供 12kW 和 60N·m 的动力辅助，提升整车起步阶段动力响应，此外该电机可以实现最大 12kW 的制动能量回收。

图 5-19　奥迪 48V 轻混系统

因此48V系统可以在增加少量成本的情况下,提升动力性和燃油经济性,是目前使用较多的一种混合动力形式。如图5-20、图5-21所示,奔驰A级、B级,吉利嘉际等车型都使用了48V轻混系统。

图5-20 吉利嘉际48V轻混系统

图5-21 奔驰B级48V轻混系统

(2) P1构型

P1构型中,电机位于发动机后、离合器前,与发动机输出轴刚性相连,也将该电机称为起/发一体化电机(Integrated Starter and Generator, ISG)。该电机通常与飞轮一体化设计,具有发动机起停和制动能量回收功能,同时也可辅助输出动力,但一般无法用于单独电力驱动。如图5-22所示,P1构型中,ISG电机位于发动机曲轴输出端,通常与飞轮一体化设计,或直接取代传统飞轮。

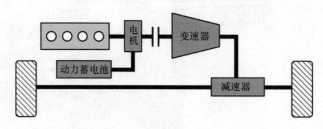

图5-22 并联式混合动力汽车P1构型

第5章 混合动力汽车能量管理

如图5-23所示，P1构型的车辆在发动机运行时，同轴驱动电机转子转动，因此机械效率较高，除应用在微混、弱混外，也可以应用在100~200V的中混系统中。P1构型中，发动机和电机的动力在发动机输出轴上耦合，然后通过由离合器、变速器、驱动桥和半轴组成的传统驱动系统驱动车辆行驶，这称为发动机轴动力组合式并联混合动力系统。

如图5-23所示，P1构型的电机与发动机曲轴必须同轴同步转动，电机需要有较大的转矩和体积，同时还要考虑尺寸约束等，因此设计成本较高。此外P1系统构型不适合电机功率更大、动力蓄电池容量更高的强混系统，只要电机旋转，发动机曲轴就必须旋转，因此电机单独驱动车轮难度大，通常不能实现纯电驱动工作模式。在动能回收时，由于必须带动曲轴空转，会浪费动能并增加发动机噪声和振动。

图5-23 P1构型动力系统实物

目前，部分公交车采用P1构型，此外本田IMA混合动力系统和奔驰S400混合动力汽车采用了P1构型布局。本田IMA混合动力系统总成如图5-24所示，该系统已应用在Civic、Insight、CR-Z和Fit等多款车型上。该系统采用1.5L的i-VTEC发动机，最大功率83kW，最大转矩145N·m。IMA混合动力系统的电机安装在离合器前，发动机输出轴上，电机较薄、结构紧凑，因此也被称为"薄片电机"。在CR-Z上使用的电机最大功率10kW，最大转矩78N·m，该电机主要起到提供辅助动力的作用，但其在特定工况（低速行驶）下仍能实现单独驱动，因此被划分至中度混合动力汽车类别。

图5-24 本田IMA混合动力系统总成

奔驰S400混合动力汽车驱动系统及动力总成结构如图5-25~图5-27所示，

该混合动力系统搭载一台 3.5L V6 汽油发动机，电机可以产生 15kW 功率和 160N·m 转矩，整车 NEDC 油耗仅为 7.9L/100km，该电机为永磁同步电机，安装在曲轴上并有 32mm 的有效长度。该系统可以实现起停、辅助动力提供、能量回收等功能，此外还具有减振元件，可降低扭转振动。

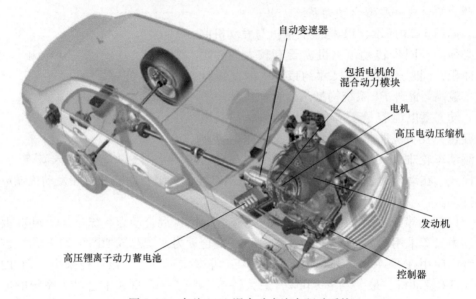

图 5-25 奔驰 S400 混合动力汽车驱动系统

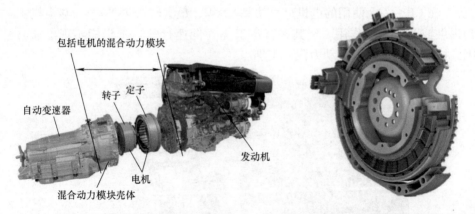

图 5-26 奔驰 S400 混合动力总成　　图 5-27 奔驰 S400 混合动力模块中的电机

（3）P2 构型

P2 构型如图 5-28 所示，电机位于发动机与变速器之间，离合器后。电机和发动机可以通过离合器控制进行单独或联合驱动，在动能回收时可切断与发动机的连接，同时，还能与现有的变速器很好地集成。该构型是被汽车厂商采用较多的构型。

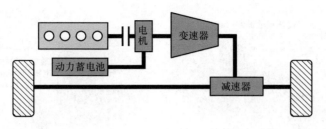

图 5-28　并联式混合动力汽车 P2 构型

相比 P1 构型，P2 构型最大的区别在于电机与发动机之间有离合器，在纯电动模式下，电机可以单独驱动车轮，在回收动能时也可切断与发动机的连接。此外，由于动力经过变速器后传递至轮端，变速器的所有档位均可被电机利用。通常，还会在电机与变速器之间再增加一个离合器。

舍弗勒的 P2 构型解决方案已经比较成熟，如图 5-29 所示，这款 P2 高压混合动力模块可安装在发动机和变速器之间。它以一种创新性的方式来分配动力走向，电机作为起动机时，转矩由电机向发动机方向传递，经可分离式离合器，最大可传递 300N·m 的转矩。在发动机向变速器侧输出动力时，通过单向离合器传递转矩，最大可至 800N·m。如图 5-30 所示，奥迪 A3 e–tron 采用了舍弗勒 P2 高压混合动力模块，此外长安逸动 PHEV、大众捷达（速腾）、保时捷卡宴混合动力版也采用了舍弗勒 P2 高压混合动力模块。

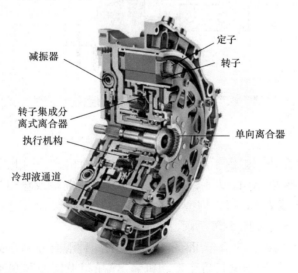

图 5-29　舍弗勒 P2 高压混合动力模块

P2 构型的优势在于灵活性强，总布置灵活，轴向空间占用小，降低了开发难度。P2 构型电机位于动力传动轴上、变速器前，变速器所有档位都可被电机

图 5-30 奥迪 A3 e-tron 混合动力模块

利用,因此电机本身不需要太大的转矩,可以节省成本、减小电机的体积。

(4) P3 构型

P3 构型如图 5-31 所示,电机位于变速器输出端,通过齿轮或链条与发动机同源输出,P3 构型最主要的优势是较高的纯电驱动和动能回收的效率,此外也有急加速表现好等优势。对于插电式混动系统而言,纯电驱动工况所占比例较高,而纯电驱动或能量回收工作时经由变速器传动的混动构型存在一定的能量损耗,因此 P3 构型具有更高的驱动和能量回收效率。

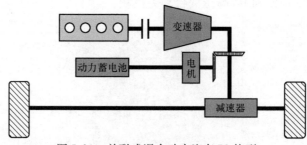

图 5-31 并联式混合动力汽车 P3 构型

P3 构型也存在缺点:由于电机与变速器输出轴相连,因此电机无法用于起动发动机。如需要实现起停功能,则还需要在发动机前端或输出端再增加一台电机,构成 P0-P3 或者 P1-P3 构型。P3 构型的空间布置较适合后驱车型,奥迪 P3 构型混合动力系统如图 5-32 所示。

P2.5 又称 PS 构型,是介于 P2 和 P3 之间的一种混合动力形式,就是将电机整合到变速器内,相比于电机置于发动机输出端的 P1 构型和变速器输入端的 P2 构型,P2.5 构型在油电衔接瞬时冲击方面更具优势。相比于 P3 构型,P2.5 构型可将电机的转矩通过变速器多档放大,不仅能让电机经济运行区域更广,而且选型时也可以考虑采用功率更小的电机。

图 5-32 奥迪 P3 构型混合动力系统

如图 5-33、图 5-34 所示，吉利在博瑞、领克等多款车型的 PHEV 版本上采用的动力系统是 1.5T + 7DCT 的 P2.5 构型的混合动力系统，该混动系统将电机集成在双离合变速器的偶数档位输入轴上。

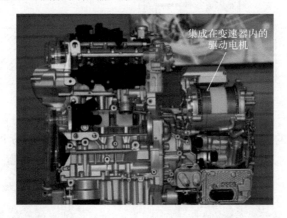

图 5-33 吉利 P2.5 构型混合动力总成

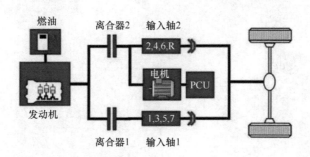

图 5-34 吉利 P2.5 构型电机位置示意图

(5) P4 构型

P4 构型如图 5-35 所示，发动机驱动前轴，而电机位于后桥上，电机与发动机不驱动同一轴，车辆可实现四轮驱动。P4 构型中的电机可以通过链条或齿轮驱动前后轴，也可以使用轮毂电机。由于 P4 构型中，发动机常处于工作状态，在不采用插电混动形式的情况下该构型大多应用于中、弱混合动力系统，当采用插电混动形式时，可以电机后驱为主，在需要提升输出功率时才起动发动机驱动前轴。

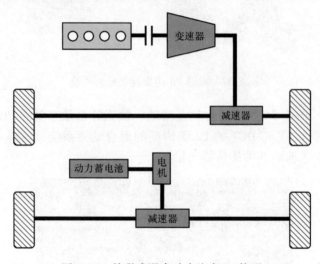

图 5-35 并联式混合动力汽车 P4 构型

采用 P4 构型的代表车型为宝马 i8，如图 5-36 所示，宝马 i8 采用中置 1.5T

图 5-36 宝马 i8 混合动力系统

三缸发动机搭配一台 P0 电机，用于驱动后轴，在前轴处则布置了一台最大功率 97kW，最大转矩 250N·m 的 P4 永磁同步电机。作为一台插电式混合动力车型，宝马 i8 可以在纯电与混合动力两种驱动方式之间自由切换，纯电模式下车辆完全由前轴的电机带动，而在混合动力下，车辆则会根据不同的驾驶模式调节电机与发动机的工作。宝马 i8 布置在发动机旁边的后置电机不直接参与车轮驱动，主要用作给电池充电，在车辆减速或制动时能够回收制动能量。当三缸涡轮增压发动机出现涡轮迟滞的时候，后置的电机也能够消除该现象，使得汽车起步或低速行驶时更加顺畅。

5.1.3 混联式混合动力汽车的构型及工作模式

混联式混合动力汽车通过行星轮或离合器等动力耦合机构对发动机、发电机和驱动电机进行动力耦合，整车在行驶过程中可通过控制策略实现多种工作模式的切换。混联式混合动力汽车可实现串联、并联混动模式，充分发挥两种混动模式的优点，能够使发动机拥有更好的工况瞬态变化过程，更稳定地工作在经济区间，从结构上保证在更复杂的工况下使系统工作在最优状态。

1. 混联式混合动力汽车结构

混联式混合动力汽车主要部件包括发动机、发电机、驱动电机、动力蓄电池、行星轮或离合器等动力耦合装置等。由于动力耦合装置的形式不同，混联式混合动力汽车的形式较为多样，目前较为主流的方案为串并联式混合动力以及功率分流式混合动力，此外还有双转子电机等方案。

串并联式混合动力系统方案如图 5-37 所示，该方案兼具串联式结构和并联式结构的优势，通过模式离合器的分离与接合来实现串联工作模式和并联工作模式的切换。这种方案结构简单，便于控制，相比串联式结构和并联式结构能更好地发挥混合动力系统经济性优势，同时又避免了复杂动力耦合装置的设计制造和控制难题。

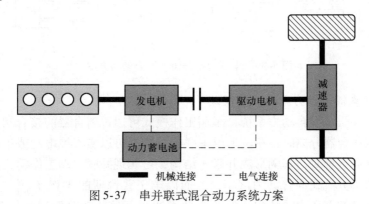

图 5-37　串并联式混合动力系统方案

功率分流式混联方案如图 5-38 所示，混合动力系统包含两台驱动电机、发动机，使用一个行星齿轮组将三者的运动耦合，行星齿轮组的存在省去了模式离合器单元，结构更加紧凑，此类混联方案的主要代表就是丰田的 THS，如图 5-39 所示。该混合动力由单向离合器、输入轴、行星齿轮组、MG1 电机、MG2 电机、减速装置等组成。MG2 电机及其减速装置采用平行轴布局。输入轴向前连接发动机，向后通过一个单向离合器和扭转减振器与行星齿轮的行星架相连；MG1 电机与行星齿轮机构的太阳轮相连；MG2 电机和齿圈分别通过单级齿轮与主减速器输入轴相连。

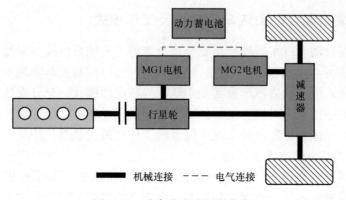

图 5-38　功率分流式混联方案

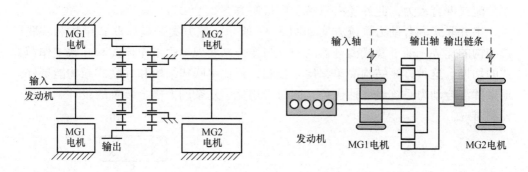

图 5-39　丰田功率分流式混合动力方案

2. 混联式混合动力汽车工作模式

对于串并联式混合动力系统，车辆工作模式可通过离合器的接合状态进行分类判断，当离合器分离时，车辆形成串联式结构，可以实现纯电动或串联工作模式；当离合器接合时，车辆形成并联式结构，可实现并联驱动工作模式。

对于功率分流式混合动力汽车，下面以丰田普锐斯的 THS 为例，介绍其工作模式。在该类型动力系统中，发动机动力通过行星轮架分配给车轮和 MG1 电机，MG1电机主要工作是发电、驱动及调节系统转速，MG2电机则既可提供驱动力也可进行能量回收给电池组充电。

该行星轮外齿圈数为78，太阳轮齿数为30，太阳轮转速、发动机转速和外齿圈转速之间的关系为

$$S = C \times 3.6 - R \times 2.6 \tag{5-3}$$

当MG1电机和MG2电机输出的转矩方向和旋转方向相同时，电机处于电动工作状态，当电机输出的转矩方向和旋转方向不同时，电机处于发电工作状态。

（1）纯电驱动工作模式

根据外部功率需求，THS的纯电驱动模式可以使用MG2电机单独驱动，也可以使用MG2电机和MG1电机共同输出驱动力，此时MG1输出负向转矩可以使单向离合器锁止，行星架固定，齿圈输出正向转矩。

在设定模式为电动模式或当车辆处于起步工况或者低速行驶工况时，整车功率需求较低，可通过MG2电机单独提供驱动力，此时发动机不工作，MG2电机正向旋转并输出正向转矩，MG1电机负向随转。该工作模式下的MG2单电机驱动工作模式如图5-40所示。

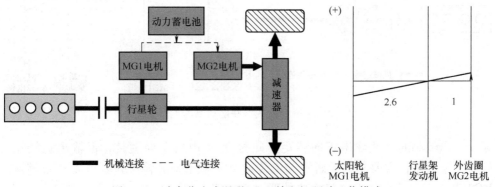

图5-40　功率分流式混联MG2单电机驱动工作模式

在设定模式为电动模式，但外界动力需求较高时，使用MG2电机和MG1电机共同输出驱动力，此时MG1电机负向旋转并输出负向的转矩，可与MG2电机的转矩叠加输出转矩，双电机驱动工作模式如图5-41所示。

在低速倒车行驶时，整车也处于纯电驱动工作模式，以MG2电机单独驱动。在倒车工况时，MG2电机负向旋转并输出负向转矩，发动机不工作，MG1电机不输出转矩并正向随转，倒车工作模式如图5-42所示。

（2）混合驱动工作模式

当纯电驱动无法满足整车功率需求时，车辆会进入混合驱动工作模式，此时发动机起动，与MG2电机一同提供驱动力。

在处于小负荷加速工况时，发动机和动力蓄电池为整车动力源，此时发动机

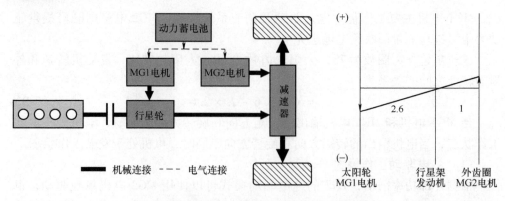

图 5-41 功率分流式混联双电机驱动工作模式

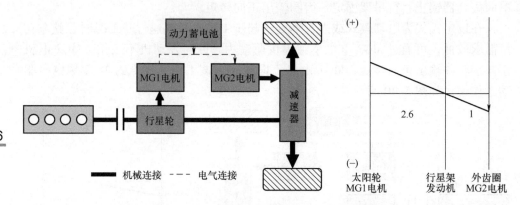

图 5-42 功率分流式混联电动倒车工作模式

起动,以较小的转速输出正向转矩,此时 MG1 电机正向随转,但输出负转矩,处于发电状态,主要起到平衡发动机传递至太阳轮处的转矩并调节发动机转速。MG2 电机正向转动,为整车主要的驱动力来源。此时的功率流和行星轮运动关系如图 5-43 所示。

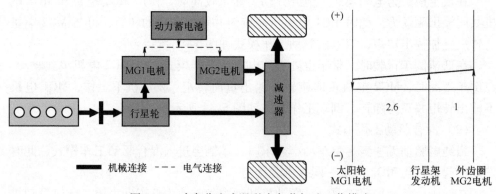

图 5-43 功率分流式混联小负荷加速工作模式

在大负荷加速工况，MG2 电机难以满足整车功率需求，发动机转速提升，进入经济区间，发动机的输出功率大大提升。整车功率流走向与小负荷加速工作模式相同，不同的是发动机转速有较大提升，此时 MG1 电机正向随转，但输出负转矩，处于发电状态。大负荷加速工作模式如图 5-44 所示。

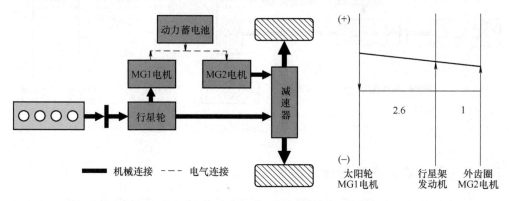

图 5-44　功率分流式混联大负荷加速工作模式

在车辆处于稳定的中高速行驶状态时，发动机和动力蓄电池共同作为整车能量源，发动机起动，输出正向转矩，并传递至太阳轮和齿圈；MG1 电机输出负转矩，负向旋转，处于电动状态；此时为了维持动力蓄电池的电量，MG2 电机输出负转矩，处于发电状态。MG1 电机和 MG2 电机的功率随工况变化，动力蓄电池的输出功率大小和流向不定。高速低负荷工作模式如图 5-45 所示。

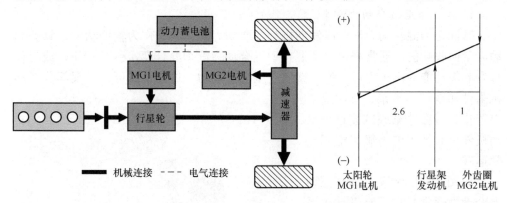

图 5-45　功率分流式混联高速低负荷工作模式

（3）再生制动工作模式

踩下制动踏板，车辆进入再生制动工作模式，此时发动机关闭，MG1 电机随行星齿轮系空转，MG2 电机进入发电工作状态，为电池组充电。该工作模式如图 5-46 所示。

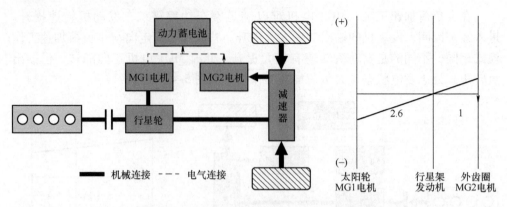

图 5-46 功率分流式混联再生制动工作模式

5.1.4 混合动力汽车的混合度

混合动力汽车的混合度是指混合动力汽车中的电机峰值功率占动力源总功率的比例，其计算公式为

$$\rho = \frac{P_m}{P_e + P_m} \tag{5-4}$$

式中，ρ 为混合度，P_m 为电机峰值功率，P_e 为发动机峰值功率。

混合动力汽车按照混合度来区分没有统一的标准，但可按照混合度的大小大致将混合动力汽车分为微混合、轻混合和重混合等类型。

1. 微混合型混合动力汽车

微混合型混合动力汽车以发动机为主要动力源，电机作为辅助动力，具备制动能量回收功能。通常来说，微混合型混合动力汽车混合度 ρ 小于 10%，或者仅具有起停功能的汽车也可以称为微混合型混合动力。这类车型可以实现部分发动机附件如空调、水泵、机油泵等电气化，可在停车或减速过程发动机停机时使用电力确保空调正常运转。

如图 5-47 所示，微混合型混合动力通常只在原有发动机系统的基础上增加一台 BSG 电机，用该电机来控制发动机的起停，经改造后微混合型混合动力汽车相比传统内燃机汽车燃油经济性可提升 5%~10%。

图 5-47 大众高尔夫 48V 微混合动力系统附件

2. 轻混合型混合动力汽车

轻混合型混合动力汽车以发动机为主要动力源,电机作为辅助动力,在车辆加速和爬坡时电机可提供辅助驱动转矩。轻混合型混合动力汽车的混合度通常大于10%小于30%。

轻混合型混合动力汽车采用了ISG电机,该类型混合动力汽车与微混合型相比,可以实现发动机的动力在车轮的驱动需求和发电机需求之间进行调节。当混合度达到20%以上时,汽车将采用高压电气系统。在汽车急加速或大负荷工况时,电机能够提供辅助动力补充发动机输出的不足。

3. 重混合型混合动力汽车

重混合型混合动力汽车混合度一般在30%以上,通常可以达到50%以上,重混合型混合动力汽车可分别由发动机和电机单独驱动。选择功率较大的电机的车型可以实现100km/h以上的高速行驶,是目前国内市场最主流的混合动力新能源汽车类型。重混合型混合动力汽车采用高压电气系统,部分车型电压可超过600V。

从起步至中高速行驶,重混合型混合动力汽车可以实现纯电动汽车的全部工作模式,只有在急加速、爬坡或动力蓄电池电量不足时才需要起动发动机,电机和发动机同时对车辆提供动力,电机能参与到车辆中低速行驶时的全部工况。重混合型混合动力汽车的关键技术为高压电气系统的IGBT、电机控制技术、大容量动力蓄电池BMS技术等,基本包含纯电动汽车的主要技术。

如图5-48所示,丰田普锐斯是最著名的重混合型混合动力汽车,目前新普锐斯搭载的是一款全新的直列四缸1.8L VVT-i汽油发动机,采用了阿特金森循环技术,最大功率73kW(99PS[⊖]),最大转矩为142N·m,本身相比老款的1.5L发动机在动力上已经有了一定幅度的提升。而配合具有60kW、207N·m动力输出的全新永磁交流电机后,最大功率可以提升至100kW(135PS),最大转矩可提升至207N·m,纯电行驶速度可以达到70km/h以上。

图5-48 丰田普锐斯

⊖ PS为米制马力。

5.1.5 插电式混合动力汽车

插电式混合动力汽车（Plug–in Hybrid Electric Vehicle，PHEV）与常规混合动力汽车的主要区别在于，其动力蓄电池可以通过外接充电线从电网上获取电力补充。此类混合动力汽车可以实现较长距离的纯电续驶里程，在电池电量较低或急加速等工况下才进入混合动力工作模式。

根据国内新能源汽车相关政策，插电式混合动力汽车在 WLTC 标准工况纯电续驶里程大于 50km 以上时，才可以享受新能源汽车免购置税、部分城市免限号限行政策。因此此类车型通常拥有较大容量的动力蓄电池、较大功率的驱动电机以及较为小型化的发动机。为了满足纯电行驶的需要，插电式混合动力汽车各辅助系统均需实现电气化。

2023 年上半年国内新能源汽车市场整体销售 294.36 万辆，其中插电式混合动力汽车销量达到 93.5 万辆，占新能源汽车市场销量 31.8%。比亚迪、长城汽车、吉利汽车等国内龙头自主品牌汽车均推出多款畅销插电式混合动力车型。

如图 5-49 所示，2021 款领克 01 PHEV 标配 1.5T 发动机与电容量为 17.7kW·h 的三元锂电池，1.5T 发动机的最大功率和转矩为 132kW/265N·m，搭配的传动系统是 7 速 DCT。该车型纯电续驶里程为 81km，NEDC 综合油耗达到了 1.4L/100km。

图 5-49　领克 01 PHEV

如图 5-50 所示，比亚迪汉 DM–i 的动力总成搭载了最新的骁云–插混专用涡轮增压 1.5T 高效发动机、超级混动专用功率型刀片电池以及交流永磁同步电机，发动机最大功率 102kW、最大转矩 231N·m，而电机的最大功率为 160kW、最大转矩为 325N·m，NEDC 的纯电续驶里程为 242km，电池容量为 37.5kW·h，综合油耗为 4.5L/100km。

第5章 混合动力汽车能量管理

图 5-50 比亚迪汉 DM-i

如图 5-51 所示,长城魏牌拿铁 DHT-PHEV 搭载由 1.5T 发动机+电机组成的插电式混动系统,系统综合功率 240kW、系统综合转矩 530N·m,与发动机匹配的是 2 档的 DHT 变速器,换档响应十分迅速,可实现无动力中断换档,且支持换档电机补偿预备挂档逻辑,整体平顺性和燃油经济性都有一定提升,WLTC 综合油耗 0.48L/100km、最低荷电状态油耗 5.4L/100km。电池方面则采用了 34kW·h 的三元锂电池组,纯电续驶里程达到了 184km,这样的纯电续驶能力完全可以满足日常通勤需求。

图 5-51 长城魏牌拿铁 DHT-PHEV

5.1.6 增程式混合动力汽车

增程式混合动力汽车从结构上来说属于串联式混合动力汽车,主要不同体现在该种混合动力汽车以动力蓄电池作为主要的能量来源,通常可以实现数百千米的纯电续驶里程,在此基础上增加由小型发动机和发电机组成的增程器,也可称其为辅助动力单元(Auxiliary Power Unit,APU)。当动力蓄电池电量过低时,起动增程器发电，对外输出电力，弥补纯电动汽车续驶里程不足的问题。

在国内市场，已有数款增程式畅销车型在售，其中最具代表性的是理想ONE增程式混合动力汽车，如图5-52所示。理想ONE的动力系统是由三缸直喷1.2T发动机、40.5kW·h的三元锂电池、前100kW后140kW的双电机、100kW·h的发电机组成的。根据不同的使用环境，理想ONE有两种驾驶模式。一种是增程式，增程式是优先用电池中的电力进行行驶，在电池SOC下降到一定程度的时候增程器介入工作，增程器介入工作后1.2T的三缸直喷发动机开始工作，带动发电机给三元锂电池充电。这样的工作方式可以有效地降低油耗。理想ONE的另一种工作模式是混动模式，开启混动模式的前提是动力蓄电池的电量不低于60%，这样的设计是为了确保电池有足够的电量以满足车辆的加速性能。理想ONE的NEDC纯电续驶里程为180km，而综合工况（满油满电）续驶里程可超过800km。

图5-52　理想ONE增程式混合动力汽车

5.2　混合动力汽车的发动机技术

在混合动力汽车上，发动机作为耗油部件，其性能和控制特性直接决定了整车的燃油经济性。由于混合动力汽车相比传统内燃机汽车增加了电驱系统和动力蓄电池，因此如何使发动机更好地与电驱系统、电池的工作特性和状态相匹配是进一步提升燃油经济性的关键。混合动力专用发动机最大的特点是专注于经济性，目标是提高热效率和高效工作区的范围。混合动力汽车发动机的主要特点体现在更高效的热力循环和更先进的控制技术。

5.2.1 阿特金森循环发动机

阿特金森循环发动机是1882年由英国工程师詹姆士·阿特金森发明的。阿特金森循环发动机在运行方面和传统的内燃机没有太大的差别，一样要经历进气、压缩、做功、排气四个行程，不同之处在于其独特的曲柄连杆机构，如图5-53所示，在其运行过程中压缩行程和做功行程是不一样的，压缩行程要短于做功行程。

因为压缩行程短于做功行程，决定了阿特金森循环发动机的膨胀比要大于压缩比，这样能更好地利用燃料在燃烧后废气仍然存在的能量，减少废气带走的能量。

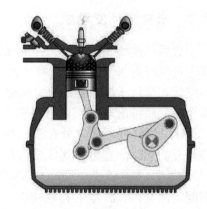

图5-53 阿特金森循环发动机结构示意图

但由于压缩比过大不能使充气效率过高，故整机动力性能较差。虽然提高了效率，但降低了功率密度，其缺点是在低转速时效率低、转矩较低。过长的做功行程使得它不适合在高转速下工作。

如图5-54所示，阿特金森循环发动机与传统内燃机相比，因为它的压缩行程和做功行程不同，就要使用多连杆的结构，所以其活塞连杆组要比传统内燃机复杂，造成成本大大增加。

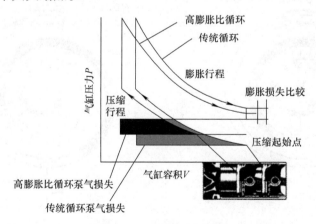

图5-54 阿特金森循环

因为拥有诸多的缺陷，阿特金森循环发动机并不适合作为汽油车的主要动力来源，但在混合动力汽车上阿特金森循环发动机则可以起到更好的节油效果。由于电驱系统的存在，在低速小负荷的工况下，可以使用电驱系统提供车辆驱动力;在中高速、中高负荷的情况下开启发动机,可以有效避开阿特金森循环发动机在低速小负荷下的低效缺陷。

5.2.2 米勒循环发动机

一般奥托循环发动机的工作原理就是基本的进气(混合的燃料与空气由一个或多个进气门进入气缸)、压缩(混合的燃料与空气被压缩)、做功(混合的燃料与空气在接近压缩行程的终点时被火花塞点燃)、排气(燃烧过的废气由一个或多个排气门排出气缸)四行程模式。

而米勒循环的不同之处在于,在进气行程时活塞运动到下止点,但在进气门保持打开的同时活塞进入到压缩行程,直到曲轴通过活塞的下止点后约75°,进气门才关闭,如图5-55所示。简单地说就是在压缩行程中,先延迟进气门关闭的时间,活塞在气缸里上行约40%行程时,才完全关闭进气门。所以部分在气缸内的气体会重新排入进气歧管,并在机械增压的作用下保持气压,故下一个进气行程中可提高进气效率且减少泵气损失。可是,实际上此时进入气缸的压缩空气并没有常规进气行程时的多,反而降低了压缩比。然而,在做功行程中,活塞仍旧由上止点移动至下止点,造成膨胀比大于压缩比的特殊状况。压缩比虽小但油耗仍较低,膨胀比较大所以动力加大,这是为了避免过高的压缩比引起发动机的爆燃现象而采取的设计。

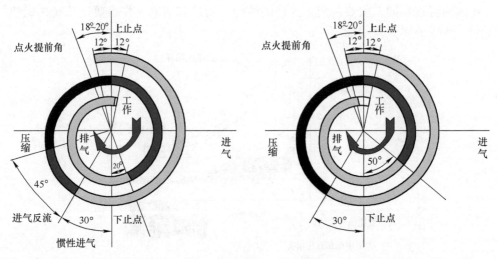

图 5-55 米勒循环(左)与奥托循环(右)

米勒循环发动机具有较高热效率的原因在于其在部分负荷时,工作在最佳膨胀比,燃料热效率高,另一个重要原因就是进气行程没有节气门的节流作用,减少了泵气损失。混合动力汽车在中高负荷下才会起动发动机,可充分发挥米勒发动机热效率高的优点。

三种循环方式的比较如图 5-56 所示。

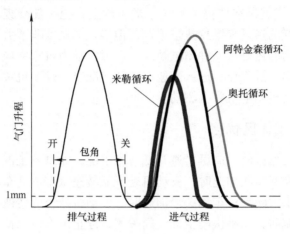

图 5-56　三种循环方式的比较

5.2.3　发动机起停技术

混合动力汽车通常使用一台 BSG 电机或 ISG 电机实现发动机起停功能，发动机起停的工作模式为：在车辆停车或长距离减速时，发动机自动熄火，并经电机控制器精确控制活塞在一个便于快速起动的位置，在驾驶人踩下加速踏板时，电机控制器控制电机带动发动机旋转起动发动机。

起停技术的意义在于取消了整车燃油经济性较差的怠速工况，并使部分发动机附件电气化，减少发动机负荷。目前由博世公司开发的发动机起停系统（ISA）已经在多款发动机上得到应用，其发动机起动时间在 0.3s 内。

5.2.4　发动机闭缸技术

发动机闭缸技术，最早应用于大排量发动机，也被叫作"停缸技术""歇缸技术"或"变缸技术"，目的是在发动机动力过剩时，关闭多余的气缸，降低发动机的油耗。闭缸技术的实现主要有 3 种方式：

1）对特定的气缸停止供油，但不停止进排气。这种方式存在较严重弊端，在发动机低负载的工况下，气门开度非常小，活塞和气门之间容易形成真空，活塞的运动会受到气压抵抗，造成"泵气损失"。

2）对特定的气缸停止供油，停止进排气，这种方式虽然解决了"泵气损失"的问题，但是也会导致发动机缸体热量分布不均匀，工作的气缸温度很高，不工作的气缸温度又很低，这种温度差容易导致发动机缸体变形，所以一般都需要配备一套动态热管理系统,通过独立的冷却液循环路线,来平衡发动机不同位置的热量。

3)第三种方式就是在"停油停气"的基础上,把一部分废气引入到停缸的气缸中,依靠废气的热量来维持热量平衡,但实现的难度非常大。

目前主要采用的还是第二种闭缸技术。在混合动力汽车中应用时,若在起步等大负荷工况,则全缸工作;进入高速低负荷工况时,发动机关闭特定气缸,在动力不足时由发动机和电机联合驱动。

5.2.5 发动机工作区优化

优化发动机工作区时,应尽量避开低效率工况,如怠速工况等。停车时,发动机停止工作;在起步和加速时,发动机处于低转速状态驱动车辆行驶,并由电机辅助驱动,提供大转矩;车辆缓慢加速时,发动机处于低转速状态驱动车辆行驶;车辆低速巡航时,发动机的全部气门关闭,停止工作,只依靠电机驱动;车辆加速时,发动机处于低转速状态驱动车辆行驶,并由电机辅助驱动,提供大转矩;车辆急加速时,发动机处于高转速状态驱动车辆行驶;车辆减速时,发动机停止运行,电机最大程度回收制动减速能量,并存储到动力蓄电池中。

5.3 混合动力汽车能量管理控制策略

传统内燃机汽车只有发动机一个能量源,在车辆行驶时,依照驾驶人的意图,发动机实时跟踪车辆的全部驱动功率需求,当车辆怠速、急加速时,发动机效率、排放都很差,也无法回收制动能量。混合动力汽车包含两个或两个以上的能量源,是一个集合了机械、电气和电化学元件的复杂非线性系统。只要充分利用不同能量源的特性,就可以弥补单一能量源的不足,从而提高整车的燃油经济性并降低排放。为了达到最大限度提高燃油经济性和降低排放的目的,就必须制定合理的能量管理策略,合理控制发动机和电驱系统的工作状态,合理分配发动机和电机的输出功率。

5.3.1 基于规则的混合动力汽车能量管理策略

基于规则的管理策略包含确定性策略和模糊逻辑(Fuzzy Logic,FL)控制策略,均为预先设定规则,基于预先设定的控制变量的阈值来计算控制信号,阀值通常由选定的驾驶循环进行最优控制分析计算得到,这些规则定义了车辆运行模式,易于实施和理解。基于规则(Rule-based,RB)的管理策略在混合动力汽车上应用较多。

第5章 混合动力汽车能量管理

1. 基于规则的串联式混合动力汽车能量管理策略

(1) 恒温器式能量管理策略

恒温器式能量管理策略根据电池荷电状态（SOC 值）确定发动机的起动和关闭，并使发动机工作在最佳工作点处。该工作点是根据发动机万有特性图，预先计算出的燃油消耗最低时发动机的转速和转矩关系。为了保证动力蓄电池有比较高的工作效率，该策略设置了电池组 SOC 的上限和下限，其具体内容如下：

1) 当电池 $SOC < SOC_{min}$ 时，发动机开始工作，驱动发电机向电池充电以维持电量平衡。

2) 当电池 $SOC_{min} < SOC < SOC_{max}$ 时，发动机维持现有工作状态。

3) 当电池 $SOC > SOC_{max}$ 时，发动机关闭。

4) 发动机工作时处于最佳工作点。

(2) 功率跟随式能量管理策略

这种策略根据电池组的 SOC 和负荷来确定发动机的开关状态和输出功率的大小。发电机组的输出功率尽可能接近车辆的实际需求功率，电池的 SOC 保持在规定的范围内，电池组只起调节负荷的作用。只有在电池组的 SOC 大于设定的上限，并且电池组的输出功率能够满足车辆需求时，才会关闭发动机。优点是电池的充放电量较小，能量损失也最小。缺点是发动机没有工作在最佳转速和输出功率下，因此排放可能变差、效率降低。

1) 当电池 $SOC > SOC_{max}$ 时，发动机停止工作，但当整车需求功率较大时发动机重新起动。

2) 当电池 $SOC < SOC_{min}$ 时，发动机需要工作。

3) 当发动机工作时，其功率输出一方面要跟随汽车功率需求的变化，同时维持电池 SOC 处于工作范围的中间值附近，并工作于该输出功率对应的最佳工况点，该最佳工况点为效率最佳工况点。

4) 发动机工作时，其输出功率在一个指定范围内，以保证较高的效率。

5) 发动机工作时，其输出功率的变化率不应超过规定值。

2. 基于规则的并联式混合动力汽车能量管理策略

以一款插电式混合动力电动客车（Plug – in Hybrid Electric Bus，PHEB）为例，其规则控制策略的运行模式可分为纯电动模式（EV 模式）、电量消耗模式（Change Depletion，CD 模式）和电量维持模式（Charge Sustain，CS 模式）。对于该 PHEB，EV 模式时由驱动电机单独驱动，此时所有的驱动功率均源于动力蓄电池。CD 模式时，由驱动电机和发动机共同驱动，动力蓄电池的 SOC 逐步降低，但由于发动机参与功率输出，SOC 的下降速度要慢于 EV 模式。CS 模式时，发动机提供绝大部分驱动所需功率，SOC 维持在一个合适的区间，直至停车。PHEB 能量消耗模式的切换规则如图 5-57 所示。

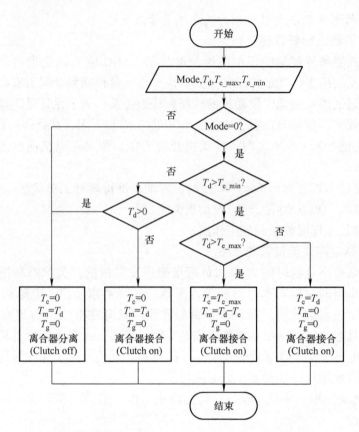

图 5-57 插电式混合动力电动客车运行模式策略

设 SOC_H 和 SOC_L 为动力蓄电池 SOC 设置的使用上限和下限。车辆起动后，当监测到动力蓄电池 SOC≥SOC_H 时，进入 EV 模式，此模式下辅助能量单元（Auxiliary Power Unit，APU），即发动机-发电机组不工作，车辆行驶所需功率全部来自动力蓄电池。此时，由于动力蓄电池 SOC 值相对较高，为防止动力蓄电池过充而影响其使用寿命，在此模式下制动能量回收功能被禁止。当监测到动力蓄电池 SOC 值在 SOC_L 和 SOC_H 之间时，车辆进入电量消耗模式，即 CD 模式。此时，APU 虽然开始工作，但发动机工作负荷较小，动力蓄电池提供主要的驱动功率，APU 提供部分驱动功率，动力蓄电池无额外充电功率需求，且动力蓄电池 SOC 处于缓慢下降的过程。当进一步监控到动力蓄电池 SOC≤SOC_L 时，车辆进入电量维持模式，即 CS 模式。此模式下发动机工作负荷较大，整车需求功率主要由 APU 满足。同时，根据动力蓄电池 SOC 持续下降的情况，APU 提供了额外的动力蓄电池充电功率。车辆运行在 CD 模式和 CS 模式下时，整车制动能量回收功能激活，在车辆制动过程中回收制动能量。

第 5 章 混合动力汽车能量管理

(1) EV 能量管理模式

当动力蓄电池 SOC≥SOC_H 时,PHEB 工作于 EV 模式。EV 模式下的具体规则策略如图 5-58a 所示。此时,全部由动力蓄电池提供驱动能量,驱动需求仅

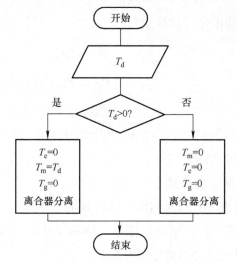

a) EV 模式下的能量管理策略

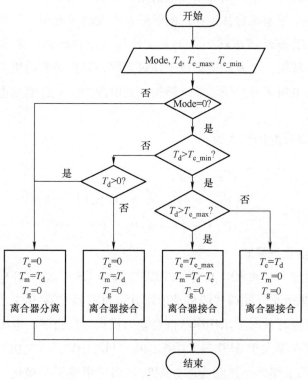

b) CD 模式下的具体策略

图 5-58 能量管理策略

由驱动电机满足。此模式下动力蓄电池的 SOC 较高，此时充电效率不高，因此关闭制动能量回收功能，达到减少充电次数，延长动力蓄电池循环使用寿命的目的。

EV 模式下功率分配计算式为

$$\begin{cases} P_m = P_d \\ P_d = P_{bat} \\ P_{apu} = 0 \end{cases} \quad (5-5)$$

式中，P_m 为电机输出功率（kW），P_d 为需求功率（kW），P_{bat} 为动力蓄电池输出功率，P_{apu} 为 APU 输出功率。

（2）CD 能量管理模式

当动力蓄电池 SOC_L < SOC < SOC_H 时，PHEB 工作于 CD 模式。CD 模式下的具体策略如图 5-58b 所示。图中，Mode = 0 表示模式离合器处于接合状态，Mode = 1 表示模式离合器处于断开状态。

当 PHEB 低速行驶时，仅由驱动电机负责驱动。当 PHEB 中高速行驶时，若驱动需求转矩小于发动机最优工作区的下限，则发动机处于关闭状态，仅由驱动电机负责驱动。若驱动需求转矩位于发动机最优工作区内，则由发动机单独驱动。若驱动需求转矩大于发动机最优工作区上限，则控制发动机工作于最优曲线工作区，由驱动电机来补充驱动需求转矩。此阶段中，允许驱动电机具有制动能量回收功能。

CD 模式功率分配计算式为

$$\begin{cases} P_m = P_d \\ P_{bat} = aP_d \quad a \in (0.5, 1] \\ P_{apu} = (1-a)P_d \end{cases} \quad (5-6)$$

（3）CS 能量管理模式

当动力蓄电池 SOC ≤ SOC_L 时，PHEB 工作于 CS 模式。CS 模式下的具体规则策略如图 5-59 所示。此模式能将动力蓄电池 SOC 维持在 30% 左右。

当 PHEB 低速行驶时，采用串联混合动力模式，仅由驱动电机负责驱动。

若驱动需求功率大于 APU 最大功率，则 APU 工作于最大功率点。当需求功率小于 APU 最优工作区下限功率时，APU 输出功率等于其最优工作下限功率，

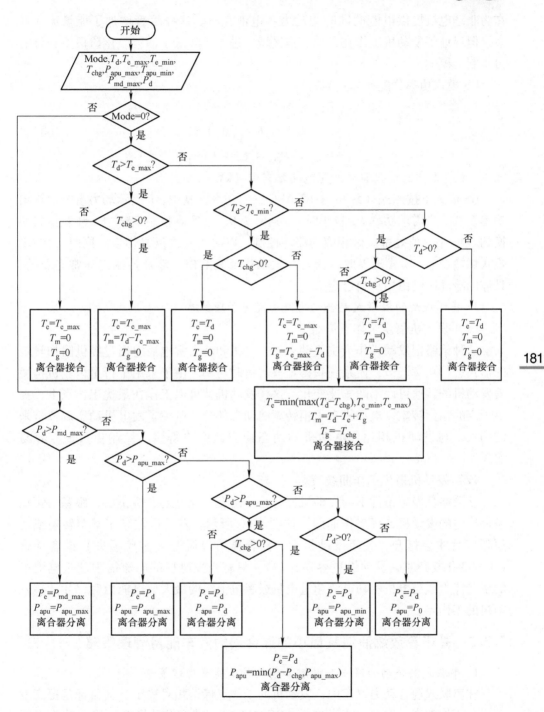

图 5-59 CS 模式下能量管理控制策略

在为驱动电机提供电能的同时为动力蓄电池充电。这样尽管增加了能量流通环节，但保证了发动机工作在最佳工作区域，进一步降低了油耗。该阶段下允许有再生制动模式。

CS 模式功率分配计算式为

$$\begin{cases} P_m = P_d \\ P_{bat} = bP_d, b \in [0, 0.5) \\ P_{apu} = P_{chg} + (1-b)P_d \end{cases} \quad (5-7)$$

式中，P_{chg} 为动力蓄电池额外充电功率需求（kW）。

CS 模式下按照式（5-7）计算 APU 输出功率。其中，b 表示动力蓄电池输出功率系数。当需求功率 P_d 较小时，b 通常为 0。在实际控制策略中，涉及模式切换的 SOC 临界值处都应做相应的滞环控制，以防止模式反复切换。同时，在 CD 模式切换至 EV 模式边界时，为防止发动机反复起停，滞环控制是非常必要的，具体的滞环区间由用户自己定义。

3. 基于规则的混联式混合动力汽车能量管理策略

（1）发动机恒定工作点策略

这种策略把发动机作为主要动力源，电机和动力蓄电池组通过提供附加转矩的形式进行功率调节，使系统获得足够的瞬时功率。由于采用了行星齿轮机构使得发动机的转速可以不随车速变化，这样发动机就可以工作在最优工作点上，提供恒定的输出转矩，电动机来承担转矩的动态部分，避免了发电机动态调节带来的损失。与发动机相比，电动机的动态响应速度快得多，控制更灵敏，容易实现。

（2）发动机最优工作曲线策略

该策略从静态条件下的发动机万有特性出发，经过动态矫正后，跟踪由驱动条件决定的发动机最优工作曲线，如图 5-60 所示。发动机在高于某个转矩或功率限值后才会打开。关闭发动机后，离合器可以脱开（避免损失）或者结合（工况变化复杂时，发动机更容易起动）。只有当发电机的电流需求超过电池组的承受能力或当电机驱动电流超过电机或者电池组的最大放电能力时，才调整发动机的工作点。

5.3.2 基于等效燃油消耗最小的混合动力汽车能量管理策略

1. 串联式混合动力汽车等效燃油消耗最小能量管理策略

在串联式混合动力汽车中，发动机的工作点保持相对稳定，其目标是提高发动机的工作效率。但在动力蓄电池 SOC 较低时，需要发动机增加输出功率进行补充，车辆行驶过程中必须维持电池电量的平衡。

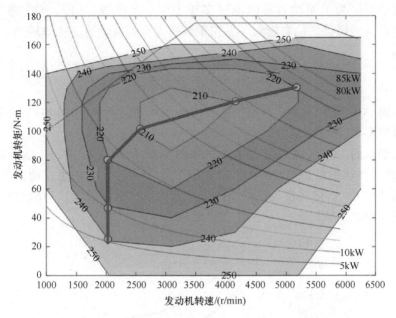

图 5-60 本田某机型发动机最优工作曲线

要维持动力蓄电池 SOC 的平衡,就必须对行驶过程中电池损耗的能量进行补充。对 SOC 进行等效燃油消耗率的计算,关系到补充能量的大小和选择时机。为了降低燃油消耗率,应使发动机尽量工作在高效率区域。

SOC 的变化可看作是等效的燃油消耗。SOC 的减少相当于消耗了额外的燃油,因为在整个行驶过程中,发动机必须输出一定功率对电池进行充电;SOC 的增加相当于储存了一部分燃油,因为车辆可以在电动行驶模式中通过动力蓄电池放电提供能量而不需起动发动机,从而降低燃油消耗率。动力蓄电池 SOC 的安时积分法估算式可写为

$$Q_{bat} \cdot \eta_{bat}^{-1} \cdot [SOC_t - SOC_{t_0}] = \int_{t_0}^{t} P_{bat}(v) dv \quad (5-8)$$

式中,Q_{bat} 为动力蓄电池额定容量,η_{bat} 为动力蓄电池充放电效率。将式(5-8)离散化,从荷电状态 SOC($k-1$) 到 SOC(k) 的等效燃油消耗率可以由式(5-9)计算得到

$$\Delta f_e = \Delta P \cdot \bar{b}_e \cdot \Delta t = \frac{[SOC(k) - SOC(k-1)] \cdot Q_{bat} \cdot \bar{b}_e}{\eta_{bat}} \quad (5-9)$$

式中,$\bar{b}_e$ 为发动机的平均燃油消耗,Δt 为时间间隔,因为控制策略要求发动机工作在效率较高的区域时才能为动力蓄电池充电,为了计算方便,假设在整个行驶过程中发动机以平均工作效率为动力蓄电池充电。

试验表明,当动力蓄电池 SOC 在 60% ~ 80% 时,充放电内阻都较小,有较

高的能量效率。为了使动力蓄电池更多地工作于此区域,引入 SOC 惩罚系数。SOC 与所设定的最佳值偏离越大,惩罚系数越大,等效燃油消耗率越高。惩罚系数表示为

$$\lambda = \tan\left(\pi \cdot \frac{SOC^* - SOC(k)}{SOC_{max} - SOC_{min}}\right) \tag{5-10}$$

式中,λ 为 SOC 惩罚系数,SOC^* 为最佳的 SOC 值,SOC_{max} 为 SOC 的上限值,SOC_{min} 为 SOC 的下限值。

将发动机的工作区域划分为 4 个,如图 5-61 所示,A,B,C 是等功率线,A,C 分别是发动机最高效区的上下限功率 P_{high} 与 P_{low},而 B 是发动机工作于最高效时的功率 P_{opt}。应将发动机的工作点限制在 Ⅱ,Ⅲ 高效区,对动力蓄电池的充电也发生在此区域。

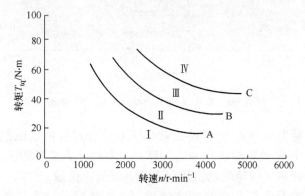

图 5-61 发动机工作区域简图

在 Ⅰ 区,车辆处于单独工作模式,或是驱动电机单独提供能量,或是发动机单独提供能量。当发动机单独工作时,应将工作点上移到 B 线上,使其工作效率最高,多余的功率给动力蓄电池充电。根据前面所述的等效燃油消耗率方法,计算两种方式的效益。

$$J_e = \lambda \cdot P_{req} \cdot \bar{b}_e \tag{5-11}$$

$$J_{fc} = P_{opt} \cdot b_{opt} - \lambda \cdot (P_{opt} - P_{req}) \cdot \bar{b}_e \tag{5-12}$$

式中,J_e 为采用纯电动行驶时的等效燃油消耗率,J_{fc} 为发动机单独工作时的等效燃油消耗率,P_{opt} 为发动机工作于最高效率时的功率,b_{opt} 为发动机工作于最高效率时的最低燃油消耗率。比较两者效益,即计算 $\min(J_e, J_{fc})$,然后决定采用何种方式。

在 Ⅱ 区,路面请求功率较高,不适合电池单独输出功率,而发动机开始进入高效区。所以使发动机工作于 B 线上,获得最高效率,同时多余功率可给动力蓄电池充电。

在Ⅲ区，发动机既可单独工作，又可和电池一起提供能量。为了确保工作点位于Ⅲ区，必须对电池的最大充放电功率进行限制

$$P_{\min} = P_{\text{opt}} - P_{\text{req}} \tag{5-13}$$

$$P_{\max} = P_{\text{high}} - P_{\text{req}} \tag{5-14}$$

电池的荷电状态由 SOC($k-1$)变化到 SOC(k)，电池的等效燃油消耗率 Δf_e 由式（5-9）给出，以整车的瞬时等效燃油消耗率最小为目标函数

$$\min(J) = \min\{P_{\text{fg}}(I,t) \cdot b_e(I,t) - \lambda \Delta f_e\} \tag{5-15}$$

式中，I 为电池放电电流。

在Ⅳ区，发动机和电池共同提供能量，并使发动机工作点下移到Ⅲ区，且最低不超过 B 等功率线，因为如果超过 B 线发动机效率将逐渐降低，而电池也要输出更多功率。所以，电池放电功率要满足 $P_{\min} > P_{\text{opt}} - P_{\text{req}}$，然后和式（5-15）一样计算目标函数 $\min(J)$。

通过离散寻优来求解目标函数。首先，确定充放电功率的范围，然后算出充放电电流的上下限 $I_{\min}$ 与 $I_{\max}$，将分为 m 等份，即 k 时刻，电池电流为 $I_{\text{bat},i}(k)$，$i=1,\cdots,m+1$。计算每一电流值下的目标函数 J_i，求出最小的一个

$$\min(J_i), i = 1,\cdots,m+1 \tag{5-16}$$

2. 基于极小值原理的等效燃油消耗最小能量管理策略

基于极小值原理控制策略的哈密顿（Hamilton）函数是关于控制变量的函数，该策略通过求取每个时刻哈密顿函数的最小值来获取最优控制变量，因此，可将基于极小值原理控制策略看成是以哈密顿函数为瞬时优化目标的瞬时优化能量管理策略。

（1）庞特里亚金最小值原理

庞特里亚金最小值原理（Pontryagin's Minimum Principle，PMP），又名极大值原理，由苏联学者庞特里亚金为解决容许控制属于闭集的一类最优控制问题而提出并加以证明的。该原理不仅可解决连续形式的受控系统最优控制问题，还推广应用于处理离散形式受控系统的最优控制问题。

其基本原理为对某一优化问题的代价函数（或称性能指标函数）达到极小值的必要条件质疑，使最优控制决策 $u^*(t)$ 满足使所定义的哈密顿函数 $H[\boldsymbol{x}^*(t),\boldsymbol{\lambda}(t),\boldsymbol{u}^*(t)]$ 达到极小。庞特里亚金最小值原理给出了一个求解控制系统最优问题的必要条件。假设所研究的控制系统的数学模型为

$$\dot{\boldsymbol{x}}(t) = f(\boldsymbol{x},\boldsymbol{u},t) \tag{5-17}$$

其代价函数是

$$J(\boldsymbol{u}) = \int_{t_0}^{t_\text{T}} L[\boldsymbol{x}(t),\boldsymbol{u}(t),t]\mathrm{d}t \tag{5-18}$$

引入协变量

$$\boldsymbol{\lambda}^\text{T}(t) = [\lambda_1(t),\lambda_2(t),\cdots,\lambda_n(t)] \tag{5-19}$$

协变量满足微分方程

$$\frac{\mathrm{d}\lambda_i(t)}{\mathrm{d}t} = -\sum_{i=1}^{n} \frac{\partial f_i(\boldsymbol{x},\boldsymbol{u},t)}{\partial x_i}\lambda_i(t) - \frac{\partial L(\boldsymbol{x},\boldsymbol{u},t)}{\partial x_i} \tag{5-20}$$

哈密顿函数定义为

$$H(\boldsymbol{x},\boldsymbol{\lambda},\boldsymbol{u},t) = L(\boldsymbol{x},\boldsymbol{u},t) + \sum_{i=1}^{n}\lambda_i(t)\dot{x}_i \tag{5-21}$$

即

$$H(\boldsymbol{x},\boldsymbol{\lambda},\boldsymbol{u},t) = L(\boldsymbol{x},\boldsymbol{u},t) + \boldsymbol{\lambda}^{\mathrm{T}}f(\boldsymbol{x},\boldsymbol{u},t) \tag{5-22}$$

将上述哈密顿函数对 λ_i 和 x_i 分别求偏导可得

$$\dot{x}_i = \frac{\partial H(\boldsymbol{x},\boldsymbol{\lambda},\boldsymbol{u},t)}{\partial \lambda_i} \tag{5-23}$$

$$\dot{\lambda}_i = \frac{\partial H(\boldsymbol{x},\boldsymbol{\lambda},\boldsymbol{u},t)}{\partial x_i} \tag{5-24}$$

假设函数 $f(x,u,t)$ 和 $H(x,u,t)$ 及其偏导数关于自变量 x、u 和 t 是连续可控的，则式（5-23）和式（5-24）即为求取最优控制决策的必要条件。因此，求取最优问题极小值或极大值可看做求取控制变量 u 在其有界域 U 内哈密顿函数 H 的极小值问题，即

$$\min_{u \in U} H(\boldsymbol{x},\boldsymbol{\lambda},\boldsymbol{u},t) \tag{5-25}$$

当已知状态量 x 的初始状态，而终值状态 $x(t_\mathrm{T})$ 自由时，最优控制决策必要条件的边界条件为

$$\boldsymbol{x}(t_0) = x_0, \boldsymbol{\lambda}(t_\mathrm{f}) = 0 \tag{5-26}$$

使用庞特里亚金最小值原理求解最优控制决策问题的步骤总结如下：

1）由系统的数学模型和成本函数列出问题的哈密顿函数和最优解必要条件，以及必要条件的边界条件。

2）求最优控制决策候选 $\boldsymbol{u}' = u(\boldsymbol{x},\boldsymbol{\lambda},t)$，使 $H(\boldsymbol{x},\boldsymbol{\lambda},\boldsymbol{u},t)$ 最小。

3）将 $\boldsymbol{u}'$ 代入最优解必要条件，根据边界条件求出状态量最优轨迹 $\boldsymbol{x}^*$ 和协变量最优轨迹 $\boldsymbol{\lambda}^*$，再根据 $\boldsymbol{u} = u(\boldsymbol{x},\boldsymbol{\lambda}^*,t)$ 求出最优控制决策。

庞特里亚金最小值原理可被简单叙述为，若控制决策 u 是全局最优的控制决策，则其必须满足以下两个必要条件。

1）在每个时刻下优化问题的哈密顿函数在 u^* 的控制律下都达到极小，即

$$H(\boldsymbol{x},\boldsymbol{\lambda},\boldsymbol{u},t) \geqslant H(\boldsymbol{x},\boldsymbol{\lambda},\boldsymbol{u}^*,t), \forall u(t) \neq u^*(t) \tag{5-27}$$

2）对于协变量 $\boldsymbol{\lambda}$ 有

$$\dot{\boldsymbol{\lambda}} = -\frac{\partial H}{\partial x} \tag{5-28}$$

庞特里亚金最小值原理通过提供目标问题最优解的必要条件，可搜索其最优决策和最优状态轨迹。

（2）基于极小值原理的等效燃油消耗最小混联式混合动力汽车能量管理

以一款插电混联结构的插电式混合动力系统为例，采用瞬时 ECMS，考虑不同动力蓄电池 SOC、等效因子与燃油消耗的关系，构建等效因子全局优化模型，利用遗传算法离线优化一定工况下的等效因子 S，得到不同行驶里程与动力蓄电池 SOC 初始值的最佳等效因子 MAP 图，制定基于等效因子优化的 ECMS 控制策略。

如图 5-62 所示，主要部件包括发动机、动力蓄电池、集成启动/发电一体电机（Integrated starter/generator，ISG）、单向离合器、电机、CVT 变速器、差速器等。该 PHEV 的工作模式主要分为 CD 模式和 CS 模式。其中 CD 模式具有纯电动模式、并联式混合驱动模式、再生制动模式；CS 模式具有发动机单独驱动模式、串联式行车充电模式、并联式轻载充电模式、再生制动模式。

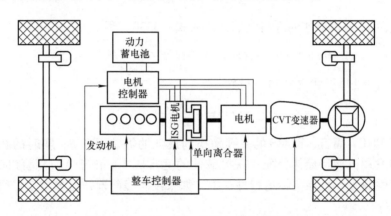

图 5-62 应用 ECMS 的整车动力系统结构

对于 PHEV 而言，ECMS 的关键是找到合适的等效因子 S；而对于在传统 HEV 中使用的 ECMS，在 PHEV 中不再适用，因为相比较 HEV，PHEV 动力蓄电池 SOC 变化的范围往往在 0.20~0.99，而 HEV 动力蓄电池 SOC 变化范围不大，这就导致 PHEV 中的等效因子值与 HEV 中的等效因子值的差异很大，因此，本节主要通过构建适用于 PHEV 的等效因子优化模型。

对于 ECMS 中等效因子的优化，可以定义为

$$\dot{m}_{f,equ}(t,u) = \dot{m}_f(t,u) + S(t)\frac{P_e(t,u)}{H_f} \tag{5-29}$$

对于式（5-29）的求解，可以使用庞特里亚金极小值原理表示。构建的哈密顿函数

$$H(\mathrm{SOC}(t),u,t) = \dot{m}_f(t,u) + \lambda(t)\mathrm{SOC}'(t) \tag{5-30}$$

式中，$\lambda(t)$ 是待定的拉格朗日乘子。根据庞特里亚金极小值原理，$\lambda(t)$ 的正则

方程为

$$\dot{\lambda}(t) = -\frac{\partial H(\mathrm{SOC}(t),u,t)}{\partial \mathrm{SOC}(t)} = -\lambda(t)\frac{\partial \mathrm{SOC}'(t)}{\partial \mathrm{SOC}(t)} \tag{5-31}$$

约束条件为

$$\begin{cases} \mathrm{SOC}_f = \mathrm{SOC}_{obj} \\ \mathrm{SOC}_{min} \leqslant \mathrm{SOC}(t) \leqslant \mathrm{SOC}_{max} \end{cases} \tag{5-32}$$

式中,SOC_f 表示 SOC 行驶末端最终值,SOC_{obj} 表示 SOC 行驶末端目标值,SOC_{max}、SOC_{min} 表示动力蓄电池 SOC 上、下限定值。

$$\mathrm{SOC}'(t) = -\frac{I}{C} \tag{5-33}$$

式中,I 为动力蓄电池电流,C 为动力蓄电池容量。

$$P_e(t,u) = IV_{oc} \tag{5-34}$$

式中,V_{oc} 为动力蓄电池的开路电压,代入式(5-30)得

$$H(\mathrm{SOC}(t),u,t) = \dot{m}_f(t,u) - \frac{\lambda(t)}{V_{oc}C}P_e(t,u) \tag{5-35}$$

由式(5-29)、式(5-35)可知

$$S(t) = -\frac{\lambda(t)}{V_{oc}CH_f} \tag{5-36}$$

对于 PHEV 而言,ECMS 的关键是找到最佳的等效因子 S,实时的获得动力蓄电池与发动机能量最佳分配,获得最佳的运行成本。由于 $\lambda(t)$ 是随时间变化的,随机性较大,且在实际运行过程中,如果没有提前预知需求功率,很难获得最佳的 $\lambda(t)$。

但是对于不同动力蓄电池 SOC 初始值,ECMS 中的等效因子 S 值的大体变化是知道的。有研究人员在 HEV 电量维持阶段控制中,提出了惩罚函数的概念,用于对动力蓄电池 SOC 的等效油耗进行修正,调控对电能的使用倾向,维持动力蓄电池 SOC 在合理范围内。因为可以将等效因子 S 理解为对电能的调控:当动力蓄电池 SOC 偏高时,下调电能"价格",电能相对便宜,使控制策略更倾向于使用电能;当动力蓄电池 SOC 偏低时,则上调电能"价格",电能相对比较贵,使控制策略倾向于使用燃油。既然知道等效因子与动力蓄电池 SOC 的初步变化,可以根据变化,建立一个初始的惩罚函数,然后对其进行修正。受此启发,对于 PHEV,可以基于不同动力蓄电池 SOC 初始值和行驶里程,对等效因子进行离线寻优,获得最佳等效因子。因此,建立等效因子 S 的优化模型为

$$S_{opt}(t,\mathrm{SOC}) = kf(\mathrm{SOC}) \tag{5-37}$$

式中,k 表示对于初始惩罚函数 $f(\mathrm{SOC})$ 的一个修正系数;$f(\mathrm{SOC})$ 是等效因子 S 与动力蓄电池 SOC 的初始惩罚函数,作为调控发动机与动力蓄电池电能的一个初始基准,对于初始基准,主要是通过动力蓄电池 SOC 的控制范围,根据调节

电能的价值量的大小进行设定,基本惩罚系数具体可通过插值查表获得,如图 5-63 所示。当动力蓄电池 SOC 比较大时,等效因子大约在 0.5 处,表示整车尽可能地使用电能,以降低整车使用成本;当 SOC 较小时,等效因子大于 1,表示使用动力蓄电池的电能成本高。通过实时地调整修正系数 k,可以动态的调整发动机与动力蓄电池的能量分配。

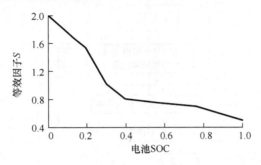

图 5-63　等效因子与电池 SOC 关系曲线

等效因子 S 在特定的循环工况中,能以最优的方式利用动力蓄电池的电能,反之,假如在其他工况,又可能导致动力蓄电池电能使用成本的升高。为了解决这种寻优等效因子 S 的问题,根据前文建立的等效因子 S 优化模型构建的全局寻优等效因子 S 的代价函数为

$$L_k = \min_{\{k\}} \int_0^t \min \{P_{ICE}(t), P_{ISG}(t), P_M(t)\} \dot{m}_{f,equ} dt \tag{5-38}$$

约束条件为

$$\begin{cases} P_{ICEmin}(t) \leqslant P_{ICE}(t) \leqslant P_{ICEmax}(t) \\ P_{ISGmin}(t) \leqslant P_{ISG}(t) \leqslant 0 \\ P_{Mmin}(t) \leqslant P_M(t) \leqslant P_{Mmax}(t) \end{cases} \tag{5-39}$$

式中,t 为循环工况运行的时间,在一段循环工况下,通过控制发动机功率 P_{ICE},ISG 电机功率 P_{ISG},电动机功率 P_M 控制变量的值,使代价函数 L_k 最小,得到最优的修正系数,从而获得最优的等效因子 S。

等效因子 S 模型的寻优过程是一个非线性全局寻优的过程,由于遗传算法通过随机产生的初始解开始搜索,通过一定的选择、交叉、变异操作逐步迭代产生新的解,进而收敛于所求问题的最优解。因此,利用遗传算法(Genetic algorithm,GA)对等效因子 S 进行优化,优化模型如图 5-64 所示。

以新欧洲行驶循环(New European Driving Cycle,NEDC)工况对车辆经济性进行评价。算法设定最大进化代数为 80,种群大小为 100,精英个数为 10,交叉后代比例为 0.4。获得的最佳修正系数 k 如图 5-65 所示。图 5-65 中的优化参数 k,其值为 0.3182(为便于显示,已进行归一化)。由图 5-65 可知,修正系数 k

最优值为 3.182，CS 模式动力蓄电池充放电的上、下限 SOC_{max}、SOC_{min} 为 0.6568、0.3325 时，在 NEDC 工况运行，PHEV 百公里最佳等效油耗为 3.274L。

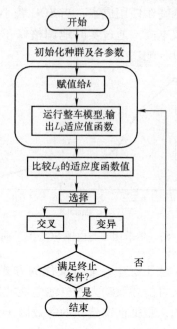

图 5-64 基于遗传算法的等效因子全局优化模型

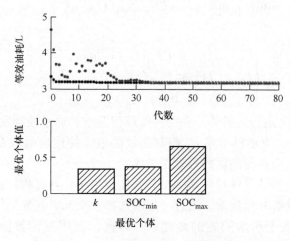

图 5-65 GA 等效因子 S 优化结果

由于等效因子 S 是调控发动机与动力蓄电池二者能量的关键因素，并且对于动力蓄电池电能的使用有较大影响。分析对于不同的动力蓄电池 SOC 初始值，为获得循环工况下的最低等效油耗，修正系数 k 如何动态调整的问题。在 8 个 NEDC

工况下，油耗与不同初始值 SOC 与修正系数 k 的关系如图 5-66 所示。由图 5-66 可知，等效油耗随着修正系数 k 的增加而增大，这是因为修正系数 k 越大，动力蓄电池电能较燃油相对昂贵，控制策略尽可能地使用燃油，进而在整车运行过程中，尽可能地调控发动机、电机的工作点，使电机参与工作的机会减小。

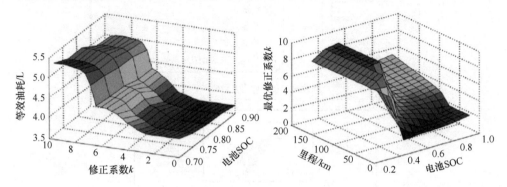

a) 不同电池SOC、修正系数k下的等效油耗　　b) 不同电池SOC、行驶里程下的最优修正系数

图 5-66　最优等效因子控制 MAP 建立

最佳等效因子 S_{opt} 可以实现对发动机和电机转矩的合理控制，有效地改善 PHEV 的能耗经济性。在满足任意时刻驱动循环工况需求功率 $P_{req}(t)$ 前提下，根据上文建立的最佳等效因子 S_{opt} 优化模型，结合混联 PHEV 的结构特点，制定 S_{opt} - ECMS 实时优化控制策略。

通过对最优等效因子 S 的寻优，建立的 S_{opt} - ECMS 实时优化控制策略，如图 5-67 所示。主要分为两部分：离线全局优化修正系数 k 和 ECMS 实时控制策略。第一部分主要是通过采用 GA 优化算法对逐个循环工况优化获得其最佳等效因子的方法，建立不同循环工况下的最佳等效因子、初始 SOC、行驶距离的控制 MAP，具体为：利用不同的动力蓄电池 SOC 值，结合不同的行驶工况，根据行驶距离的不同，由等效因子 S 的代价函数 L_k 以及约束条件，在不同的 SOC 初始值和行驶距离，通过 GA 优化算法离线优化获得循环工况下的最佳修正系数 k_{opt}，再进行数值拟合，最后建立可用于实时控制的最佳修正系数 MAP；第二部分表示 ECMS 实时控制策略，通过第一部分获得的 k_{opt}，由整车的需求功率 P_{req}，通过目标函数 J_{min}，获得最佳的发动机和电机的功率分配，实时控制整车的运行，获得较高的燃油经济性。

对于 S_{opt} - ECMS 实时优目标函数，则式（5-29）改写为

$$J_{ECMS} = \dot{m}_{ICE}(P_{ICE}(t)) + f_{equ}(P_{ISG}(t), P_m(t)) \tag{5-40}$$

其中，发动机油耗模型为

$$\dot{m}_{ICE}(P_{ICE}(t)) = \frac{1000 P_{ICE}(t)}{\eta_{ICE} H_f} \tag{5-41}$$

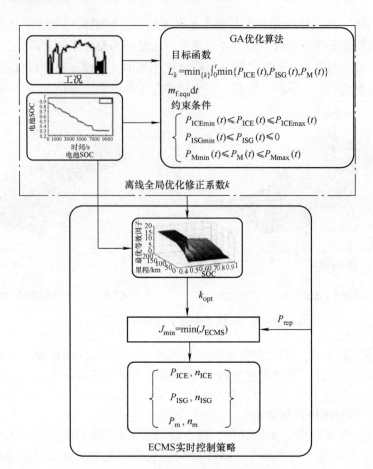

图 5-67 S_{opt}-ECMS 实时优化控制策略

电池等效油耗模型为

$$f_{equ}(P_{ISG}(t), P_m(t)) = \begin{cases} S_{opt} \dfrac{P_m(t) + P_{brk}(t)}{\eta_m \eta_{dis} H_f} & \text{放电时} \\ S_{opt} \dfrac{P_{ISG}(t) \eta_{ISG} \eta_{chg}}{H_f} & \text{充电时} \end{cases} \quad (5\text{-}42)$$

式中,$P_{brk}(t)$ 表示 t 时刻的再生制动功率,η_{ISG}、η_m 分别表示 ISG 电机、电动机的效率;η_{chg}、η_{dis} 表示电池的充放电效率。

因此,优化目标函数为

$$J_{min} = \min(J_{ECMS}) \quad (5\text{-}43)$$

其约束条件为

$$P_{req}(t) = P_{ICE}(t) + P_b(P_{ISG}(t), P_m(t))$$

$$P_{ICEmin}(t) \leq P_{ICE}(t) \leq P_{ICEmax}(t)$$

$$P_{ISGmin}(t) \leq P_{ISG}(t) \leq 0 \tag{5-44}$$

$$P_{m\ min}(t) \leq P_m(t) \leq P_{m\ max}(t)$$

$$P_{chg\ min}(t) \leq P_b(P_{ISG}(t), P_m(t)) \leq P_{dis\ max}$$

$$SOC_{min} \leq SOC(t) \leq SOC_{max}$$

通过以动力蓄电池功率作为控制变量

$$u = P_b(P_{ISG}(t), P_m(t)) \tag{5-45}$$

式中,$P_{bmin}(SOC) \leq u \leq P_{bmax}(SOC)$。

在目标函数的约束范围内,以任意时刻的需求功率 $P_{req}(t)$,在满足功率需求的前提下,获得发动机、动力蓄电池的所有功率点,并根据发动机和动力蓄电池的燃油消耗模型计算相应的燃油消耗率,通过所建立的目标函数求得最小燃油消耗率,并根据最小等效燃油消耗所对应发动机和动力蓄电池的工作点作为当前时刻满足行驶要求的功率输出,其求解过程如图5-68所示。

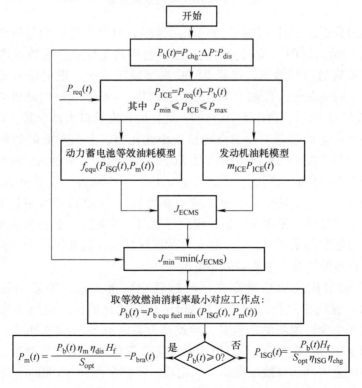

图 5-68 S_{opt}-ECMS 优化控制求解流程

为验证本文所制定的 PHEV 实时优化控制策略的合理性,以某款混联结构的 PHEV 参数：整车质量 $m = 1500$kg,迎风面积 $A = 2.13$m^2,风阻系数 $C_d = 0.29$,车轮半径 $r = 0.312$m,主减速比 $i_0 = 5.31$ 等为基础,基于 MATLAB/Simulink 平台,建立动力系统参数如图 5-69 所示,并结合等效因子优化的 ECMS 控制策略建立整车前向仿真模型。

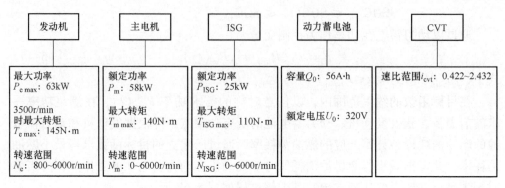

图 5-69 PHEV 动力系统参数

由上文的分析,通过调用不同的修正系数 k,可以获得不同行驶里程、动力蓄电池 SOC 初始值时的发动机、电机在运行过程的工作点。为验证所提出的能量管理控制策略的运行效果,选择 NEDC 典型城市工况,设定动力蓄电池 SOC 初始值为 0.9 的情况下,行驶 150km 时,发动机、ISG 电机、电动机的工作点如图 5-70、图 5-71 所示。由图 5-70 可知,优化后,发动机大部分落在效率比较高的区域,同时发动机起动工作的点明显少于优化前,那么对电能的利用就会增多,进一步提高了整车的系统效率。对于图 5-71,融合了电动机驱动和 ISG 电机行车充电的工作点优化前后的对比。其中 Y 轴的正半轴表示电动机驱动转矩、Y 轴负半轴表示 ISG 电机转矩。由图 5-71 分析可知,优化后,ISG 电机工作点处于高效区域多于优化前,说明优化后,根据等效因子的调控,更加合理地分配发动机和动力蓄电池的能量使用；电动机工作的区域虽然在高效区域少于优化前,但是大部分工作点处于 0.8 左右的效率范围。

图 5-72 表示优化前后整车在运行过程中电池 SOC、等效油耗变化。由图 5-72可知,在汽车运行过程中,前 80km 内,优化前由于电机纯电动工作较多,发动机工作少,消耗的电量多,导致动力蓄电池 SOC 快速减小,从而使等效油耗小于优化后；在 80km 后,由于未优化的系统进入电量维持阶段,发动机参与工作的机会增多,导致油耗高于优化后。从整个行程（150km）来看,由于优化后的修正系数 k 在行驶过程中,合理地调整发动机与电机工作点,虽然在一定距离内,有可能油耗偏高,但是对于全局而言其油耗反而是减小的。由

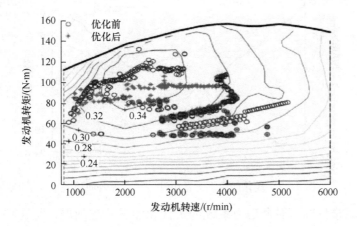

图 5-70　优化前后发动机工作点对比

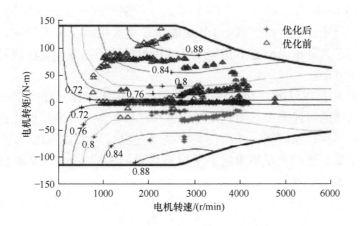

图 5-71　优化前后 ISG 电机、电动机工作点对比

图 5-72可知,优化前、后油耗为 5.91L、4.68L;与未优化的 ECMS 控制策略相比,行驶 150km 时,优化后的整车燃油经济型提高了 20.81%,优化后的等效因子控制策略有利于提高整车燃油经济性,降低使用成本。

5.3.3　全局最优能量管理策略

混合动力系统的能量管理策略与车辆整体性能关系密切,优秀的能量管理策略能够根据各动力装置自身的特性协调功率流,从而获得较高的系统整体效率,

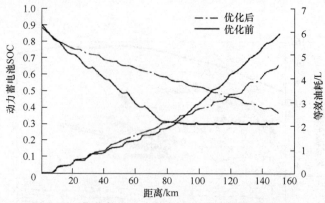

图 5-72 优化前后动力蓄电池 SOC、等效油耗关系

以实现节能减排目标。混合动力系统的最优化能量管理问题，是在特定工况下，为了获得最优 SOC 变化轨迹和最小燃油消耗量而求解混合动力系统的最优控制序列。实质上，这是一个带约束的非线性动态系统最优控制问题，可通过最优化算法来求解。作为基于贝尔曼（Bellman）最优原理求解多步最优化问题的方法，动态规划（Dynamic Programming，DP）通过对控制空间和状态空间的广泛搜寻，保证了结果的全局最优。虽然基于 DP 的能量管理策略属于离线策略，不适用于实时控制，但它为其他类型能量管理策略的评价提供了基准，为在线策略的开发和优化指明了方向。

贝尔曼等人于 1957 年在研究多阶段决策过程优化问题时提出了贝尔曼最优原理，其本质是通过递推关系使决策过程连续转移，将一个多步最优控制问题转化成多个单步最优控制问题，从而使整个决策过程得到大幅简化。DP 算法正是一种基于贝尔曼最优控制原理求解多阶段最优化问题的方法。DP 算法最短路径优化过程如图 5-73 所示。

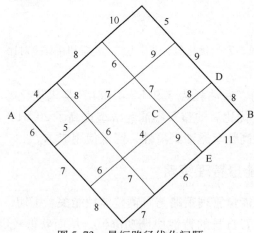

图 5-73 最短路径优化问题

图 5-73 所示为一简单算例，要求是求解从点 A 到点 B 历时最短的路径。图中两点之间连线对应的数字，代表从前一点到后一点要用的时间。当中间的状态点较少时，可用穷举法列举所有可能的路径，通过比较找出最短的。但如果中间的状态点较多，则穷举法需要的计算量非常大。若采用 DP 算法求解该问题，则计算量将得到大幅降低。从 B 点反向计算，以状态点 C 为例，从 C 到 B 点的最短路径为经过 D 点到 B 点（历时 $8+8=16$），而不是经过 E 点到 B 点（历时 $9+11=20$）。这就确定了 C 点到重点 B 的最短路径和最小代价。对全部状态点重复上述计算就能得出它们对应的最短路径和最小代价，一直到 A 点。这样就可以计算出点 A 到点 B 的最短路径和最小代价。

具体到某一特定问题的应用，DP 其实是由系统仿真模型、系统目标函数、系统控制变量集合系统状态变量构成的多步最优问题求解程序，其结构和运行流程如图 5-74 所示。

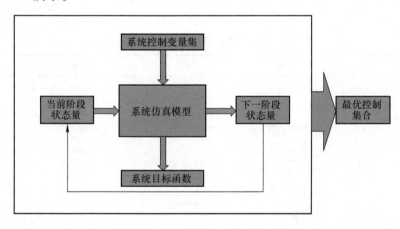

图 5-74 DP 结构及运行流程示意

在当前阶段，控制变量作用在系统模型上，致使系统状态发生转移，同时将状态转移成本输出给目标函数。到下一阶段时，发生转移后的系统状态将作为该阶段的原始状态，如此循环，直至输出最优控制变量集。

以增程式混合动力汽车为应用对象，提出一种动态规划改进算法。算法在每次迭代时确定未来可达状态区域，仅计算由当前状态点到未来可达状态点的转移代价，在保证计算精度的同时，节省运算时间。将不同燃油费用与电能费用之和作为动态规划改进算法的目标函数，对不同能量价格比下燃油消耗与电能消耗的仿真结果进行分析。增程式混合动力系统结构如图 5-75 所示。增程式混合动力系统主要由增程器、动力蓄电池、驱动电机等组成。

增程式混合动力系统部件主要参数见表 5-1，其中测量传动系统效率的试验条件是采用动力系统直联测功机与中间接入传动系统的对比方法测得。

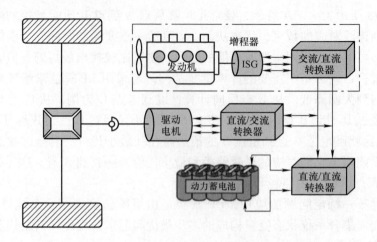

图 5-75 增程式混合动力系统

表 5-1 增程式混合动力系统部件主要参数

部件	参数	数值
发动机	排量/L	0.9
	最大功率/kW	52
	最大转矩/(N·m)	90
	最高转速/(r/min)	6000
ISG	最大功率/kW	53
	最大转矩/(N·m)	155
动力蓄电池	电容量/(A·h)	20
	电压/V	370
驱动电机	最大功率/kW	130
	最大转矩/(N·m)	480

将车辆在纵向看作质点，驱动电机需要克服的阻力包括车轮滚动阻力、空气阻力、坡度阻力和加速阻力。根据车辆行驶动力学方程，构建增程式混合动力汽车纵向行驶动力学功率方程

$$P_1 = \frac{z}{\varphi}\left[\frac{Yg\xi\cos\theta}{3600} + \frac{CA}{76140}v^2 + \frac{Yg\sin\theta}{3600} + \frac{\delta Y}{3600}\beta\right] \qquad (5\text{-}46)$$

式中，P_1 为驱动电机功率；z 为车辆速度；φ 为传动系统效率（采用定值）；Y 为整备质量；g 为重力加速度；ξ 为滚动阻力系数；θ 为道路坡度；C 为空气阻力系数；A 为迎风面积；δ 为旋转质量系数；β 为车辆加速度。

由于增程器与驱动电机无机械连接，使得增程器可以工作在最佳效率曲线来

满足整车需求功率,该曲线由增程器系统最佳效率点构成,计算公式为

$$\eta_1 = \max(\eta_2 \eta_3) \qquad (5\text{-}47)$$

$$\eta_2 = \frac{P_2}{P_3} = \frac{\omega\tau}{\dot{m}H} \qquad (5\text{-}48)$$

式中,η_1 为增程器工作效率;η_2 为发动机工作效率;η_3 为 ISG 发电工作效率;P_2 为发动机机械功率;P_3 为燃料热值消耗功率;$\dot{m}$ 为发动机燃油消耗率;ω 为发动机当前转速;τ 为发动机输出扭矩;H 为汽油低热值。

通过式(5-48)可以得到发动机输出功率与燃油消耗率之间的关系,联立式(5-47)可以得到不同工况点下增程器的发电功率所对应的系统工作效率。这样在增程器系统最佳效率曲线上可以确定增程器输出功率与发动机燃油消耗率的对应关系,如图 5-76 所示。

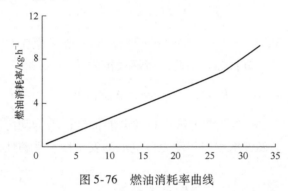

图 5-76 燃油消耗率曲线

将动力蓄电池表征为一个开路电源和一个内阻,如图 5-77 所示,图中:v 为动力蓄电池开路电压;R 为动力蓄电池内阻;I 为动力蓄电池电流,放电模式为正,充电模式为负。

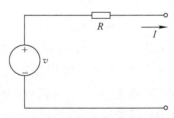

图 5-77 动力蓄电池内阻模型

动力蓄电池 SOC 变化为

$$\frac{\mathrm{d}S}{\mathrm{d}t} = \frac{v - \sqrt{v^2 - 4R(P_1 - P_4)}}{2RQ} \qquad (5\text{-}49)$$

式中,S 为动力蓄电池 SOC 值;P_4 为增程器发电功率;Q 为电池容量;t 为离散步长。

对于增程式电动汽车，行驶速度和动力蓄电池 SOC 可以反映车辆行驶状态。动态规划算法求解过程中，行驶工况是预先设定的，行驶速度已知，将动力蓄电池 SOC 作为系统状态变量。由于动力蓄电池和驱动电机之间为电气连接，且动力蓄电池 SOC 与增程器发电功率满足式（5-49），故此处选定增程器发电功率 P_4 为系统控制变量。

增程式动力系统的状态方程可表示为离散形式

$$x(k+1) = f(x(k), u(k)) \tag{5-50}$$

式中，$x(k)$ 为状态变量在第 k 迭代步的值；$u(k)$ 为控制变量在第 k 迭代步的值；$f(\cdot)$ 为系统状态方程函数。所建立的最优控制问题是在固定行驶工况下找到使目标函数最小的控制变量序列，建立的目标函数为

$$J = \sum_{k=1}^{N} L(x(k), u(k)) \tag{5-51}$$

式中，J 为目标函数；$L(\cdot)$ 为转移代价函数；N 为迭代步数。将燃油费用与电能费用之和最小作为求解目标，因此，转移代价为

$$L = \int_{k}^{k+1} (\lambda_1 \dot{m} + \lambda_2 P_5) dt \tag{5-52}$$

式中，L 为转移代价；λ_1 为燃油价格；λ_2 为电能价格；P_5 为动力蓄电池功率。在优化求解过程中，为确保增程器与动力蓄电池的安全性和平顺性，加入以下物理约束条件

$$\begin{cases} T_1 \leq S \leq T_2 \\ D_1 \leq P_5 \leq D_2 \\ E_1 \geq P_4 \geq E_2 \\ \omega_1 \leq \omega \leq \omega_2 \\ \tau_1 \leq \tau \leq \tau_2 \end{cases} \tag{5-53}$$

式中，T_1、T_2 分别为动力蓄电池 SOC 的下限和上限；D_1、D_2 分别为动力蓄电池充电功率和放电功率限制；E_1、E_2 分别为增程器发电功率的下限和上限；ω_1、ω_2 分别为增程器工作转速的下限和上限；τ_1、τ_2 分别为发动机输出转矩下限和上限。考虑到车辆在行驶过程中要尽量回收制动能以及动力蓄电池过度放电对其本体的损害，设置 SOC 上下限分别为 90% 和 30%。

基于贝尔曼（Bellman）的最优原理，动态规划算法将优化问题分解为可以递归求解的最小化问题序列，当 $k = N$ 时，有

$$J(x(N)) = \min_{u(N)} (L(x(N), u(N))) \tag{5-54}$$

当 $1 \leq k \leq N-1$ 时，有

第5章 混合动力汽车能量管理

$$J(x(N)) = \min_{u(k)}(L(x(k),u(k)) + J(x(k+1))) \tag{5-55}$$

式中，$J(x(k))$为由初始状态至第k迭代步状态$x(k)$的最优目标函数。

图 5-78 为经典动态规划算法的前向计算过程，图中S_k^{n-1}为第k迭代步第$n-1$位置上的 SOC。在每一迭代步需要对离散状态空间点逐一求解。对于状态点S_k^{n-1}，在离散状态量作用下，所产生新的状态量偏离预先设定状态空间网格点，需要采用插值的方法确定两个状态点间的转移代价，最后通过反向计算得到最优控制序列。

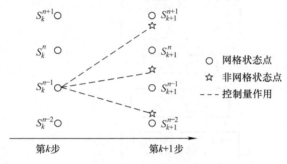

图 5-78　经典动态规划算法前向计算过程

经典动态规划算法存在 2 种数值问题：在状态变量偏离状态空间网格点时采用的线性插值方法会产生求解误差；由于动力蓄电池容量较大，为描述 SOC 在每个计算步长的动态变化，需要提高 SOC 离散化程度，这会产生大量的插值计算，增加计算机处理器负荷。另外，引入惩罚函数对状态变量边界进行限定时会带来可选状态溢出的现象，产生不合理结果。对此，提出一种动态规划算法改进，如图 5-79 所示。

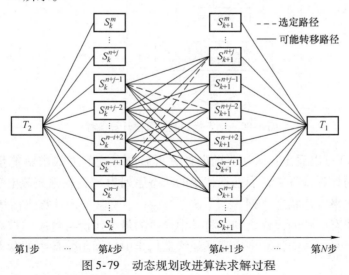

图 5-79　动态规划改进算法求解过程

如图 5-78 所示状态量 SOC 离散化点 S_k^1，S_k^2，…，S_{k+1}^1，…，S_N^m 构成 $N \times m$ 的状态空间。在第 k 步，选定的状态为 S_k^{n-i+1}，S_k^{n+j-2}，S_k^{n+j-1}。根据式（5-53）对动力蓄电池充放电功率的限制可以确定第 $k+1$ 步可达状态的上下限分别为 S_{k+1}^{n-i}，S_{k+1}^{n-i+1}，…，S_{k+1}^{n+j}。这样，用来计算转移代价的状态点全部落在离散网格上，动态规划改进算法流程如图 5-80 所示。

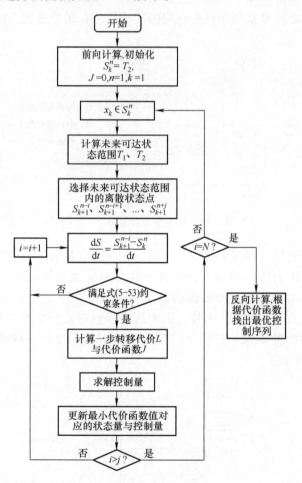

图 5-80　动态规划改进算法计算流程

从图 5-80 可以看出：采用先前向计算再后向寻优的方式求解能量管理优化问题；在前向计算过程中，当前迭代步的状态序列为 S_k^n，根据充放电功率限定条件，可确定未来可达状态序列 S_{k+1}^{n-i}、S_{k+1}^{n-i+1}、…、S_{k+1}^{n+j}；再计算当前状态序列 S_k^n 至未来可达状态序列的代价之和，将其中产生的最小代价与对应的控制量和状态量位置记录下来；后向计算中，选择最终迭代步中目标函数最小的状态量，并逐步寻找出最优控制序列。

仿真试验表明：动态规划改进算法的迭代过程中，搜索范围和计算量得到了有效缩减；对于行驶里程为1000km的仿真工况，采用经典动态规划算法求解的计算时间为33238s，而采用动态规划改进算法的计算时间为7239s，计算时间缩短了78.2%。

本节将燃油费用和电能费用之和作为动态规划改进算法的目标函数，选定燃油价格为1.0~7.0元/L，每隔1.0元变化，电能价格为1.4元/(kW·h)，其中包含0.8元/(kW·h)服务费。以北京主干道工况为基础工况，构建四种不同行驶里程的仿真工况。北京主干道工况车速曲线如图5-81所示，行驶工况参数见表5-2。

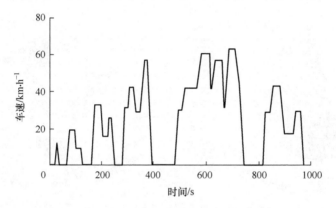

图5-81 北京主干道工况车速曲线

表5-2 行驶工况参数

工况	重复次数	行驶距离/km	持续时间/s
1	7	44.9	6867
2	10	64.1	9810
3	13	83.4	12753
4	16	102.6	15696

本节研究的增程式电动汽车实车采用功率跟随控制策略，在动力蓄电池SOC降到最低值后，开启增程器，维持SOC在最低值附近波动。采用上节构建的仿真工况对基于动态规划改进算法的优化控制策略与实车采用的功率跟随控制策略进行对比分析。定义燃油价格与电能价格之比为能量价格比，并采用整车经济性K_1与燃油经济性K_2作为衡量控制策略优劣的指标，定义为

$$K_1 = (W_1 - W_2)/W_2 \tag{5-56}$$

$$K_2 = (F_1 - F_2)/F_2 \tag{5-57}$$

式中，W_1 为功率跟随控制策略总费用；W_2 为优化控制策略总费用；F_1 为功率跟随策略的燃油消耗；F_2 为优化控制策略的燃油消耗。

采用以上评价指标，对各个工况下的仿真结果进行计算。K_1 与能量价格比和行驶里程的关系见图 5-82a，可以看出：经济性性能指标均大于 0，表明优化控制策略的整车经济性均优于功率跟随控制策略，在能量价格比为 0.83 时，经济性指标提高了 48% 以上，这是因为功率跟随控制策略在给定工况下的能量消耗是固定的，而优化控制策略根据能量价格变化，选择最优的能量分配比例使得整车总费用最小；另外当能量价格比一定时，经济性能指标随行驶里程的变化较小，但当行驶里程一定时，能量价格比的减小会使经济性能指标提高得更快。

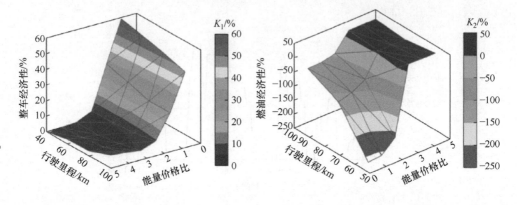

a) K_1 与行驶里程和能量价格比的关系　　　　b) K_2 与行驶里程和能量价格比的关系

图 5-82　K_1、K_2 与行驶里程和能量价格比的关系

K_2 与能量价格比和行驶里程的关系见图 5-82b，可以看出：燃油经济性受能量价格比影响较大；当能量价格比低于 3.2 时，优化控制策略的燃油消耗要高于功率跟随控制策略的燃油消耗，其中在能量价格比为 2.5 时，燃油经济性为 -216%，这表明当燃油价格接近电能价格时，以能量总费用最小为目标的优化控制策略会消耗更多的燃油；而当能量价格比大于 3.2 时，优化控制策略的燃油经济性优于功率跟随控制策略，且行驶里程对燃油经济性的影响不大，在能量价格比为 3.3 时，燃油经济性为 7% 以上，这是因为在能量价格比较高时，燃油价格相对电能价格较高，以总费用为目标函数的优化控制策略优先使用动力蓄电池中的电能，从而降低了燃油消耗。

根据以上分析，当能量价格比大于 3.2 时，优化控制策略的燃油经济性和整车经济性均优于功率跟随控制策略。为了在实时控制中能够具有该控制效果，本文选择在能量价格比为 5.0 时得到的优化控制策略仿真结果作为提取控制规则的基础数据。

对控制规则的提取是对仿真结果中控制参数与车辆状态参数进行分析,进行边界划分与变化规律的拟合。在基于规则的增程式电动汽车控制策略中,一般选择动力蓄电池 SOC 和需求功率作为车辆的状态条件。本节在构建动力系统状态方程时,将增程器输出功率作为控制变量,因此,需要将增程器起停规律与输出功率作为控制规则的输出。

首先,在动态规划改进算法的优化结果中,对增程器起动、关闭点与动力蓄电池 SOC 和需求功率的分布规律进行总结,如图 5-83 所示,可以看出:增程器起动工况点与关闭工况点有明显的界限可以划分;当动力蓄电池 SOC 大于 0.6 时,增程器在需求功率大于 18kW 时起动;当动力蓄电池 SOC 小于 0.6 时,增程器起动点明显增多,起动的需求功率限值下降为 7kW;而动力蓄电池 SOC 下限为 0.3,因此,动力蓄电池 SOC 边界控制条件分别为 0.3 和 0.6;需求功率边界控制条件分别为 7、18kW,车辆在行驶过程中,以上 4 个参数为判断增程器启停的逻辑规则限值。

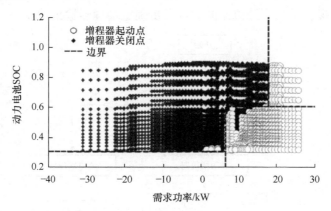

图 5-83 增程器输出功率分布

定义功率分流比用于确定增程器在启动后的发电功率,该值为增程器发电功率与需求功率之比。在优化结果中功率分流比与需求功率的分布关系如图 5-84 所示。采用最小二乘法对增程器功率分流比各点进行曲线拟合,从拟合曲线的变化趋势可以看出:当需求功率大于 7kW 时,随着需求功率的增加,增程器输出功率占需求功率的比例变化较小;当需求功率小于 7kW 时,随着需求功率的降低,功率分流比逐渐变大;结合图 5-83 中增程器起动点可以看出,此时动力蓄电池 SOC 较低,为了避免动力蓄电池过度放电以及保证整车动力性,需要增程器提供更多的电能。根据以上分析,在增程器起动工作时,通过所拟合的曲线确定增程器发电功率。

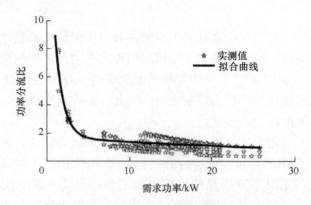

图 5-84　动态规划改进算法功率分流比

综合以上提取的增程器起停控制条件与发电功率控制条件形成优化控制规则，基于该规则得到的控制策略流程如图 5-85 所示。首先判断车辆当前状态是否处于增程器起动区域，若处于增程器起动区域，根据当前需求功率和动力蓄电池 SOC，按照拟合的功率分流比曲线进一步确定增程器输出功率。

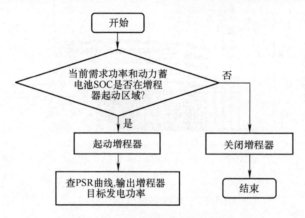

图 5-85　基于优化规则的控制策略流程

将建立的基于优化规则控制策略应用于整车模型中，采用表 5-2 中的工况 4 进行仿真。基于优化规则的控制策略与动态规划改进算法的动力蓄电池 SOC 对比见图 5-86，可以看出：基于优化规则控制策略的动力蓄电池 SOC 变化轨迹与动态规划改进算法结果中 SOC 变化轨迹基本一致，SOC 误差在 2.1% 以内；两种策略中动力蓄电池 SOC 随行驶里程的增加呈线性下降的趋势。

将以上两种控制策略与实车采用的 CD/CS 控制策略在经济性方面进行对比，结果见表 5-3，可以看出：基于优化规则控制策略的燃油消耗要高于动态规划改进算法，但其电能消耗较小，最终总费用上比动态规划改进算法多 0.88 元；虽然与 CD/CS 控制策略相比,基于优化规则控制策略的电能消耗略高,但其燃油经济性比 CD/CS 提高了 7.9%;整车经济性提高了 5.4%。

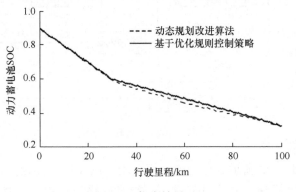

图 5-86 仿真结果对比

表 5-3 整车经济性对比

策略类型	燃油消耗/L	电能消耗/kW·h	总费用/元	相比 CD/CS 策略整车经济性提高率(%)	相比 CD/CS 策略燃油经济性提高率(%)
CD/CS	3.69	7.91	31.62		
动态规划改进算法	3.11	8.62	29.04	8.1	15.8
基于优化规则的控制策略	3.40	7.94	29.92	5.4	7.9

5.3.4 模型预测控制能量管理策略

1. 模型预测控制理论基本原理

模型预测控制(Model Predictive Control,MPC)又称为滚动时域优化控制,是解决非线性强约束控制问题的有力理论工具。模型预测控制算法是在现代控制理论成熟及计算机技术发展之后逐渐在工业中得到应用的一种控制算法,目前已广泛应用在化工制备、汽车自动驾驶、机器人控制等领域。模型预测控制算法根据一个可以反映控制对象特性的模型,由当前的输入,预测未来一定时域内的系统响应,从而根据未来预测输出情况对系统输入进行及时调整,使系统尽可能保持目标工作状态。

预测模型的形式可以是线性的或非线性的,连续的或离散的、确定的或随机的,重要的是其需要具备预测系统未来动态的功能。如图 5-87 所示,预测控制算法主要由预测模型、滚动优化、反馈校正三部分组成。

预测模型是模型预测控制的基础,预测模型需要能够反映被控对象的特性,但是对其形式没有严格的要求。预测模型需要由当前的控制输入预测未来一定时

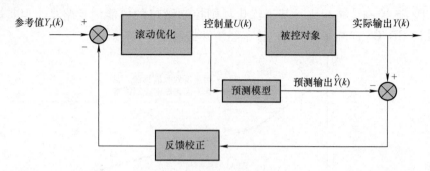

图 5-87 预测控制算法结构

间内的输出,因此只要满足这种功能的模型均可以作为预测模型。目前常用的有状态空间方程预测模型,差分方程模型,神经网络模型以及一些非线性模型等。预测模型不需要十分精准地描述系统的全部特性,因为预测控制算法还有滚动优化以及反馈校正等步骤,因此非常适用于一些复杂、时变的被控系统。实际的发动机系统,数学机理模型十分复杂,可以通过辨识获得被控对象的近似模型,因此模型预测控制非常适合用于混合动力汽车能量管理控制。

预测控制采用滚动式的有限时域优化控制策略。如图 5-88 所示,在每一个采样时刻,控制器根据被控系统当前状态以及未来目标状态要求,根据优化准则函数,求解尽可能使被控系统按照参考目标运行的控制序列,将序列第一个值作用于系统,并在下一采样时刻重新计算。滚动优化的过程需要在线反复进行最优控制量的求解,以保证控制系统每步求解出的控制量都是当前的最优值,该滚动优化策略处理强非线性模型具有较好的控制效果。

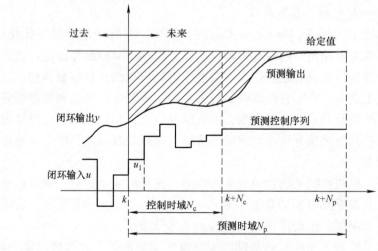

图 5-88 模型预测控制基本原理

当预测模型的精度不足，或被控系统存在时变、强非线性等问题时，会存在预测值与实际值偏离较大的情况，可以采用反馈校正的方式解决。因此在预测时需要选择合适的修正系数，根据实际值和预测值的偏差进行修正，这样可以一定程度上克服预测模型准确性较差或系统时变、强非线性等问题。

2. 模型预测能量管理

以功率分流式混合动力汽车为例，提出一种基于显式随机模型预测控制的能量管理策略。首先利用马尔可夫链预测车速，通过简化控制模型，将非线性的能量管理问题转化为线性二次优化问题，建立以预测域内能量消耗最小为目标的随机模型预测控制（Stochastic Model Predictive Control，SMPC）策略；然后在SMPC 策略的基础上通过参数化求解得到显式随机模型预测控制（Explicit Stochastic Model Predictive Control，ESMPC）策略；最后通过仿真对提出的能量管理策略的有效性进行验证。

以功率分流式插电式混合动力汽车为研究对象，其系统结构如图 5-89 所示，发动机和电机 1 分别连接在行星轮系 1 的行星架和太阳轮上，电机 2 连接在行星轮系 2 的太阳轮上。系统包含两种工作模式，当发动机工作时为混合动力模式，当发动机不工作时为纯电动模式。

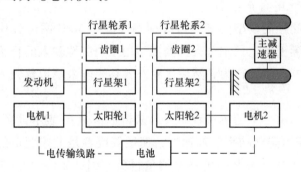

图 5-89　功率分流式插电式混合动力系统结构

假设行星轮的质量很小，各元件之间没有摩擦，没有相对滑动且连接都是刚性的。考虑整车的纵向特性和电池内阻，传动系统的动力学方程可以由式（5-58）~式（5-60）表示

$$\left[\frac{I'_V(s_1+r_1)^2}{r_1 I'_e K} + \frac{I'_V s_1^2}{r_1 I'_g K + r_1}\right]\left(\frac{r_2}{s_2}\right)\dot{\omega}_r = \left(\frac{s_1+r_1}{I'_e}\right)T_e + \left(\frac{s_1}{I'_g}\right)T_g + \left[\frac{(s_1+r_1)^2}{r_1 I'_e K} + \frac{s_1^2}{r_1 I'_g K}\right]C \quad (5\text{-}58)$$

$$\left[\frac{I'_e r_1^2 K}{(s_1+r_1) I'_V} + \frac{I'_e s_1^2}{(s_1+r_1) I'_g} + s_1 + r_1\right]\dot{\omega}_e$$
$$= -\left(\frac{r_1}{I'_V}\right)C + \left[\frac{r_1^2 K}{(s_1+r_1) I'_V} + \frac{s_1^2}{(s_1+r_1) I'_g}\right]T_e + \left(\frac{r_1 K}{I'_V}\right)T_m - \left(\frac{s_1}{I'_g}\right)T_g \quad (5\text{-}59)$$

$$\dot{SOC} = -\frac{V_{oc}\sqrt{V_{oc}^2 - 4(T_m\omega_r\eta_m^{-\theta} - T_g\omega_g\eta_m^{\theta})R_{batt}}}{2R_{batt}Q_{batt}} \quad (5\text{-}60)$$

式中，$I'_V = (m/K)R_{tire}^2 + (I_m + I_r)K$，$I'_g = I_g + I_s$，$I'_e = I_e + I_c$，$I_g$、$I_e$、$I_m$ 分别为电机1、发动机和电机2的转动惯量，I_s、I_c、I_r 分别为太阳轮、行星架和齿圈的转动惯量，R_{tire} 为车轮半径；r_1、s_1 分别为行星是轮系1齿圈和太阳轮的齿数；r_2、s_2 分别为行星轮系2的齿圈和太阳轮齿数；m 为整车质量；K 为主减速比；ω_r、ω_e、ω_g 分别为齿圈、发动机和电机1的转速；T_e、T_m、T_g 分别为发动机、电机2和电机1的转矩。

对于行星轮系1还有如下关系：

$$r_1\omega_r + s_1\omega_g = (r_1 + s_1)\omega_e \quad (5\text{-}61)$$

常数 C 为驱动轮处的总阻力矩，可表示为 $C = mgf_rR_{tire} + 0.5\rho A_f C_d (\omega_r/K)^2 R_{tire}^2$，其中 f_r 为迎风面积，C_d 为风阻系数；总阻力矩包括两个部分，一个考虑轮胎的滚动阻力，另一个考虑空气阻力。

在该模型中，V_{oc} 为电池开路电压，R_{batt} 为电池内阻，Q_{batt} 为电池容量，当电池放电时 $\theta = 1$，充电时 $\theta = -1$。

随机模型预测控制模型由马尔可夫预测模型和 MPC 两部分构成。文中首先介绍马尔可夫预测模型，马尔可夫预测模型用于预测驾驶人的行为，用一个状态量表示驾驶人可能的驾驶行为，然后用状态转移矩阵来模拟驾驶人在实际驾驶中的行为。

假设驾驶行为由一个随机过程 $\omega(\cdot)$ 来模拟，$\omega(k)$ 表示其在 k 时刻的状态。变量 $\omega(k)$ 可以表示需求功率、加速度、速度等或者是上述变量的组合，所有的这些信息均可以通过车辆上的传感器测量得到，因此 $\omega(k)$ 在 k 时刻是可测的，在 $t > k$ 时是未知的。假设 k 时刻的驾驶行为与历史信息无关，只由当前信息决定，则可以认为 $\omega(k)$ 的变化是一个马尔可夫过程，此时即可以使用马尔可夫模型来模拟 $\omega(k)$ 的变化规律，并对未来进行预测。

文中采用车速 $v(0 \sim 32\text{m/s})$ 和加速度 $a(-1.5 \sim 1.5\text{m/s}^2)$ 构成离散网格空间，定义车速为当前状态量，将其划分为 p 个区间，由 $i \in \{1,\cdots,p\}$ 索引；定义车辆加速度为下一刻输出量，将其划分为 q 个区间，由 $j \in \{1,\cdots,q\}$ 索引。则马尔可夫链模型的转移概率矩阵为

$$T_{i,j} = \Pr[a(k+1) = a_j | v(k) = v_i] \quad (5\text{-}62)$$

式中，$T_{i,j}$ 表示在当前时刻车速 $v_k = v_i$ 的情况下，车辆加速度在下一时刻变化至 a_j 的概率。因此可以根据式（5-63）计算转移概率矩阵

$$T_{i,j} = \frac{N_{i,j}}{\sum_{j=1}^{q} N_{i,j}} \tag{5-63}$$

式中，$N_{i,j}$ 表示当前时刻车速为 v_i 下一个时刻加速度为 a_j 出现的次数。

将 NEDC、UDDS（Urban Dynamometer Driving Schedule）和 FTP（Federal Test Procedure）3 种工况组合成综合工况，如图 5-90 所示，图 5-91 为通过式（5-63）计算得到的该综合工况下的马尔可夫链模型转移概率矩阵，图中不同的颜色表示不同的速度。

根据以上马尔可夫链模型，即可在当前时刻 k 预测出下一时刻的车辆加速度，并求出下一时刻的速度

$$v(k+1) = v(k) + \sum_{j=1}^{q} (a_j(k+1) \cdot T_{v(k),j}) \tag{5-64}$$

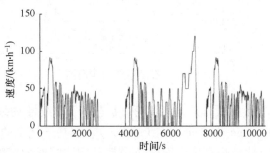

图 5-90　NEDC、UDDS 和 FTP 组合工况

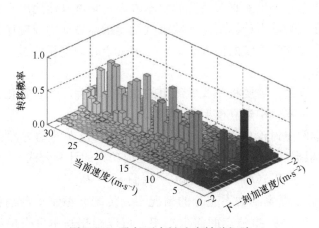

图 5-91　马尔可夫链速度转移矩阵

能量管理模块根据驾驶人需求转矩和电池 SOC 来确定发动机、电机的功率以及制动力矩。由于功率需求是动态变化的，因此这是一个动态的决策问题。其

目标是最大限度地减少燃油消耗,同时确保满足所有的约束。为了降低模型的复杂程度,文中将控制模块分为两层,如图 5-92 所示。顶层控制模块的输入为需求功率、电池 SOC 和发动机功率,利用 ESMPC 控制器计算发动机、电池和制动功率;然后在底层控制模块中,根据发动机最优工作区间确定发动机转矩,再根据式(5-58)~式(5-60)中的行星轮系的转矩转速关系来确定电机 1 和电机 2 的需求转矩;最后输入到个整车模型中。本案例主要对顶层控制器进行设计。

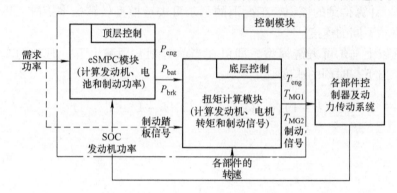

图 5-92 控制系统结构简图

在顶层控制中,能量管理问题可以看成是一个非线性约束优化问题(Constrained Nonlinear Dynamic Optimization Problem)。在基于优化的能量管理策略中,模型预测控制的实时性是最高的,而随机模型预测控制增加了随机预测项,能够有更好的控制效果,因此文中选用了随机模型预测控制。随机模型预测包含 3 个步骤:首先,建立一个反映真实系统的状态方程,它可以预测出真实系统的未来输出;其次,在预测域内计算出满足约束且性能指标最优的控制序列;最后,将控制序列的第一项作为系统的输入变量。在下一个时刻重复该过程,即可以得到下一时刻的控制量。

为了减少计算量,需要将非线性约束的能量管理优化问题转化为线性二次优化问题,以下是本案例中建立模型的过程。

首先,本案例中讨论的混合动力构型包含两个独立的动力源:发动机和电池/电机,因此根据功率平衡原则可以得到电池功率的计算公式

$$P_{bat}(k) = P_{req}(k) - P_{eng}(k) + P_{brk}(k) \tag{5-65}$$

式中,$P_{brk}(k)$ 指在再生制动不充分的情况下,传统摩擦制动器消耗的动力,因此 $P_{brk}(k) \geq 0$;$P_{req}(k)$ 指整车的需求功率,可以根据马尔可夫模型预测出的速度及加速度计算得到;$P_{eng}(k)$ 为发动机功率,其功率变化见式(5-66)。

$$\Delta P_{eng}(k) = P_{eng}(k+1) - P_{eng}(k) \tag{5-66}$$

采用电池的 SOE(State of Energy)来描述电池状态,并定义为电池剩余可用

能量与电池总可用能量的比值,变化范围在40%~80%之间,当SOE=1时表示电池完全充满,当SOE=0时表示电池放电完全;当$P_{brk}(k)>0$时电池放电,当$P_{brk}(k)<0$时电池处于充电状态,其动态模型为

$$SOE(k+1) = SOE(k) - \kappa P_{bat}(k) \tag{5-67}$$

式中,$\kappa = -\Delta t/E_{bat}$,$\Delta t$ 为仿真步长,E_{bat} 为电池可用总能量,采用 SOE 能够使 SMPC 方程线性化。

根据式(5-65)~式(5-67)可以得到如式(5-68)所示的随机模型预测控制优化模型

$$\begin{cases} \boldsymbol{x}(k+1) = \boldsymbol{A}\boldsymbol{x}(k) + \boldsymbol{B}_1\boldsymbol{u}(k) + \boldsymbol{B}_2\omega(k) \\ \boldsymbol{y}(k) = \boldsymbol{C}\boldsymbol{x}(k) + \boldsymbol{D}_1\boldsymbol{u}(k) + \boldsymbol{D}_2\omega(k) \end{cases} \tag{5-68}$$

式中,$\boldsymbol{x}(k) = [SOE(k) \quad P_{eng}(k)]^T$,$\boldsymbol{u}(k) = [\Delta P_{eng}(k) \quad P_{brk}(k)]^T$,$\omega(k) = P_{req}(k)$,$\boldsymbol{y}(k) = P_{bat}(k)$,剩余各参数分别为

$\boldsymbol{A} = \begin{bmatrix} 1 & \kappa \\ 0 & 1 \end{bmatrix}$,$\boldsymbol{B}_1 = \begin{bmatrix} 1 & -\kappa \\ 0 & 1 \end{bmatrix}$,$\boldsymbol{B}_2 = \begin{bmatrix} -\kappa \\ 0 \end{bmatrix}$,$\boldsymbol{C} = \begin{bmatrix} 0 & -1 \end{bmatrix}$,$\boldsymbol{D}_1 = \begin{bmatrix} 0 & 1 \end{bmatrix}$,$\boldsymbol{D}_2 = 1$。

该模型中有 2 个状态量,电池的 SOE 和 $P_{eng}(k)$,$P_{eng}(k)$ 为发动机在 k 时刻的功率;包含两个控制变量 $\Delta P_{eng}(k)$ 和 $P_{brk}(k)$,$P_{req}(k)$ 是预测需求功率,可以根据马尔可夫链模型预测得到的速度与加速度值求得。

对于 PHEV,燃油经济性主要和电池放电轨迹曲线有关,因此在性能函数中添加了一个参考项 SOE_{ref},用来约束电池的放电轨迹;同时,为了保证发动机能够提供足够的动力以及功率变化平滑,在性能函数中添加了 P_{req} 项。整车燃油消耗和发动机的输出功率是成正比的,因此为了减少整车的燃油消耗,需要尽可能地减少发动机的工作时间。在预测域上的性能函数可以表达为

$$IE = \sum_{j=1}^{N}(\boldsymbol{x}(k+j) - \boldsymbol{x}_{ref})\boldsymbol{Q}(\boldsymbol{x}(k+j) - \boldsymbol{x}_{ref}) + \sum_{j=0}^{N-1}\boldsymbol{u}(k+j)\boldsymbol{R}\boldsymbol{u}(k+j)$$

$$s.t. \begin{cases} x \triangleq \{\boldsymbol{x}:\underline{SOC} \leq [\boldsymbol{x}]_1 \leq \overline{SOE}, 0 \leq [\boldsymbol{x}]_2 \leq \overline{P_{eng}}\} \\ u \triangleq \{\boldsymbol{u}:\underline{\Delta P_{eng}} \leq [\boldsymbol{u}]_1 \leq \overline{\Delta P_{eng}},[\boldsymbol{u}]_2 \geq 0\} \\ y \triangleq \{y:\underline{P_{bat}} \leq y \leq \overline{P_{bat}}\} \end{cases} \tag{5-69}$$

式中,N 为预测区间的长度,$\boldsymbol{x}(k+j)$ 为系统在预测域 j 时刻的状态变量,$\boldsymbol{u}(k+j)$ 为系统在预测域 j 时刻的控制变量,$\boldsymbol{x}_{ref} = [SOE_{ref} \quad P_{ref}]^T$,$\underline{SOE} = 40\%$,$\overline{SOE} = 80\%$,$\underline{\Delta P_{eng}} = \overline{\Delta P_{eng}} = 1kW$,$\overline{P_{bat}} = -\underline{P_{bat}} = 50kW$。$\boldsymbol{Q}$ 和 $\boldsymbol{R}$ 为性能函数中的权重系数,通过调节权重系数来确保系统的稳定和获得最优的性能,分别表示为

$$\boldsymbol{Q} = \begin{bmatrix} \omega_1 & 0 \\ 0 & \omega_2 \end{bmatrix}, \boldsymbol{R} = \begin{bmatrix} \omega_3 & 0 \\ 0 & \omega_4 \end{bmatrix}$$

权重 $\omega_i(i=1,\cdots,4)$ 根据系统参数调整以获得最优的性能，$\omega_1>0$ 用于保证电池的变化不超过上下限，$\omega_2>0$ 用于使发动机工作在高效区，$\omega_3>0$ 用于保持机械动力的平稳变化，$\omega_4>0$ 用于防止频繁刹车。通过多次的仿真试验，各个权重的取值设定为 $\omega_1=10^2$，$\omega_2=10$，$\omega_3=1$，$\omega_4=10^3$，可以保证方程始终有可行解。

本案例中通过参数化求解的方法求得式（5-69）的显式解，并利用 ESMPC 策略来提高整车燃油经济性和减少在线计算时间。文中建立的 SMPC 模型为线性的，且预测项是符合马尔可夫模型的，因此该系统可转化为马尔可夫跳变线性系统（Markov Jump Linear System，MJLS）。MJLS 可以转换成分段仿射系统（Piecewise-Affine System，PWA），因此该问题可转化为一个多参数规划问题。在多参数规划问题中，目标是在参数 X 的范围内获取最优 U^*，当性能函数为二次函数时，该问题可转化为多参数二次规划问题（Multi Parametric Quadratic Program，MPQP）。

显式模型预测控制分为离线计算和在线查找两个步骤。离线计算时，应用多参数规划方法对系统的状态区域（即参数区域）进行凸划分，并离线计算得到对应每个状态分区上的状态反馈最优控制规律（为状态的线性控制律）；在线计算时，只需确定当前时刻的系统状态处在状态的哪个分区，并按照该分区上的最优控制规律计算当前的最优控制量。

根据循环工况、最大需求功率和电池的 SOC，文中将 SOE_{ref} 和 P_{ref} 离散为 [40, 45, …, 75, 80] 和 [0, 10, …, 70, 80]，各包含 9 个值，最终可求得 81 组多面体集，每一个多面体集对应当前状态的最优控制。图 5-93 为 SOE_{ref} = 60%，P_{ref} = 40kW 且 v = 16m/s 时解的分区图，可以看到越接近跟踪点时区域划分越密集，这是因为 ESMPC 控制器可以跟踪预定义的 SOE 和 P_{eng} 值。

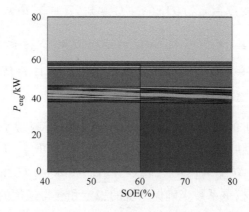

图 5-93　SOE_{ref} = 60%，P_{ref} = 40kW 且 v = 16m/s 时解的分区图

图 5-94 展示了在 $SOE_{ref}=60\%$，$P_{ref}=40kW$ 且 $v=16m/s$ 时的不同初始条件下的控制策略，发动机功率控制策略如图 5-94a 所示，制动功率控制策略如图 5-94b 所示。每组控制策略可以分为 4 个区域进行分析。

1) $P_{eng}(k)>P_{ref}$ 且 $SOE(k)<SOE_{ref}$。在这个区间，整车需要由发动机来提供驱动能量。在这个区间时，电池 $SOE(k)<SOE_{ref}$，因此不能使用电池为整车提供动力；该状态下通过再生制动向电池充电，同时多余的能量通过制动器消耗，因此 $P_{brk}(k)\neq0$。

2) $P_{eng}(k)<P_{ref}$ 且 $SOE(k)<SOE_{ref}$。在该状态下发动机需求功率增加，同时需要对电池进行充电。发动机多余的能量都可用于向电池充电，此时 $P_{brk}(k)=0$。

3) $P_{eng}(k)<P_{ref}$ 且 $SOE(k)>SOE_{ref}$。在这个区间，发动机功率增加，同时 $P_{bat}>0$，电池和发动机共同输出功率，处于混合动力模式，此时 $P_{brk}(k)=0$。

4) $P_{eng}(k)>P_{ref}$ 且 $SOE(k)>SOE_{ref}$。在这个区间，发动机的功率需要降低，电池也不需要充电，整车处于制动或者减速的状态，因此 $P_{brk}(k)\neq0$。

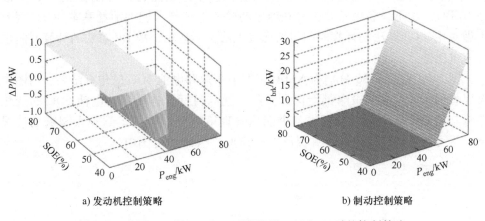

a) 发动机控制策略　　　　　　　　　　b) 制动控制策略

图 5-94　$SOE_{ref}=60\%$，$P_{ref}=40kW$ 且 $v=16m/s$ 时的控制策略

为验证前文提出的能量管理策略的有效性，在 MATLAB – Advisor 环境下进行了仿真。仿真中设定能量管理策略采样时间间隔为 1s，同时设定预测的时域为 5s，电池 SOE 的初始值设置为 0.7，SOE_{ref} 的初始值设置为 70%。

文中在 NEDC、UDDS 和 FTP 三种工况下进行了仿真分析。为了充分验证文中提出的能量管理策略的有效性和实时性，采用基于规则的（Rule – Based, RB）、EMPC、ESMPC、SMPC 和 DP 五种能量管理策略进行仿真对比，仿真结果见表 5-4，包含该循环工况下消耗的电池电量、油耗、与基于规则的策略相比的经济性提升率，以及仿真所耗费的总时间。

表 5-4　各工况下各策略仿真结果

控制策略	NEDC				UDDS				FTP			
	ΔSOC	油耗/kg	经济性提升(%)	仿真时间/s	ΔSOC	油耗/kg	经济性提升(%)	仿真时间/s	ΔSOC	油耗/kg	经济性提升(%)	仿真时间/s
RB	0.2815	0.0194	—	6.25	0.2944	0.0817	—	6.5150	0.2800	0.4312	—	7.1655
EMPC	0.2873	0.0009	—	6.95	0.2899	0.0761	6.85	8.2189	0.2904	0.3749	13.06	10.0547
ESMPC	0.2876	0.0000	—	13.86	0.2998	0.0583	28.64	19.896	0.2992	0.3514	18.51	27.7670
SMPC	0.2876	0.0000	—	1761.8	0.2998	0.0583	28.64	2154.2	0.2992	0.3514	18.51	3739.85
DP	0.2876	0.0000	—	—	0.3198	0.0565	30.84	—	0.3190	0.3459	19.78	—

根据结果可知，基于优化的能量管理策略与基于规则的能量管理策略相比燃油经济性均得到了提升，其中 DP 的燃油经济性最好，SMPC 和 ESMPC 的燃油经济性其次，与理论相符；在计算时间上，采用显式算法能够大幅减少计算时间，并且燃油经济性不会下降，验证了显式随机模型预测控制算法有较好的实时性。在 NEDC 工况下，各个策略都是在纯电动模式下工作，燃油消耗基本为 0，因此不做对比。DP 算法的计算时间很长而且无法实际运用，故 DP 算法的计算时间也没有可比性。

图 5-95 和图 5-96 分别为 NEDC 工况下车速和电池 SOC 的仿真结果。由图中可以看出，各个控制策略都能保证实际车速与目标车速一致，电池 SOC 的变化趋势与预期结果相符，说明了各个能量管理策略都能在满足驾驶人需求的情况下，尽可能多地使用电能，并保证电池 SOC 在合理的范围内。

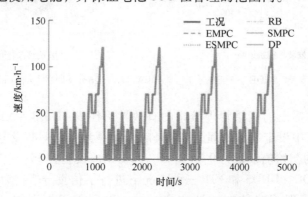

图 5-95　NEDC 工况下的车速仿真结果

UDDS 工况下的车速和电池 SOC 的仿真结果如图 5-97 和图 5-98 所示。由表 5-4 可知，在 UDDS 工况下，EMPC 的油耗与基于规则的策略相比减少了 6.85%，SMPC 和 ESMPC 油耗与基于规则的策略相比降低了 28.64%；ESMPC 的

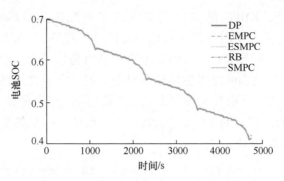

图 5-96　NEDC 工况下电池 SOC 仿真结果

油耗与 DP 结果相比增加了 3.19%。EMPC 和 SMPC 与基于规则的能量管理策略相比，通过对未来工况的预测，能量分配更为合理，因此燃油经济性更好。基于规则的策略当 SOC 下降至下限值后，则以发动机工作为主进入电量维持模式，因此 SOC 几乎没有波动；而基于优化的控制策略则会通过对电池充电，来改善发动机的工作点，因此 SOC 在下限值附近波动。

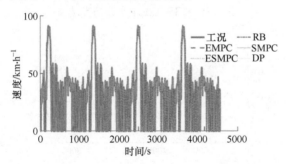

图 5-97　UDDS 工况下车速仿真结果

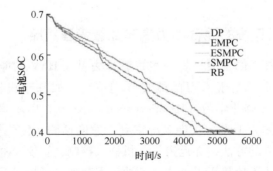

图 5-98　UDDS 工况下电池 SOC 仿真结果

FTP 工况下车速和电池 SOC 的仿真结果如图 5-99 和图 5-100 所示。由表 5-4

可知，在该工况下，EMPC 的燃油经济性比基于规则的策略提高了 13.06%，ESMPC 和 SMPC 与基于规则的策略相比燃油经济性提升了 18.51%。EMPC 策略中仅采用保持预测，而 SMPC、ESMPC 策略中利用马尔可夫链预测车速，预测精度更高，因此 SMPC 得到的结果更接近全局最优解，燃油经济性更好。与其他几种能量管理策略相比，SMPC 和 ESMPC 的结果更接近 DP 的结果。在 FTP 工况下，ESMPC 的燃油经济性与 DP 非常接近，如果能够进一步的提高工况的预测精度，能够得到更好的结果。

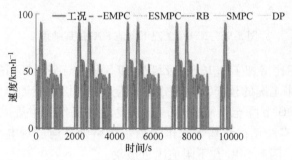

图 5-99　FTP 工况下车速仿真结果

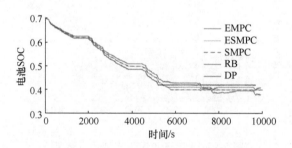

图 5-100　FTP 工况下电池 SOC 仿真结果

5.3.5　基于智能算法的混合动力汽车能量管理策略

随着人工智能技术的发展，将一些智能算法引入 HEV 的能量管理成为新的研究热点，由此诞生了基于学习的能量管理策略。如基于机器学习（Machine Learning，ML）、基于强化学习（Reinforcement Learning，RL）等。基于 ML 的算法主要以神经网络作为工具，实现工况识别、速度预测、优化控制等。RL 是人工智能领域一种重要的方法，在运筹学、机器人控制、智能交通等领域已经有了广泛的应用。该方法不依赖于系统模型，通过不断地与环境进行交互获得奖励信号来探索最优策略。某些研究者也将智能算法与前文所述的能量管理策略结合使用以提升性能。

1. 基于强化学习的能量管理策略

RL 在 HEV 的能量管理中已经得到了一些应用,如应用到插电式混合动力汽车,或者路线固定的混合动力公交。该方法可以实现离线优化和在线应用的结合,具有巨大的潜力。

强化学习的核心是智能体根据环境的反馈的奖励信号,通过"试错",不断改善策略更新环境,直到策略收敛。能量管理策略的目的是降低燃油消耗,提高 HEV 的燃油经济性,同时将电池的 SOC 维持在一定的范围,防止电池过充电或过放电,提高电池寿命,优化目标如下式

$$J = \int_{t_0}^{t} \alpha \cdot m_{\text{fuel\_rate}}(t) \mathrm{d}t + \beta \cdot [\text{soc}(t) - \text{soc}(t_0)]^2 \qquad (5-70)$$

优化值函数由两部分组成:第一部分表示燃油消耗,$m_{\text{fuel\_rate}}$ 是瞬时燃油消耗率,第二部分表示当前时刻和初始时刻 SOC 的差值,表示电池 SOC 维持的性能。α 和 β 是两个常数因子,通过调整这两个参数,能量管理策略可以在燃油经济性和电池 SOC 维持上取得一定的平衡。

在 HEV 的能量管理问题中,工况的随机性会导致车辆需求功率随机变化,离散化后的状态变量维度较高,为了提高仿真速度,使用状态转移概率矩阵来简化模型。将汽车的驱动工况看作一个马尔可夫过程,也就是下一个状态只与当前的状态和动作有关,而与历史状态无关。选取 UDDS、NEDC 和 Japan1015 3 个标准工况,工况的车速和需求功率如图 5-101 所示。

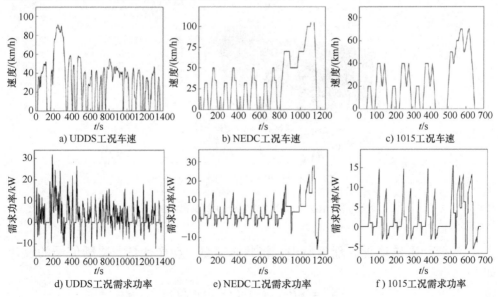

图 5-101 各标准工况车速和需求功率

使用最近邻法来估计需求功率的概率转移矩阵

$$p_{s,s'} = \frac{n_{s,s'}}{n_s} \tag{5-71}$$

式中，$p_{s,s'}$ 为从状态 s 转移到 s' 的概率大小；$n_{s,s'}$ 为在循环工况中从状态 s 转移到 s' 的情况出现的数量；n_s 为状态 s 出现的总数量。求解马尔可夫模型，各标准工况下的需求功率状态转移概率如图 5-102 所示。可以看出，转移概率限制在区间 [0.2, 1]，而且大部分集中在对角线上，因为汽车的需求功率很少发生突变，符合实际情况。

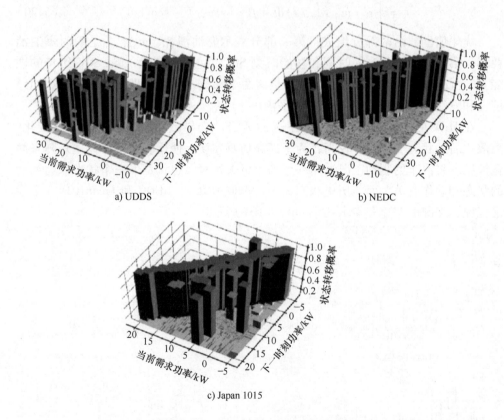

图 5-102 不同工况下的状态转移概率

在基于 RL 的能量管理策略中，将状态变量、动作变量、奖励信号的设计如下

$$\begin{cases} S_t = \{P_{req}(t), v(t), SOC(t)\} \\ a_t = \{P_m(t)\} \end{cases}$$

$$R = \begin{cases} \dfrac{1}{m_{\text{fuel\_rate}}(t)} & m_{\text{fuel\_rate}}(t) \neq 0 \cap \text{SOC}_{\min} \leq \text{SOC} \leq \text{SOC}_{\max} \\ \dfrac{1}{m_{\text{fuel\_rate}}(t)+10} & m_{\text{fuel\_rate}}(t) \neq 0 \cap \text{SOC} < \text{SOC}_{\min} \text{ 或 } \text{SOC} > \text{SOC}_{\max} \\ \dfrac{1}{\text{SOC}+1} & m_{\text{fuel\_rate}}(t) = 0 \cap \text{SOC}_{\min} \leq \text{SOC} \\ \dfrac{1}{P_{\text{batt}}(t)} & m_{\text{fuel\_rate}}(t) = 0 \cap \text{SOC} < \text{SOC}_{\min} \end{cases}$$

(5-72)

选取车速 $v(t)$，电池 SOC 和需求功率 $P_{\text{req}}(t)$ 作为状态变量，电机功率 $P_{\text{m}}(t)$ 作为动作变量，奖励信号是与电池 SOC 和瞬时燃油消耗率相关的函数。智能体和环境的交互过程如图 5-103 所示，RL 能量管理策略作为智能体，HEV 作为环境，智能体从环境获取 t 时刻的状态 S_t 和奖励信号 R_t，选择合适的动作作用于环境，环境反馈下一时刻的状态 S_{t+1} 和奖励信号 R_{t+1} 给智能体，循环这个过程，直到学习到较优的控制策略。

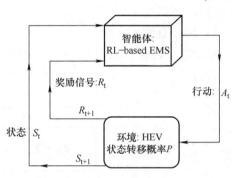

图 5-103 智能体与环境的交互示意图

RL 的目标函数可以定义为未来所有状态累计回报的总期望，描述为

$$V^*(t) = \text{E}\left(\sum_{t=0}^{\infty} \gamma^t r_t\right) \quad (5\text{-}73)$$

式中，$\gamma \in [0,1]$ 是折扣因子，保证了在学习过程中的收敛性；E 表示累计回报的期望，$V^*(s)$ 作为值函数，满足贝尔曼方程（Bellman Equation）

$$V^*(s) = r(s,a) + \gamma \sum_{s'=S}^{+\infty} P_{\text{sa},s'} V^*(s') \quad (5\text{-}74)$$

式中，$P_{\text{sa},s'}$ 为从状态 s 执行动作 a 转移到状态 s' 的概率大小；$r(s,a)$ 为当前状态下的即时奖励。采用 RL 中经典的 Q 学习算法设计能量管理策略，主要思想是建立一个状态和动作对应的 Q 表，通过优化迭代 Q 值函数获得最大化预期累计折扣回报。在 Q 学习中的状态值函数和更新规则可以写作

$$Q^*(s,a) = r(s,a) + \gamma \sum_{s' \in S} P_{\text{sa},s'} \max_a Q^*(s',a') \quad (5\text{-}75)$$

$$Q(s,a) \leftarrow Q(s,a) + \eta(r + \gamma \max_{a'} Q(s',a') - Q(s,a)) \quad (5\text{-}76)$$

式中，η 为学习率，值越大，强化学习收敛速度越快，但太大容易导致学习振荡和过拟合问题。根据贝尔曼最优性原理可以得到最优控制策略

$$\pi^*(s) = \arg\max_a Q(s,a) \tag{5-77}$$

为了平衡强化学习中探索（exploration）和利用（exploitation）的关系，使用 ε-greedy 算法，算法以很小的概率 $1-\varepsilon$ 随机选择动作，并以 ε 的概率选择使值函数 Q 为最大的动作。Q 学习算法更新的伪代码如下：

初始化所有 $Q(s,a)=0$，初始化 s，a 重复下列过程：

1）根据当前的状态 s，按照 ε-greedy 算法，选择动作 a。
2）执行动作 a，获得奖励 R 和新的状态 s'。
3）$Q(s,a) \leftarrow Q(s,a) + \eta(r + \gamma \max_{a'} Q(s',a') - Q(s,a))$。
4）$s \leftarrow s'$。
5）循环直到 s 终止。

根据以上讨论，基于 RL 的 HEV 能量管理策略计算过程如图 5-104 所示。

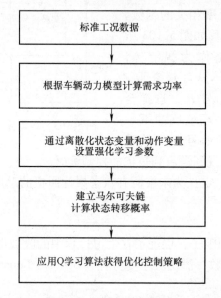

图 5-104　基于 RL 的能量管理策略的计算过程

强化学习的主要参数见表 5-5。

表 5-5　强化学习的主要参数设置

ε 概率	学习率 η	折扣因子 γ	episode	每轮循环次数
0.88	0.1	0.9	10	20000

图 5-105 给出了在 UDDS 工况下，需求功率分别为 1.2kW、9kW、-7kW 时的 Q 值平均误差。在迭代 20000 次后可以看出，在开始学习时学习经验不足，Q 值差异较大，随着迭代次数增加，Q 值的百步均方差（即每 100 步的 Q 值均方

差）迅速减小，直到趋近于 0，逐渐收敛到最优控制策略，证明了强化学习算法的收敛性。

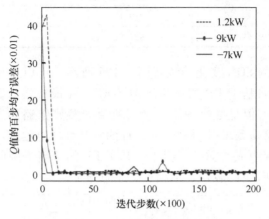

图 5-105　Q 值的平均误差

分别建立强化学习、动态规划和基于规则的能量管理策略，针对 UDDS、NEDC、Japan1015 对策略进行验证，3 种工况兼顾了市区、市郊、高速等路况。为了使各循环工况仿真时间基本一致，方便结果比较，将 1015 工况连续循环两次。

设置电池的 SOC_max 和 SOC_min 分别为 0.7 和 0.55。在 3 个标准工况中分别实现基于 DP、基于规则和基于 RL 的能量管理策略，限制各策略最终电池 SOC 基本相等。为了使最终燃油经济性更有说服力，需要对 SOC 进行修正，通过计算得到的等效燃油经济性结果见表 5-6。可以看出，在最终 SOC 保持基本一致的情况下，3 个工况中，基于 RL 的能量管理策略相较于基于规则的能量管理策略，将燃油经济性分别提高了 14.4%，10.22%，7.67%，证明了该策略的有效性。

基于 DP 的策略可以实现最佳燃油经济性，将基于 RL 的策略与之比较，可以得出不同策略性能的差异。由表 5-7 可以看出，在 3 个标准工况下，基于 RL 的能量管理策略与 DP 策略相比均可以提升 92% 以上的燃油经济性，证明了该策略最优。

表 5-6　不同工况下的燃油经济性比较

工况	能量管理策略	最终 SOC	等效油耗/g	提升（%）
UDDS	基于规则	0.5861	1001.37	—
	基于 RL	0.5861	857.14	14.4
NEDC	基于规则	0.6014	1023.77	—
	基于 RL	0.6021	919.11	10.22
Japan1015	基于规则	0.6667	911.88	—
	基于 RL	0.6663	841.94	7.67

表 5-7 RL 策略与 DP 最优控制策略的燃油经济性比较

策略	UDDS 工况等效油耗/g	NEDC 工况等效油耗/g	Japan1015 工况等效油耗/g
RL	857.14	919.11	841.94
DP	795.09	854.81	821.13

各工况下电池的 SOC 变化曲线如图 5-106 所示,可以看出,在 UDDS 工况中,作为最优控制的基于 DP 的策略电池 SOC 下降最缓慢,基于 RL 的策略在 900s 以前下降较快,但是之后 SOC 一直处在基于规则策略的上方。在 NEDC 工况中,基于 RL 的策略 SOC 下降最平缓,证明了其维持电池 SOC 平衡的能力。在两个 Japan1015 工况组成的循环工况中,基于 RL 的策略下降同样比较缓慢,而基于规则的策略 SOC 下降较快,不利于电池的寿命。

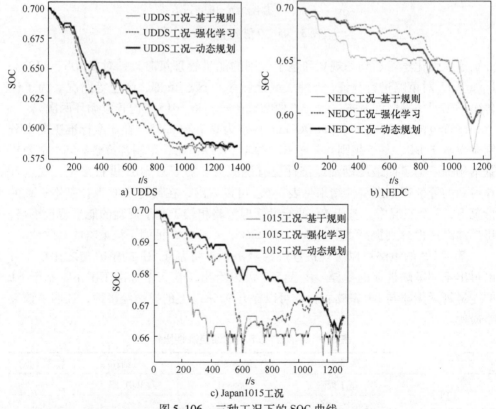

图 5-106 三种工况下的 SOC 曲线

UDDS 工况下,发动机和电机的功率输出如图 5-107a、图 5-107b 所示,以 [200s, 300s] 时段为例,基于 DP 和基于规则的能量管理策略都以发动机为主进行功率输出,而基于 RL 的策略则基本使用电机驱动汽车;如图 5-107c、图 5-107d 所示,在 NEDC 工况的第 1000s 左右,基于规则的能量管理策略 SOC

已经到了设定的最小值附近，因此发动机除了提供需求功率，还要提供一定功率为电池充电，基于 RL 和基于 DP 策略的电池则继续放电；在 1015 工况的各个时刻，不同策略对发动机和电池功率分布也不同，如 5-107e、图 5-107f 所示。比起基于规则的策略，基于 RL 的策略优化了各个时刻功率的分配，提升了各个工况燃油经济性。

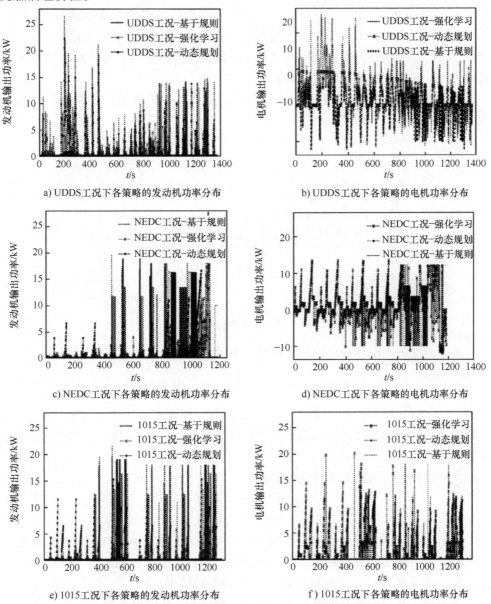

图 5-107　各工况下各策略的发动机、电机功率分布

2. 基于机器学习的能量管理策略

本案例提出基于动态规划与机器学习（Dynamic Programming and Machine Learning，DPML）的 PHEV 能量管理算法。首先选择能够代表各种工况类型的 20 个标准工况，分别将其划分为时长 150s 的工况段，以平均速度和巡航时间之比为特征参数，采用 K-均值聚类算法将其划分为 3 个类型；然后利用动态规划算法对 20 个标准工况进行仿真计算，得到不同类型工况的最优功率分配方式，分别对每种工况段类型训练相应的神经网络模型；最后针对某随机工况提取特征参数，进行工况识别，根据当前所属的工况段类型选择相应的神经网络模型进行功率分配，验证本案例算法的有效性。

本案例采用的 P2 构型 PHEV 整车结构，如图 5-108 所示，发动机和电机模型均采用查表方式进行建模。

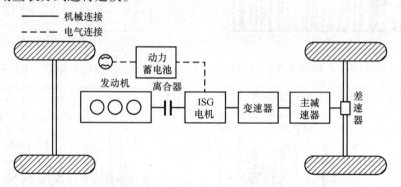

图 5-108　PHEV 动力传动系统结构

不考虑车辆的振动和操纵稳定性时，车辆的纵向动力学表达式为

$$T_\mathrm{w} = \left(mgf_\mathrm{r}\cos\theta + \frac{1}{2}C_\mathrm{d}\rho_\mathrm{d}Av^2 + mg\sin\theta + \delta m\frac{\mathrm{d}v}{\mathrm{d}t}\right)r \tag{5-78}$$

式中，T_w 为需求转矩；m 为整车质量；g 为重力加速度；f_r 为滚动阻力系数；θ 为坡道角度；C_d 为空气阻力系数；ρ_d 为空气密度；A 为迎风面积；v 为车速；δ 为旋转质量换算系数；t 为时间；r 为车轮滚动半径。

发动机和电机的转矩和转速关系为

$$T_\mathrm{w} = \eta_\mathrm{T} R(i)(T_\mathrm{e} + T_\mathrm{m}) + T_\mathrm{b} \tag{5-79}$$

$$\omega_\mathrm{e} = \omega_\mathrm{m} = \omega_\mathrm{w} R(i) \tag{5-80}$$

式中，η_T 为变速器与驱动桥的总传动效率；$R(i)$ 为变速器第 i 档速比与主减速比的乘积；T_e 为发动机输出转矩；T_m 为电机输出转矩；T_b 为摩擦制动器的制动转矩；ω_w 为车轮转速；ω_e 为发动机转速；ω_m 为电机转速。

首先将标准工况划分成等长的工况段，利用 K-均值聚类算法将工况段划分成不同的聚类中心；然后利用动态规划算法求解不同标准工况的最优控制规律；

最后，针对不同类型的工况段，利用神经网络模型离线探索其能量管理最优控制规律，进而提出基于动态规划与机器学习的 PHEV 能量管理算法。

SOC 是整车能量管理的重要变量，直接影响需求转矩在发动机和电机之间的分配。本案例将动力蓄电池简化为等效电路模型，可得

$$I = \frac{U_0 - \sqrt{U_0^2 - 4RP_b^2}}{2R} \tag{5-81}$$

$$P_b = \begin{cases} T_m \omega_m / \eta_m, T_m \geq 0 \\ T_m \omega_m \eta_m, T_m < 0 \end{cases} \tag{5-82}$$

$$SOC(k+1) = SOC(k) - Idt/Q \tag{5-83}$$

式中，I 为电池电流；U_0 为电池开路电压；R 为电池内阻；P_b 为电池充、放电功率；η_m 为电池充、放电效率；Q 为电池容量；$SOC(k)$ 为 k 时刻荷电状态。当电机输出扭矩 $T_m \geq 0$ 时，电池处于放电状态，当 $T_m < 0$ 时，电池处于充电状态。

本节从 ADVISOR 车辆仿真软件中选取 20 个标准工况进行 K-均值聚类分析，标准工况包括：WLTC、NEDC、UDDS、HWFET、LA92、NYCC、US06、UNIF01、SC03、REP05、OCC、NurembergR36、MANHATTAN、INRETS、INDIA_HWY、INDIA_HWY、IM240、HL07、HHDDT65、ARB02。

将以上 20 个标准工况划分为时长 150s 的 216 个工况段，利用 K-均值聚类分析，得到最终的聚类中心，结果如图 5-109 所示。图 5-109 中工况段数据划分为 3 个簇，簇 1 代表拥堵工况，簇 2 代表缓行工况，簇 3 代表高速工况，最终的聚类中心分别为（14.01，71.73%）、（34.47，83.38%）、（66.40，97.37）。其中拥堵工况 88 个样本，缓行工况 63 个样本，畅通工况 65 个样本，各类型工况分布平均，说明以上 20 个标准工况的选取较为合理。

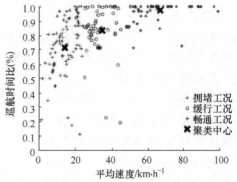

图 5-109 标准工况段的聚类分析结果

K-均值聚类算法工况识别的思路是：提取当前时刻前的识别周期内工况的特征参数，将提取的特征参数作为一个数组，计算出该数组与各最终聚类中心的欧氏距离，与数组距离最近的聚类中心为该数组所属的簇，当前时刻所属的工况为此簇所代表的工况类别。

由于 DP 程序由多层循环嵌套，根据所选工况的不同及状态变量和控制变量离散化程度不同，其计算时间可达十几甚至几十小时。在求解整个循环工况下 SOC 的可行域，预先去除不可行的 SOC 离散点，从而减少计算时间。

PHEV 的 SOC 初始值可以是 0~1 内的任意值。所以针对以上 20 个标准工

况，利用动态规划算法分别求解10组不同SOC初始值（0.1、0.2、0.3、0.4、0.5、0.6、0.7、0.8、0.9、1.0）的最优功率分配，在较好地覆盖PHEV动力蓄电池在车辆实际行驶中的情况的同时可以增加神经网络模型的训练数据量。动态规划求解的WLTC标准工况初始SOC为0.6时的状态变量和控制变量结果如图5-110所示。

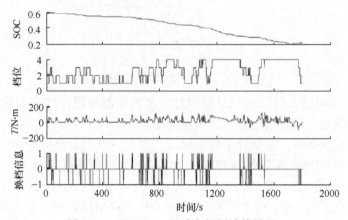

图5-110　WLTC工况动态规划计算结果

在特定循环工况下，动态规划算法的最优控制变量与状态变量之间存在确定的非线性关系。本文采用BP神经网络对动态规划算法计算出的不同类型工况段的最优控制律与状态变量之间的非线性关系进行解析，分别得到3个适应不同类型工况段的神经网络模型。采用前文动态规划方法求解PHEV在各工况下最优控制问题，独立的状态变量有电池SOC和变速器档位，独立的控制变量有电机转矩信息和换档信息。假设车辆的行驶速度能完全跟踪给定的循环工况速度轨迹，即车速、需求转矩在每个时刻均为已知量，发动机和电机转速信息可以根据式（5-79）确定，发动机转矩信息可以由式（5-78）确定。因此，本文建立的BP神经网络的输入量为当前时刻和前一时刻的车速、驾驶人需求转矩、电池SOC和档位信息，其输出变量为当前时刻驱动电机的转矩和换档信息，模型如图5-111所示。

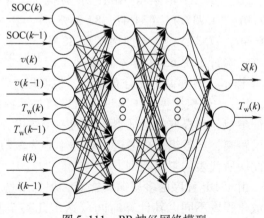

图5-111　BP神经网络模型

本节以拥堵类型的工况段为例说明神经网络的训练过程。拥堵类型的工况段数量为 88 个，针对每个标准工况，前文利用动态规划算法均求解了 10 组不同 SOC 初始值的最优功率分配，即每个标准工况下的工况段均有 10 组计算结果，而每个工况段时长为 150s，所以每个工况段均有 150 个最优状态点，则共有 132000 个样本点，其他类型的数据量见表 5-8。

表 5-8　神经网络训练数据量

工况类型	工况段数量	不同初始 SOC 值 DP 计算的工况段数量	最优样本点数量
拥堵工况	88	880	13200
缓行工况	63	630	94500
畅通工况	65	650	97500

随机分配 70% 的样本数据作为训练数据，令 15% 的样本数据作为验证数据，剩余的 15% 作为测试数据。参考相关文献，建立隐含层层数为 2 的神经网络，第 1 隐层的节点数量为 20 个，第 2 隐层的节点数量确定为 10 个，训练算法采用 Lervenberg – Marquardt，用均方误差测量训练性能。经过 102 次训练迭代后，验证误差为 0.007857 8，表明此时的网络输出较为精确。最后，将训练完成的神经网络进行封装，生成 MATLAB 神经网络模型自定义函数。

1）基于动态规划与机器学习的 PHEV 能量管理算法控制流程，如图 5-112 所示。该算法将动态规划与机器学习算法相结合，具体分为 4 个步骤，其中前 3 个步骤为离线运算，第 4 步为实时运算。

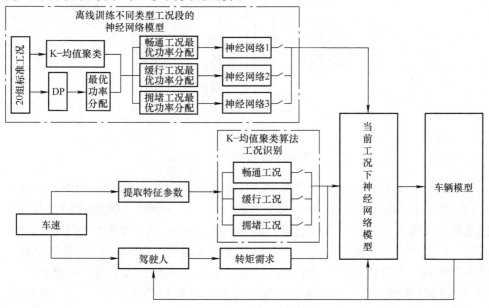

图 5-112　控制策略流程

2) 将20组标准工况段划分为时长150s的工况段，提取特征参数，利用K-均值聚类算法对工况段进行聚类分析，得到聚类中心。

3) 利用动态规划算法得到20组标准工况的最优功率分配方案。

4) 将得到的最优功率分配方案根据每个工况段所属的类型进行划分，得到不同类型工况的最优功率分配方案，并分别训练神经网络模型。

5) 针对某段随机工况，提取特征参数，利用K-均值聚类算法进行工况识别，根据当前所属工况段类型选择相应的神经网络模型进行功率的优化分配，提高PHEV的燃油经济性。

利用MATLAB/Simulink搭建整车仿真模型，评估和验证本文提出的能量管理算法。采用上海市某段随机工况进行控制策略的验证，该工况如图5-113所示。采用K-均值聚类算法的工况识别结果如图5-114所示，可知该随机工况较均匀地包含了3种类型的工况段。

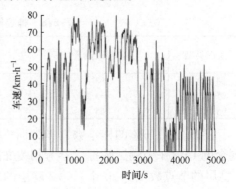

图5-113 随机工况

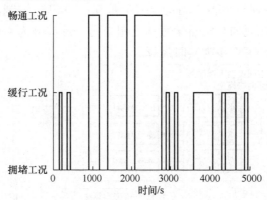

图5-114 工况识别结果

表5-9对比了CD-CS、DPML和DP算法在不同初始SOC值而终点SOC≈0.2时的燃油消耗量，由表5-9可知，相较于CD-CS策略，DPML和DP算法的优化效果呈现先上升再下降的趋势，因为在终点SOC值不变的情况下，当初始SOC值较大，满足纯电动行驶时，全程不起动发动机，DPML与DP算法的优化效果不明显，而当初始SOC值较小，接近终点SOC值时，发动机需要全程起动，DPML与DP算法的优化效果也不明显。当初始SOC值为0.7时，基于DPML的能量管理算法燃油消耗量为1.3858L/(100km)，与CD-CS策略相比，下降了

7.51%,具有明显的优化效果,虽相较于 DP 算法的优化效果下降了 0.97%,但其克服了 DP 算法需要提前获取实车路谱和不满足实时性要求的缺点。

表 5-9 不同策略下燃油消耗量对比

初始 SOC	燃油消耗量/(L/100km)			较 CD-CS 优化效果(%)	
	CD-CS	DPML	DP	DPML	DP
0.9	0.8023	0.7884	0.7588	1.73	5.42
0.8	0.9335	0.9187	0.8773	1.59	6.02
0.7	1.4983	1.3858	1.3712	7.51	8.48
0.6	2.1073	1.9590	1.8907	7.04	10.28
0.5	2.7735	2.6384	2.5597	4.87	7.71
0.4	3.4206	3.3114	3.1953	3.19	6.59
0.3	4.0649	3.9268	3.8519	3.40	5.24
0.2	4.7417	4.6364	4.5495	2.22	4.05

图 5-115 所示为发动机工作点分布情况,基于 DPML 的能量管理算法得到的发动机工作点大多分布在最佳效率曲线附近,以达到提高整车燃油经济性的目的。图 5-116~图 5-118 分别为 3 种算法计算得到的发动机转矩、电机转矩和电池 SOC 随时间的变化曲线。CD-CS 策略先进行纯电动行驶,进入电量消耗模式,SOC 减小到临界值后起动发动机,进入电量维持模式,所以 SOC 曲线呈现先下降再维持的趋势,整车燃油经济性较差。DP 算法利用递归方程可以求得全程每个状态点的最优控制量,在最优的时间起动发动机,其最优 SOC 曲线呈现全程缓慢下降的趋势。DPML 算法以 DP 算法的最优功率分配数据分别训练 3 个类型工况段的神经网络模型,在控制过程中基于 K-均值聚类算法选择适当的神经网络模型,在随机工况下控制规律与 DP 算法相似,即提前起动发动机,SOC 曲线呈现全程缓慢下降的趋势,从而可以接近 DP 全局最优解。

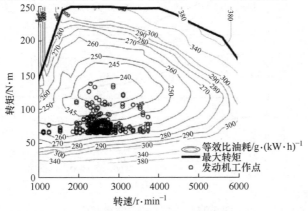

图 5-115 发动机工作点

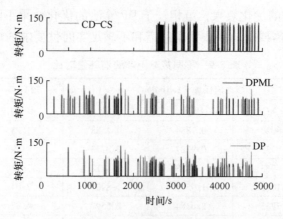

图 5-116 发动机转矩对比

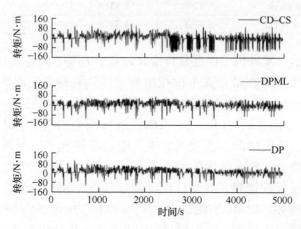

图 5-117 电机转矩对比

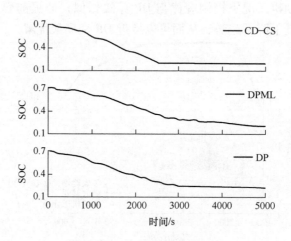

图 5-118 电池 SOC 曲线对比

根据动态规划算法计算得到的 20 组标准工况结果,按照不同的工况类型,统计发动机起动时间与该工况类型总时间的比值如图 5-119 所示,拥堵工况、缓行工况和畅通工况下该比值依次增大,说明在动态规划控制策略下,发动机更倾向于在拥堵工况下关闭,在畅通工况下运行,从而确保了发动机运行在高效区域,提高燃油经济性。

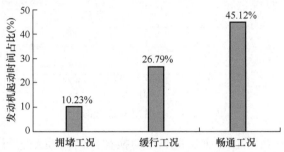

图 5-119 不同工况下发动机起动时间与总时间比值

拥堵工况、缓行工况、畅通工况的神经网络模型分别记为 NNL、NNM 和 NNH,单独采用以上 3 个模型,不根据工况识别结果切换进行仿真,当初始 SOC 值为 0.7 时,得到的发动机转矩、电池 SOC 随时间变化曲线与 DPML 的对比如图 5-120 和图 5-121 所示。不同模型的燃油消耗量对比见表 5-10。

表 5-10 不同模型的燃油消耗量对比

控制策略	燃油消耗量/(L/100km)	工况终点 SOC 值
DPML	1.3858	0.2111
NNL	1.4027	0.2114
NNM	1.3974	0.2113
NNH	1.8988	0.3192

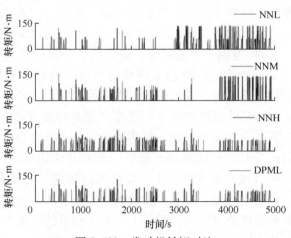

图 5-120 发动机转矩对比

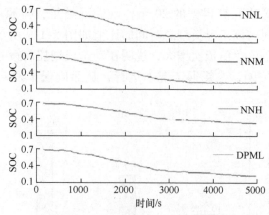

图 5-121 电池 SOC 曲线对比

综上所述，DPML 可以根据工况类型切换神经网络模型进行控制，在拥堵的工况采用 NNL 模型，降低发动机运行的频率，避免发动机运行在低效区，在缓行工况采用 NNM 模型，适时起动发动机，在畅通工况采用 NNH 模型，增大发动机运行的频率，发动机可以运行在高效区，从而提高了算法在不同工况类型下的适应性，优于单个工况类型神经网络模型，体现了根据工况类型切换相应控制模型的必要性。

5.4 典型混合动力汽车能量管理方案

5.4.1 比亚迪 DM-i 混合动力系统

比亚迪 Dual Mode - intelligent（DM-i）混合动力系统是目前比亚迪秦 PLUS、宋 PLUS 等主力销售车型所采用的混合动力系统，该系统搭载一台比亚迪自研的骁云-插混专用 1.5T 高效发动机，还包括有 Electric Hybrid System（EHS）电混系统、刀片电池等主要部件。该系统发动机使用阿特金森循环，热效率超过 43%，并通过在 P1 及 P3 位置搭载的两台电机组成 EHS 电混系统，可达到较好的节能效果，其系统组成如图 5-122 所示。

在纯电模式下，DM-i 超级混动专用功率型刀片电池负责给驱动电机供电；在大部分混动模式下，由发动机带动一台高功率发电机给驱动电机供电，中高速行驶工况下，发动机适时直驱或和驱动电机一起并联输出动力。在 DM-i 系统中，起步或低速工况（或亏电状态）下，发动机高转速、高效率、低油耗运转，驱动发电机发电，中高速行驶工况下，发动机依然处于高转速、高效率、低油耗的工况下工作，辅助电机驱动车辆。两种工况下发动机的转速均可固定在一个高转速范围内。比亚迪 DM-i 混动系统架构如图 5-123 所示。

第5章 混合动力汽车能量管理

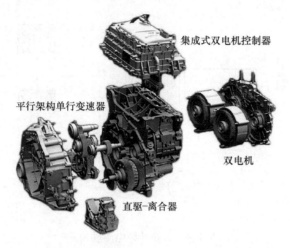

图 5-122 比亚迪 DM-i 混合动力系统

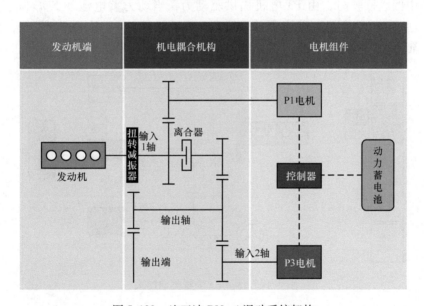

图 5-123 比亚迪 DM-i 混动系统架构

在该系统中，P1 电机主要用于发电和调整发动机的转速，P3 电机主要用于驱动。在机电耦合机构中，集合器和单级减速器平行布置，两个电机在机电耦合机构的另一侧。类似于本田的 i-MMD 混动系统，这套系统最大的特点是没有复杂的变速机构，可以较好地实现对发动机转速的调整。

比亚迪的 DM-i 混动系统主要提供了纯电模式、串联模式、发动机直驱模式、并联模式和动能回收这 5 种主要模式。如图 5-124 所示，在纯电模式下，P3 电机通过两级减速后，直接驱动车轮。

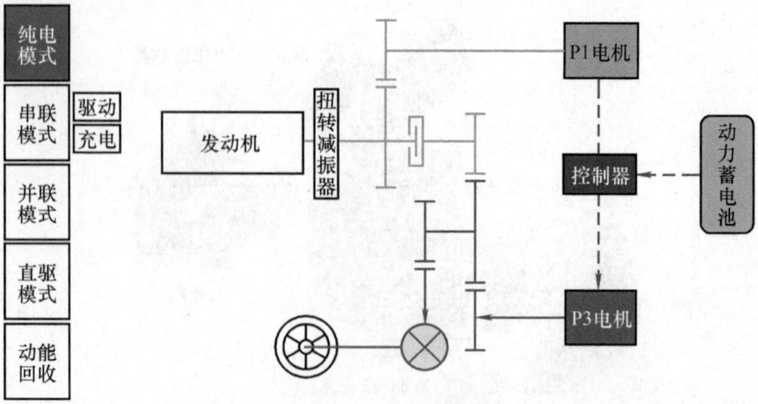

图 5-124 DM-i 纯电驱动模式

在中低速行驶时,由 P3 电机提供驱动力,当动力蓄电池的 SOC 降至阈值时,发动机起动,但此时离合器并未接合,发动机带动 P1 电机进行发电,为 P3 电机补充电力,串联工作模式的动力输出流如图 5-125 所示。

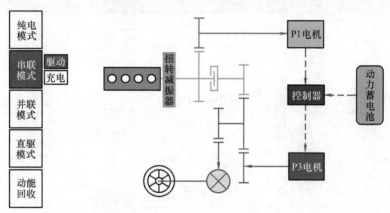

图 5-125 DM-i 串联驱动模式

在车辆中高速行驶时,若驾驶人深踩加速踏板,需要进一步加速,则车辆进入并联驱动模型,此时 P3 电机及发动机同时输出驱动力,整车达到最强的动力性能,该工作模式的动力输出流如图 5-126 所示。

车辆处于高速稳定行驶状态时,发动机处于高效区间,此时离合器接合,发动机直接驱动车轮,该工作模型的动力输出流如图 5-127 所示。当动力蓄电池电量较低或根据驾驶人要求可在行驶过程中对动力蓄电池进行充电。

当车辆低速行驶,且动力蓄电池 SOC 较低时,系统会保持发动机继续在经济的工作区域全功率工作,P1 电机的发电功率随之提升,在为 P3 电机供电的同时也为动力蓄电池补能,串联充电工作模式的动力输出流如图 5-128 所示。

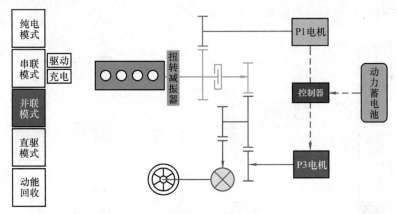

图 5-126　DM-i 并联驱动模式

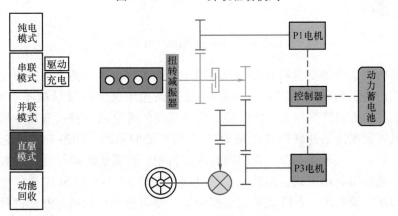

图 5-127　DM-i 发动机直驱模式

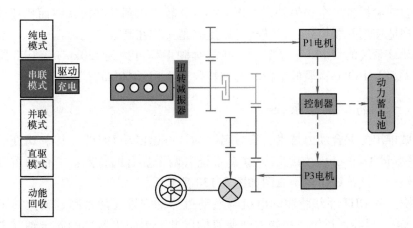

图 5-128　DM-i 串联充电模式

当车辆处于滑行或制动状态时，系统进入动能回收模式，此时制动能通过 P3 电机回收，其动力输出流如图 5-129 所示。

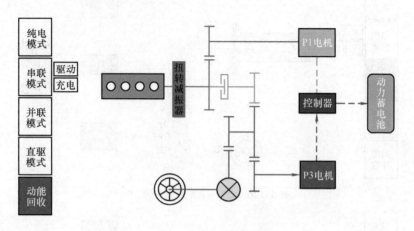

图 5-129　DM-i 动能回收模式

EHS 电混系统的变速器只有一个适用于高速工况齿比，拥堵工况中发动机无法实现低速的强劲转矩，因此在 DM-i 进入高速工况之前发动机不参与直驱，从而保证发动机始终保持在经济转速。低速工况的纯电或增程式模式+高速工况的发动机直驱或混动并联模式，是 DM-i 的节能的原因。如果有时间充电且能充到便宜的电，该车就可以一直用纯电模式行驶；若需长距离行驶且没时间充电时，该车就使用混动模式。由此可见，比亚迪 DM-i 的运行模式非常类似本田的 i-MMD 混动系统，系统逻辑完全围绕着"尽可能用电驱动，发动机只工作在高效区间"的展开。二者的区别主要有 2 点：本田 i-MMD 的双电机是同轴的，而比亚迪前后桥各一个；另外，本田 i-MMD 较少用到并联模式，而比亚迪驱动电机更多地使用并联模式，发动机可以更多地工作在高效区间。

搭载该系统的秦 PLUS 冠军版，纯电续驶里程可达到 120km，WLTC 综合油耗低至 1.58L/100km，最低电荷状态油耗仅为 3.8L/100km。

5.4.2　长城柠檬混动系统

长城推出的混合动力技术，官方名称为"柠檬混动 DHT"，其中 DHT 是 Delicated Hybrid Technology 的缩写，这套系统有两个显著的特点：平行轴布置和两档变速机构，该系统结构示意图如图 5-130 所示。

柠檬混动 DHT 系统将驱动电机与发动机分别安排在两根固定轴上（即输入轴），而动力最终通过第三根带有变速机构（此处为同步器）的固定轴（即输出轴）传输到轮端。其次，柠檬混动 DHT 系统的另一个核心部件为两档变速机构。

第5章 混合动力汽车能量管理

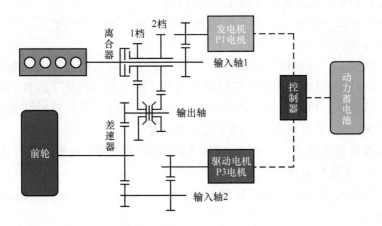

图 5-130 柠檬混动系统示意图

这两个档位对应的大概是传统 AMT 变速器的 3 档和 5 档齿比，相比本田 i-MMD 混动系统单一的齿比（大约是传统 AMT 的 6 档齿比），柠檬混动 DHT 系统中发动机可以在 35km/h 左右的时速就介入驱动。该变速器示意图如图 5-131 所示。

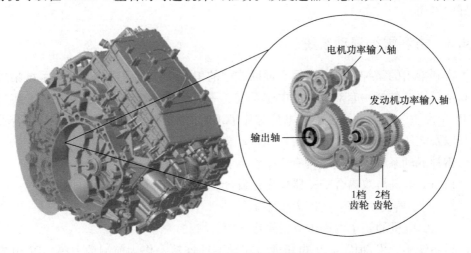

图 5-131 柠檬 DHT 两档变速器机构示意图

加入两档变速机构提升了整套混动系统的工况适应能力。柠檬 DHT 的 1 档的存在，让发动机可以在较低车速的工况下快速地进入并联模式，相比单档的混动系统可以提供更大的转矩，柠檬 DHT 可比单档串并联架构的轮端转矩大 1000N·m 左右，因此柠檬 DHT 系统有更好的加速性能。在低速阶段串联模式时，能量走得是一条油-电-电驱的转换线路，整体的传动效率较低，故此让发动机更早地介入驱动，提高了发动机在高效区间的利用率。

柠檬混动 DHT 系统拥有多种工作模式：

1）纯电模式。在低速工况下如市区拥挤路段，此时发动机不工作，而是由驱动电机直接驱动车轮。

2）串联模式。在低速工况下电池电量不足时，由发动机带动发电机为驱动电机提供动力，同时电机控制器控制功率流动，保证发动机处于高效工作区间。

3）并联模式。应对急加速和高动力需求的状况时，发动机可通过两档变速器介入动力输出，此时驱动电机则作为辅助动力。

4）发动机直驱模式。在中高速巡航的路况中，发动机处于工作的高效区间，通过两档变速器直接驱动汽车。

5）动能回收模式。汽车减速制动工况下，驱动电机作为发电机回收能量，为电池充电。

长城混合动力 SUV 主打城市使用场景下的经济性与动力性的协调匹配，动力系统综合效率可达 43%~50%，搭载 18.6kW·h 的拿铁 DHT-PHEV，WLTC 综合油耗低至 0.48L/100km，最低电荷状态油耗为 5.4L/100km，在整备质量达到 2 吨的情况下，可以实现 7.2s 的百公里加速时间，使经济性与动力性达到了较好的平衡。

5.4.3 吉利雷神混动系统

吉利推出的雷神混动系统属于混联式中的串并联式混动架构，整个系统集成了 6 个模块，包括一套双电机的电驱系统、一套双排的行星齿轮变速机构、集成式 PCM 模块（包含双逆变器和电控芯片 TCU）、电子高压双联泵 ETP、双离合器系统以及液压控制模块。该系统动力传动部分结构示意图如图 5-132 所示。

雷神混动系统的轴向结构有 3 个特点：

1）P1 电机与双离合变速器集成化设计，采用转子及离合器集成式排布。

2）制动器模块平行于主减速机构。

3）P2 电机的转子内嵌于双行星齿轮组。

该系统中，发动机与 P1 电机通过花键刚性连接，作为前端动力源。P2 电机作为另一个驱动源。两驱动源相互配合，通过双行星排及双离合、双制动器系统实现模式切换及档位切换。该系统结构相当的紧凑，根据官方资料，雷神混动系统模块的轴向长度仅为 354mm，重量约 120kg，转矩质量比达到 41N·m/kg。

雷神混动系统提供了 7 种主要的工作模式，也是我们比较熟悉的纯电模式、串联模式、并联模式、发动机直驱、全功率行驶、怠速充电和动能回收模式。而由于有 3 档变速机构的存在，将这 7 种模式细化为 20 种智能工作模式。

目前，吉利集团搭载该套混合动力系统的车型有星越 L、帝豪 L、领克 01

EM-P。以2022年末上市的星越L混合动力版本为例,该车搭载了21.46kW·h三元锂电池,纯电续驶超过200km,WLTC综合油耗为0.39L/100km,最低荷电状态燃料消耗量为5.3L/100km。

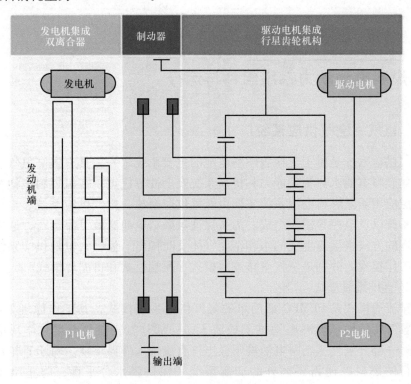

图5-132 吉利雷神混动结构示意图

第6章 燃料电池汽车能量管理

6.1 燃料电池动力系统组件与运行

6.1.1 氢气-空气供应系统

氢气供应系统是质子交换膜燃料电池的主要系统之一，具有提高氢气利用效率、优化燃料电池水热管理能力和提高系统安全性等优点，在氢燃料电池汽车中得到广泛应用。氢燃料电池系统主要由氢气供应系统、空气供应系统、电堆、水热管理系统以及电控等模块组成。为了保证氢燃料电池高效可靠运行，通常采用氢气循环的方式将反应生成的水和杂质气体及时排出。氢燃料电池供应系统主要有三种工作模式，分别是氢气直排流通模式、死端模式和再循环模式。

（1）直排流通模式

直排流通模式是PEMFC最简单的氢气供应系统模式，其工作原理如图6-1所示。氢气持续地从燃料电池堆阳极流入，一部分氢气参与电堆化学反应被消耗，而另一部分氢气从燃料电池堆阳极出口直接排入外界环境。对于直排流通模式下运行的燃料电池需要额外的加湿系统来保持膜水分平衡，防止出现膜干现象。

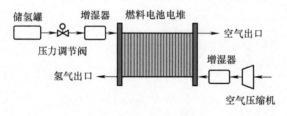

图 6-1 直排模式原理

（2）死端模式

死端模式是PEMFC一种典型的氢气供应系统模式，其工作原理如图6-2所示。通过在燃料电池堆阳极出口设置常闭吹扫电磁阀，延长氢气在电堆内部的停留时间，从而提高氢气利用效率。在死端模式下，空气中的氮气等杂质气体和反应生成的液态水通过质子交换膜扩散到电堆阳极，会造成杂质气体和液态水在电堆阳极积聚，堵塞气体通道，导致氢气不能有效与催化剂层接触，从而造成电池电压下降。因此，对于死端模式下运行的燃料电池需要定期进行吹扫，将杂质气体和液态水及时排出，来提高电池性能。死端模式下运行的燃料电池中存在大量的液态水，降低了气体扩散层的孔隙率，使得燃料电池堆阳极出现水淹现象，最终导致电池性能降低。

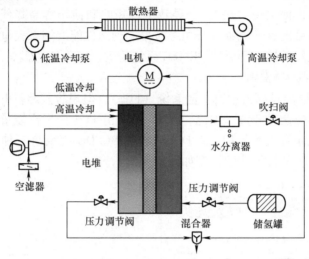

图 6-2 死端模式工作原理

（3）再循环模式

PEMFC 运行时，为了提高电池性能，通常向阳极供应过量的氢气，氢气实际流量约为理论流量的 1.1~1.5 倍。再循环模式就是利用氢气循环装置将电堆阳极出口过量的氢气循环回电堆阳极进口继续参与化学反应，提高氢气利用率，同时将阳极累积的水和杂质气体排出，保证电堆高效运行。目前，氢气再循环模式是燃料电池汽车中应用最广泛的氢气供应模式，其工作原理如图 6-3 所示。

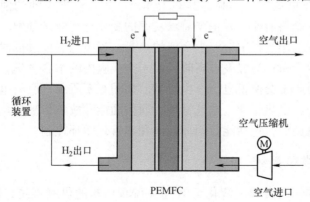

图 6-3 再循环模式工作原理

6.1.2 热管理系统

当氢燃料电池发动机负荷变化时，PEMFC 电堆中的气体流量也会发生变化。如果阴极的氧气流量过低，则电堆内氧气不足，系统功率降低，造成匮氧现象，会使质子交换膜表面出现"热点"，导致电堆短路和使用寿命降低等问题。与阳极氢气相比，阴极的氧气流量具有相对缓慢的动态性能。如果大电流负载快速变化，如车辆频繁加减速，则会使 PEMFC 系统受到过氧化氢的影响，而实现 PEMFC 系统的过氧保护非常困难。

FCEV 的主要能量源为燃料电池系统（FCS），但现阶段燃料电池的输出特性较软，且无法回收制动能量。因此，FCEV 通常由 FCS 和用作能量缓冲器的锂离子动力蓄电池或超级电容器组成。FCEV 通过 DC/DC 模块将三种不同的能量源和电机连接起来，系统结构的构型如图 6-4 所示。

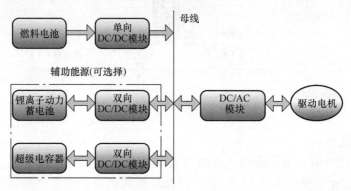

图 6-4　FCEV 系统结构

能量管理策略（EMS）的研究对 FCEV 有重要意义。在满足需求功率的前提下，合适的 EMS 可直接影响能量源的工作点，延长燃料电池的使用寿命，提高系统效率，减少燃料消耗，并根据需求功率的变化进行能量分配。

燃料电池在工作过程中会产生一定的热量。当电池温度过低时，电池内阻增加，会影响电池寿命；当温度过高时，质子交换膜内的水会蒸发，导致脱水，电池内阻增加，对质子交换膜也会产生影响。如图 6-5 所示，燃料电池主控制器功能包括气路管理、水热管理、电气管理、通信功能和故障诊断等。燃料电池的控制系统与发动机类似，包括能量闭环控制和热管理闭环控制。

6.1.3 储氢供氢系统

供氢通道的作用类似于液化天然气（LNG）车的供气系统，LNG 供气系统主要由加液部件、气瓶、液化器、降压调压阀、缓冲罐、低压滤清器、稳压器电

第6章 燃料电池汽车能量管理

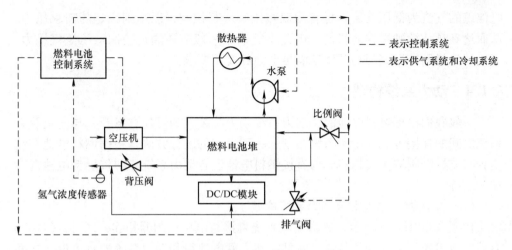

图 6-5　燃料电池控制系统简图

磁阀、电控调压器、比例混合器以及供气管路等部件组成。进气通道主要由 1 个单向阀、1 个过滤阀和 1 个气罐手动截止阀来控制。供氢系统原理与 LNG 供气原理对比如图 6-6 所示。

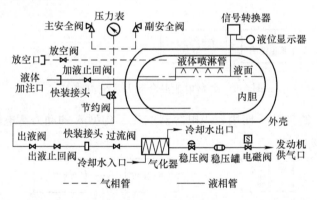

图 6-6　车载供氢系统设计示意图与 LNG 供气系统原理图

供氢系统的目的是给燃料电池提供压力稳定的气体，而且保证整个系统的使用安全。因此供氢通道主要由溢流阀、单向阀、过滤阀、管路电磁阀和减压阀来控制。溢流阀的主要作用是安全保护，单向阀的主要作用是控制燃料的流动方向，避免回流、倒流；过滤阀的作用是去掉介质中可能存在的杂质（颗粒性杂质等），防止它们进入管道，从而起到保护管道上的其他配件不受损害和阻塞的作用；气罐手动截止阀是一个截断类阀门，起到手动控制整个管路的通断作用，并且在加氢时起到开关的作用，是一个进出气通用阀门。管路电磁阀主要用来控制气路的通断，起到控制电池的作用。减压阀起到减压和稳压的作用，以确保通入电池组的气流为低压气流。也有用双减压阀进行控制,以达到稳定的需求压力,从而达到预估续驶里程的目的。因此供氢通道一般需要通过控制低压氢气压力、氢气的流量和控制阀门的开度来满足电池的使用要求。

6.1.4 动力系统构型

一般我们根据燃料电池混合动力系统动力源装置的搭配方案及其与电机驱动系统之间的连接方式来定义系统构型,一种常用的区分方法是根据燃料电池系统是否与电机控制器直接相连分为直接燃料电池混合动力系统和间接燃料电池混合动力系统。

(1) 直接燃料电池混合动力系统构型

构型 A 如图 6-7 所示,燃料电池系统直接与电机控制器相连,同时,使用动力蓄电池组作为辅助动力装置,并且在动力蓄电池组和动力系统的直流母线之间使用双向 DC/DC 模块。

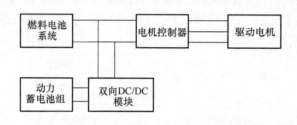

图 6-7　燃料电池混合动力系统构型 A

图 6-8 所示的构型 B 使用超级电容器取代了构型 A 的动力蓄电池组作为系统的辅助动力装置。

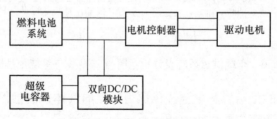

图 6-8　燃料电池混合动力系统构型 B

(2) 间接燃料电池混合动力系统构型

构型 C 如图 6-9 所示。这是一种间接燃料电池混合动力系统的结构,在燃料电池系统后面使用单向 DC/DC 模块来对燃料电池系统和电机驱动系统进行电压匹配,并对燃料电池系统的输出功率进行控制,辅助动力源装置选用了动力蓄电池组,它直接与直流母线相连接。

第6章　燃料电池汽车能量管理

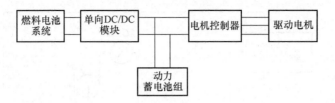

图 6-9　燃料电池混合动力系统构型 C

6.2　燃料电池汽车能量管理策略

能量管理策略（EMS）对解决车辆行驶在不同工况下的能量分配问题具有重要作用。氢气供应系统是质子交换膜燃料电池的主要系统之一，具有提高氢气利用效率、优化燃料电池水热管理能力和提高系统安全性等优点，在氢燃料电池汽车中得到广泛应用。为了提高燃料电池混合动力汽车（FCHEV）的燃料经济性并优化燃料电池的耐久性，提出了一种燃料电池混合动力汽车能量管理策略（EMS）的多目标优化方法。根据 FCHEV 混合动力系统的功率流和关键部件的效率特性，提出了驱动系统的等效氢气消耗模型。此外，还考虑了负载变化对燃料电池寿命的影响，提出了一种智能功率分配方法来实现能量管理，即基于模糊逻辑控制（FLC）的控制策略。在进一步的研究中，为了改进提出的能量管理策略，采用遗传算法对模糊控制器的参数进行了优化。

6.2.1　基于规则的能量管理策略

燃料电池主控制器功能包括气路管理、水热管理、电气管理、通信功能和故障诊断等。燃料电池的控制系统与发动机类似，包括能量闭环控制和热管理闭环控制。能量闭环控制气体的进入与反应，热管理闭环控制热流量，使燃料电池更好地反应。与锂离子电池相比，燃料电池在运行过程中的复杂程度更高，多个模型之间有数据互相输入，因此采用基于能量守恒、电化学反应的机理模型，很难得到最优控制。燃料电池控制系统简图如图 6-10 所示。

在车辆行驶的过程中，为了实现对整车功率削峰填谷的功能，需要对不同能量源之间的能量分配进行管理。对于 FEV 而言，一般包括以燃料电池为主的 4 种能源混合方式，分别为：燃料电池单独作为能源、燃料电池 - 锂离子电池混合能源、燃料电池 - 超级电容器混合能源和燃料电池 - 锂离子电池 - 超级电容器混合能源。EMS 可分为基于规则、基于优化和基于智能等 3 个大类。在基于规则的大类里，又包含开关控制策略、功率跟随控制策略与模糊控制策略。

燃料电池在工作过程中会产生一定的热量。当电池温度过低时，电池内阻增

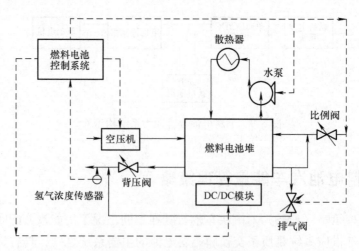

图 6-10　燃料电池控制系统简图

加,会影响电池寿命;当温度过高时,质子交换膜内的水会蒸发,导致脱水,电池内阻增加,对质子交换膜也会产生影响。同时,在运行过程中要保障电堆的最低电压,因为低电压、大电流放电等会对铂催化剂造成不可逆的损害。

在研究 FCEV 时,氢耗和电池的衰退是两个重点考虑的方面。在建立动力学系统简化模型、等效氢耗和燃料电池衰退数学模型后,设计管理策略的规则层和优化层,其中规则层用来缩小优化算法的搜索空间,而优化层将对成本函数进行优化,以此得到最优功率分配方案。设计特定的双堆栈燃料电池,搭配效率优化和瞬时优化的策略,可保证将 FCEV 的启停频率控制在合理的范围之内。燃料电池单独作为能源系统时,存在动态响应慢、能量无法回收、续驶里程短和技术困难等问题,因此混合能源的应用更加广泛。

6.2.2　基于优化的能量管理策略

为了提高燃料电池的燃料经济性并优化燃料电池的耐久性,提出了一种燃料电池混合动力汽车能量管理策略(EMS)的多目标优化方法。在进一步的研究中,为了改进提出的能量管理策略,采用遗传算法对模糊控制器的参数进行了优化。

在实际应用中,燃料电池的能量管理面临着诸多问题。一方面,燃料电池的耐久性不足限制了其在汽车上的应用。另一方面,驱动系统的效率直接影响到 FCHEV 的经济性。对各能量源的输出功率进行合理分配以提高驱动系统的效率成为 EMS 研究的重点。

为了解决上述问题,近年来,一些学者对能量管理策略进行了进一步的研究。有研究人员提出了基于规则的控制策略,其基本理论是根据确定的规则识别系统的工作状态。将待匹配的参数作为遗传算法的变量。有学者利用遗传算法对采用模糊逻辑控制的能量管理策略的参数进行优化，以达到最优的结果。

虽然用遗传算法对能量管理策略进行优化是一个热门的话题，但很少有研究关注目标函数的改进和多目标优化的问题，而这是本文工作的重点。本文首先建立了基于功率流的 FCHEV 混合动力系统的等效氢气消耗模型，考虑了各能量源的功率特性。此外，还讨论了功率剧烈变化对燃料电池寿命的影响，提出了其寿命衰减模型。然后，以动力系统的燃油经济性和燃料电池的耐久性为优化目标。为了解决多目标优化问题，采用改进的快速非支配排序遗传算法对模糊控制策略的参数进行优化。

燃料电池具有效率高的优点。根据某型峰值功率为 50kW 的常压氢燃料电池系统的极化特性测试数据，得到了图 6-11 所示的功率 - 效率曲线。曲线图表明存在明显的高效工作区如虚线框范围所示，在较高的功率范围内效率有下降趋势。需要指出的是，考虑到氢的渗透损失和内部电流损耗，燃料电池在低功率工作时效率较低。

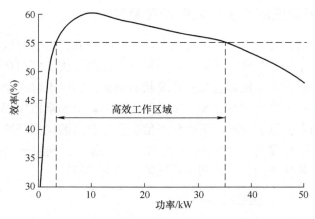

图 6-11　燃料电池的功率 - 效率曲线

6.2.3　基于智能算法的能量管理策略

能量管理策略是燃料电池混合动力汽车的核心技术之一。从成本的角度考虑，燃料电池系统成本远远高于动力蓄电池，能量管理策略应该考虑提高燃料电池系统寿命。

燃料电池混合动力汽车常见能量管理策略分为基于规则和基于优化两类。基于规则的策略分为确定性规则和模糊规则，这类策略简单实用，但是规则设计依赖于专家经验，无法保证结果的最优性。基于优化的策略分为全局优化和瞬时优化，全局优化以动态规划为代表，可以得到指定工况的最优控制结果。近年来，随着人工智能技术的发展，基于学习的能量管理策略引起重视，其中，基于强化学习算法的智能型策略尤其突出。通过与环境交互，不断改进，得到最优或次优的控制策略。燃料电池效率曲线如图 6-12 所示。

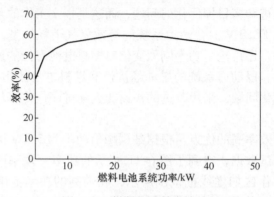

图 6-12　燃料电池效率曲线

6.2.4　基于模型预测算法的能量管理策略

模型预测控制，又名广义预测控制、动态矩阵控制、后退时域控制和滚动时域控制，是近些年来工业界广泛应用的一种反馈控制方法。模型预测控制的原理是：在每个采样时刻内，根据已知的系统状态信息，在线求解一个有限时域开环优化问题，得到一个最优控制序列，再将序列的第一个元素作用于执行器。在下一个采样周期内重复以上步骤，新的状态信息会生成新的优化问题，重新求解即可得到新的最优控制序列，如图 6-13 所示。可以看出，模型预测控制的特点是在线求解若干开环优化问题，得到一系列的局部最优解。

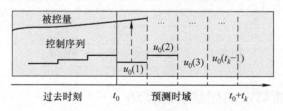

图 6-13　模型预测控制的原理

模型预测控制的另一特点就是能够很方便地处理带约束的控制问题。确定规则控制，基于明确定义的控制规则来操控系统工作，主要分为 SOC 开关控制、功率跟随式控制。该策略可靠性高，但需要匹配标定各项规则中的参数及插值表，对开发标定人员经验要求高。

1. SOC 开关式控制策略

在动力蓄电池 SOC 上下限内及整车功率需求高时，燃料电池在一个或几个功率点工作保证燃料电池输出效率及寿命。SOC 开关式控制适用于匹配较大容量动力蓄电池的商用车辆。

2. 功率跟随式控制策略

燃料电池按照自身功率输出能力，时刻跟随整车需求功率变化，保证整车动力性。功率跟随式控制适用于匹配较小容量动力蓄电池的乘用车。

3. 模糊逻辑控制策略

采用由模糊数学语言描述的控制规则来操控系统工作。模糊化思想可以将复杂的问题简单化，适用于解决被控系统复杂，拥有多个控制和优化目标的控制问题。模糊逻辑控制的鲁棒性强，不需要过程精确的数学模型，但信息简单的模糊处理会导致系统的控制精度降低和动态品质变差。

4. 动态规划型能量管理控制策略

动态规划控制是指定系统最优控制目标，通过计算得到全局最优解。

6.3 燃料电池汽车能量管理方案实例

截至 2020 年底，全球氢燃料电池汽车保有量突破 3 万辆，加氢站超过 500 个。我国燃料电池汽车销量也从 2015 年开始逐年上升，2020 年有所下降。从长远来看，燃料电池汽车的开发与推广已成为趋势。

能量管理策略涉及如何高效、安全和持久地使用存储的氢气来为车辆提供动力。考虑到汽车的行驶距离、速度、加速度和其他因素，能量管理策略应能保证燃料电池的持续、稳定输出，同时延长燃料电池的使用寿命。

考虑到车辆可能会在不同的行驶条件和环境中运行，如高速公路、市区、上坡、下坡等不同场景，能量管理策略需要动态地调整，以确保在各种条件下维持最佳性能和燃料效率。

Electrovan 作为早期的氢燃料电池车，在有限的续驶里程（240km）和较低的最大时速（70km/h）下，其能量管理策略更多地关注实现稳定的动力输出和保障安全。FCX – V4、Clarity、ix35 FCEV、NEXO 等后续发布的车型则是更注重在城市和高速公路驾驶之间的动力需求平衡、能量回收和存储效率的优化。

6.3.1 丰田 Mirai 氢燃料电池汽车

1. 丰田 Mirai 氢燃料电池汽车

丰田 Mirai（未来）氢燃料电动汽车，其组成包括燃料电池、储氢罐、辅助动力源、升压变换器、电机、动力控制单元等，如图 6-14 所示。

（1）燃料电池

燃料电池是燃料电池汽车的主要动力源，它是一种不燃烧燃料而直接以电化

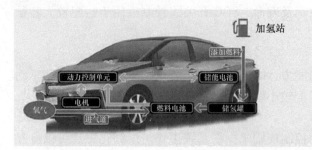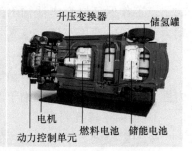

图 6-14　丰田氢燃料汽车结构及部件

学反应方式将燃料的化学能转变为电能的高效发电装置。如图 6-15 所示,丰田 Mirai 的燃料电池堆内部有 370 个燃料电池单体,燃料电池堆中每片电池发电的电压大约为 0.6~0.8V。表 6-1 为丰田 Mirai 两代燃料电池堆参数对比。

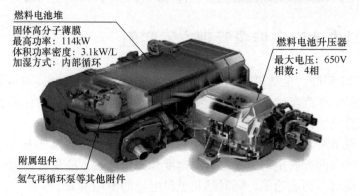

图 6-15　丰田 Mirai 燃料电池

表 6-1　丰田 Mirai 两代燃料电池堆参数对比

款型	2008 年款燃料电池堆	新款燃料电池堆
体积功率密度,质量功率密度	1.4kW/L,0.83kW/kg	3.1kW/L,2kW/kg
体积/重量	64L/108kg	37L/56kg
电池单体数量	400 片(两排电堆)	370 片(一排电堆)
电池单体厚度	1.68mm	1.34mm
电池单体重量	166g	102g
电池单体流场	直通道流场	3D 精细网格流场
安装位置	电机舱	地板下方

(2) 储氢罐

储氢罐是气态氢的储存装置,用于给燃料电池提供氢气。为了保证燃料电池电动汽车一次充气有足够的续驶里程,就需要多个高压储氢罐来储存气态氢气。

一般轿车需要 2~4 个高压储氢罐，大客车需要 5~10 个高压储氢罐。图 6-16 所示为丰田 Mirai 的储氢罐图，其由两个储氢罐组成，容积分别为 60L 和 62.4L，最大可以储存 5kg 氢燃料，储气压力可达 70MPa。罐体采用碳纤维加凯夫拉复合材质，其强度可以抵挡轻型枪械的攻击。加满两个储氢罐大约需要 3~5min。

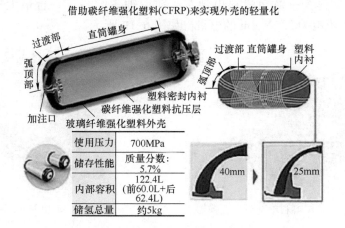

图 6-16 储氢罐

（3）辅助动力源

因 FCEV 的设计方案不同，其所采用的辅助动力源也有所不同，可以用动力蓄电池组、飞轮储能器或超级电容器等共同组成双电源系统。丰田 Mirai 的辅助动力源采用的是镍锰蓄电池，如图 6-17 所示。

图 6-17 丰田 Mirai 的辅助动力源

（4）升压（DC/DC）变换器

FCEV 的燃料电池需要装置单向 DC/DC 变换器，动力蓄电池和超级电容器需要配置双向 DC/DC 变换器。DC/DC 变换器的主要功能有：调节燃料电池的输出电压，能够升压到 650V；调节整车能量分配；稳定整车直流母线电压。丰田 Mirai 采用的升压变换器可以将燃料电池产生的 222~296V 的电压升压到 650V，以便更好地驱动电机。图 6-18 所示为丰田燃料电池升压变换器示意图。

（5）电机

FCEV 使用的驱动电机主要有直流电机、交流电机、永磁同步电机和开关磁阻电机等。

丰田 Mirai 作为一款氢燃料电池车，前后轴各配备了一台最大输出功率为 114kW、最大转矩为 335N·m 的电机。如图 6-19 所示。

图 6-18　丰田燃料电池升压变换器　　图 6-19　丰田 Mirai 驱动电机

（6）动力控制单元

动力控制单元是燃料电池汽车的控制核心，由燃料电池管理系统、电池管理系统、驱动电机控制器等组成，它一方面接收来自驾驶人的需求信息（如点火开关、加速踏板、制动踏板、档位位置信号等）实现整车工况控制；另一方面基于反馈的实际工况（车速、制动、电机转速等）以及动力系统的状况（燃料电池及动力蓄电池的电压、电流等），根据预先设定好的多能源控制策略进行能量分配调节控制。丰田 Mirai 燃料电池电动汽车工作原理如图 6-20 所示。

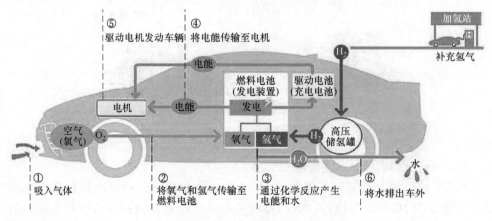

图 6-20　丰田 Mirai 工作原理

第6章 燃料电池汽车能量管理

2. 丰田燃料电池电动汽车的驱动模式

Mirai 是丰田于 2017 年量产的氢燃料电池汽车。该车核心组件包括动力控制单元、燃料电池堆、驱动用电池、电动机、升压变换器以及高压储氢罐,具备低重心化、良好的空气动力性能、最优化的重量分配以及高强度车身等特点。下面就其驱动模式进行简介。

燃料电池电动汽车行驶工况分为以下四种:启动、一般行驶、加速行驶以及减速行驶,驱动模拟图如图 6-21 所示。

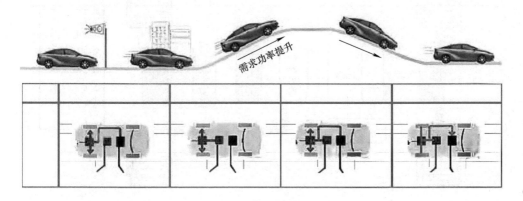

图 6-21 驱动模拟图

(1) 起动工况

车辆起动时,由动力蓄电池进行供电,此时,来自镍锰蓄电池的电源直接提供给驱动电机,使电机工作,驱动车轮转动,此时,燃料电池不参与工作(图 6-22)。

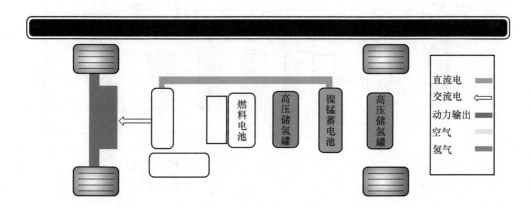

图 6-22 起动工况

(2) 一般行驶工况

一般行驶工况下，来自高压储氢罐的氢气经高压管路提供给燃料电池，同时，来自空气压缩机的氧气也提供给燃料电池，经质子交换膜内部产生电化学反应，产生大约300V左右的电压，然后经升压变换器进行升压，转变为650V的直流电，经动力控制单元转换为交流电提供给驱动电机，驱动电机运转，带动车轮转动（图6-23）。

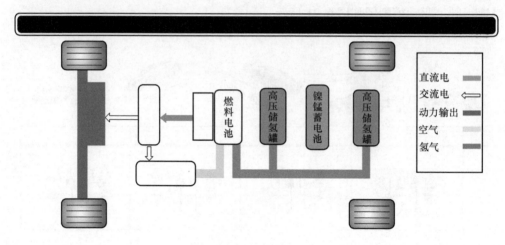

图6-23 一般行驶工况

(3) 加速行驶工况

加速时，除了燃料电池正常工作外，需要由车载蓄电池参与工作，以提供额外的电力供驱动电机使用，此时车辆处于大负荷工况下（图6-24）。

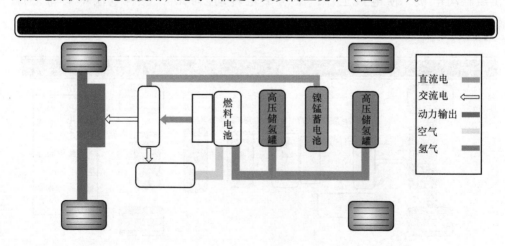

图6-24 加速行驶工况

(4) 减速行驶工况

减速时,车辆在惯性作用下行驶,此时燃料电池不再工作,由车辆减速所产生的惯性能量由驱动电机转换为发电机进行发电,经动力控制单元将其转换为直流电后,反馈回动力蓄电池进行电能的回收(图6-25)。

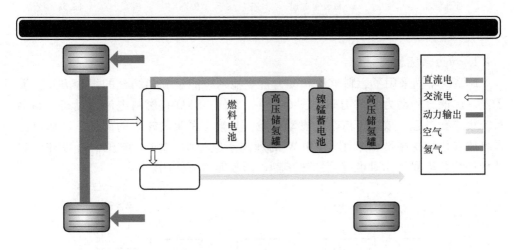

图 6-25　减速行驶工况

6.3.2　现代 NEXO 燃料电池汽车

NEXO 是现代第二代 FCEV,对发动机舱盖下的电机、驱动单元和燃料电池堆进行优化和高度集成,不但让系统体积和重量都有所下降,还把系统效率大幅度提高到了60%,输出功率也大幅提高,同时提高了车辆的续驶里程和加速能力。现代 NEXO 与上一代 ix35 FCEV 技术性能对比见表6-2。

表6-2　现代燃料电池汽车参数对比

项目	参数	NEXO	ix35
燃料电池系统	总输出功率	135kW	124kW
电堆	电压	440(255~440V)	440(255~440V)
	功率	95kW	100kW
电机	功率	120kW	100kW
	转矩	395N·m	300N·m
动力蓄电池	功率	40kW	24kW
	电压	240V	180V
	容量	1.56kW·h	0.95kW·h

（续）

项目	参数	NEXO	ix35
氢罐	容量	6.33kg/156.6L	5.64kg/144L
加速性能	最高车速	179km/h	160km/h
	百公里加速	9.7s	12.5s
	续驶里程	>800km（NEDC）	594km（NEDC）

1. 动力系统构型分析

NEXO 车辆采用了燃料电池和动力蓄电池两种能量源相结合的组合方式，属于电－电混合的动力系统构型（图 6-26），现代 NEXO 将燃料电池发动机、驱动系统集成在一起，放置于汽车的发动机舱，是整套系统最核心的部件。高压电池系统放置于车身尾部，采用了 40kW 的锂离子电池组，240V 电压，可以纯电驱动增加续驶里程，同时也起到预热车辆、回收能量等作用。

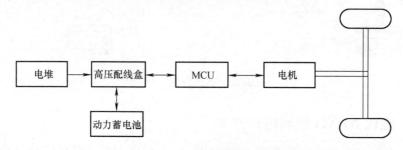

图 6-26　NEXO 动力系统构型

NEXO 采用三个相同的储氢罐设计（图 6-27），不但意味着 NEXO 储氢系统的储氢能力稍有提升，同时也使其布局更加灵活方便，既可以与电池等系统配合为行李舱腾出更大的空间，设计更规整的内部形状，又能大幅度降低整个系统的制造难度。

图 6-27　NEXO 动力系统图

2. 车辆模式运行分析

根据动力系统构型方案分析，车辆可以实现至少六种工作模式，分布是纯电动模式、FCS＋动力蓄电池驱动模式、FCS＋动力蓄电池充电模式、纯 FCS 模式、再生制动模式、驻车充电模式。其行驶模式如图 6-28 所示。

1）纯电动模式是指在较低车速时仅由动力蓄电池提供能量驱动，FCS 系统不启动不参与。

2）FCS＋动力蓄电池驱动模式是指在较大功率需求时，燃料电池和动力蓄电池同时供电,通过逆变器向驱动电机提供动力输出。

3) FCS+动力蓄电池充电模式是指在正常行驶时,燃料电池输出,给动力蓄电池充电,同时通过逆变器向驱动电机提供动力输出。

4) 纯 FCS 模式是指在较高车速匀速行驶时,仅有 FCS 系统提供能量驱动车辆,动力蓄电池既不充电也不放电。

5) 再生制动模式是指下坡和减速时,驱动电机通过逆变器向动力蓄电池回收能量。

6) 驻车充电模式是指长时间驻车怠速,电池 SOC 下降到一定阈值,FCS 系统启动,给动力蓄电池充电。

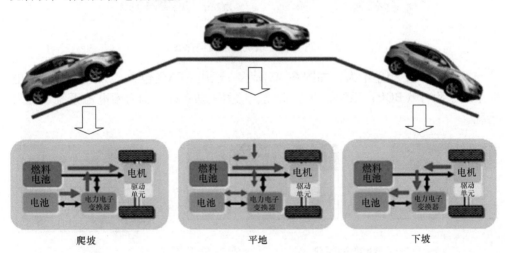

图 6-28　车辆行驶模式图

3. 车辆能量流分析

现代 NEXO 通过燃料电池总成输送电能给驱动电机,其驱动方式是通过氢气与氧气在燃料电池堆内发生反应,利用化学反应产生出的电能来带动驱动电机,最终驱动车辆行驶,同时反应产生的其他剩余电能可以存入储能动力蓄电池组内。车辆的动力系统能量流向路径如图 6-29 所示,具体的步骤如下:

1) 氧气经过空气压缩机和加湿器后进入电堆,氢气从氢罐经过减压阀和氢喷后进入电堆,氢气和氧气在燃料电池中发生化学反应生成水和电能。

2) 动力蓄电池根据整车需求功率和电堆当前输出功率,通过 BMS 控制动力蓄电池充/放电,以满足驱动需求。

3) 电堆生成的电能和动力蓄电池的电能经过高压配线盒耦合后,提供 MCU 使用。

4) 燃料电池内反应产生的水排出车辆外,整个过程实现了无污染零排放。

燃料电池车的核心在于燃料电池发动机系统,其余驱动系统及动力蓄电池系

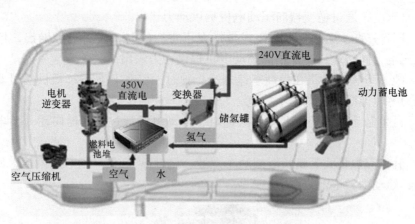

图 6-29 动力系统能量流向路径

统与 EV、PHEV 相差不大，如图 6-30 所示。现代 NEXO 包含六大关键系统：电堆系统、附件（BOP）系统、FCU 系统、动力驱动系统、动力蓄电池系统、储氢系统。

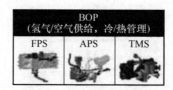

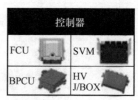

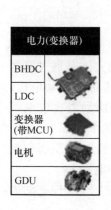

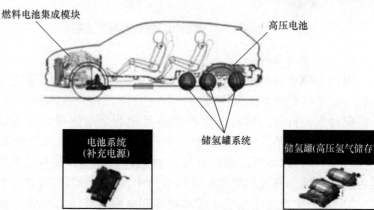

图 6-30 NEXO 燃料电池汽车组成

4. 电堆系统

现代 NEXO 的电堆系统是由数百个单体（图 6-31）组成，包含 440 个燃料电池单体，电压范围在 250~440V 之间，每个单体包含双极板、气体扩散层和质子交换膜。氢气和氧气在电堆中发生化学反应,产生电能和热,未完全反应的氢气会再循环,以提高氢气利用率。因此电堆系统需要高效的供氢系统、供空气系统和热管理系统。

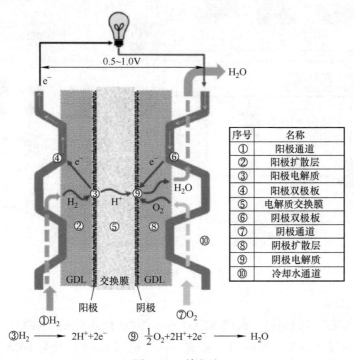

图 6-31 单电池

5. 附件(BOP)系统

现代 NEXO 附件系统(图 6-32)包含供氢系统、供空气系统和热管理系统。供氢系统包含氢气截止阀、氢气供应阀、氢喷、吹扫阀、压力阀、排水阀等部件。以氢喷为例,氢喷作用有两个:一是将氢气减压输入到电堆;二是将未反应的氢气再循环。

供空气系统包括空滤器、空气流量传感器、空气压缩机及控制器、加湿器、空气截止阀、压力控制阀、消声器等部件。NEXO 采用外部加湿法,使用加湿器对高压空气加湿。空气压缩机的作用是提供适量流量/压力的空气到电堆系统。由于电堆产生大量热,因此需要更为高效的热管理系统,包含高压水泵、温度控制阀、旁通阀、阴极氧消耗加热器(COD 加热器)、去离子器、散热器等部件。其中 COD 加热器的作用是消耗电堆中残余的氢气和氧气以提高电堆耐久性,在低温环境下加热电堆,以提高电堆环境适应性;去离子器的作用是清除冷却液中的离子。

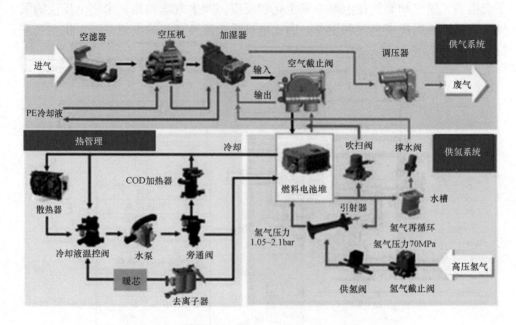

图 6-32 BOP 系统

6. FCU 系统

与丰田 Mirai 不同的是，现代 NEXO 没有 VCU 控制单元。NEXO 将整车控制器和电堆控制器（FCU，图 6-33）集成一体，通过 CAN 信号与 BMS（电池控制器）、SVM（电堆电压控制器）、BPCU（空气压缩机控制器）、MCU（电机控制

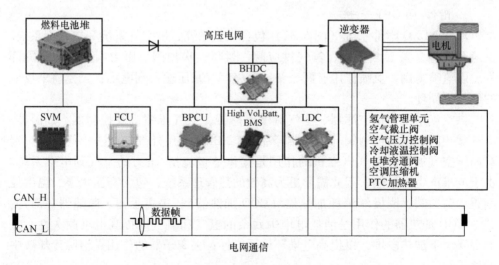

图 6-33 FCU 系统

器）等控制器通信。FCU 的主要功能是控制燃料电池系统启停、输出、供氢供空气、失效保护等，控制驱动力/制动力输出分配以及空调系统控制等。

7. 动力驱动系统

现代 NEXO 动力驱动系统（图 6-34）包含电机、MCU、减速器、BHDC 等部件，其中 BHDC 表示电池高压 DC/DC，其作用是对动力蓄电池输出输入电压的增压降压，其动力驱动系统与电动汽车、混合动力汽车基本相同，电堆和驱动总成可以放置在前舱，具体原理在此不赘述。

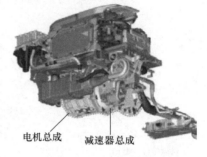

图 6-34　动力驱动系统

8. 动力蓄电池系统

现代 NEXO 配置了 1.56kW·h 的动力蓄电池系统（图 6-35），与燃料电池分别起着不同的作用，在整车负载低的时候可以单独用动力蓄电池给驱动电机供电，带动车辆前进，而燃料电池堆也可以通过发电给动力蓄电池充电，动力蓄电池把燃料电池堆产生的剩余电能储存起来，供后续车辆急加速使用和车载用电器使用。当车辆有较大的加速动力需求的时候，动力蓄电池辅助燃料电池总成，两者联合向驱动电机供电，实现双重供电满足动力需求。当车辆减速行驶时，驱动电机转化为发电机来回收动能，电能直接回馈输送到动力蓄电池组内储存起来。

图 6-35　NEXO 动力蓄电池系统

9. 储氢系统（图 6-36）

现代 NEXO 配备了 3 个储氢罐，加满体积为 52.2L 的氢气，储氢系统质量 111kg，提高了氢重量在整体燃料系统中的比例。NEXO 采用的三个储氢罐相同，不仅使储氢能力稍有提升，同时也使其布局更加灵活方便，既可以与电池等配合为行李舱腾出更大的空间，设计更规整的内部形状，又能大幅度降低整个系统的制造难度；NEXO 的储氢罐使用了一种具有优异抗渗性的新材料，通过高压气体释放装置来满足可燃性要求，当火焰接触罐的任何部分而不只是释放装置时，它立即释放所有氢。该罐体还具有耐火性，可以承受超过一个小时的火灾，以保障发生事故时人员可以及时疏散。

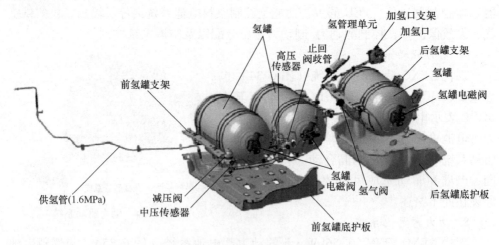

图 6-36 NEXO 储氢系统

6.3.3 奔驰 GLC F-CELL 燃料电池插电混动汽车

奔驰 GLC F-CELL 燃料电池 SUV 搭载了氢燃料电池+锂离子电池的插电式混动系统，其结构如图 6-37~图 6-39 所示。由 400 片燃料电池单体组成的金属极电堆峰值功率为 75kW，锂离子电池组容量为 13.5kW·h。与奔驰上一代燃料电池汽车相比，新一代燃料电池系统体积减小约 30%，贵金属铂催化剂使用率降低 90%。基于全球标准化的 70MPa 储氢瓶技术，奔驰 GLC F-CELL 搭载的 2 个储氢罐分别位于底盘和后排座椅下方，储氢容量达到 4.4kg。新车采用后轮驱动，位于后轴的异步电机最大功率达 160kW，峰值转矩为 375N·m。在锂离子电池组满电情况下，NEDC 循环工况续驶里程达到 487km，其中纯电续驶里程为 50km，纯氢续驶里程为 437km。此外，插电混动系统配备了 7.4kW 功率充电器，可在 1.5h 内将电池容量从 10% 充至 100%。

图 6-37 奔驰 GLC F-CELL 混合动力系统

第6章 燃料电池汽车能量管理

图6-38 奔驰 GLC F – CELL 车载燃料电池系统

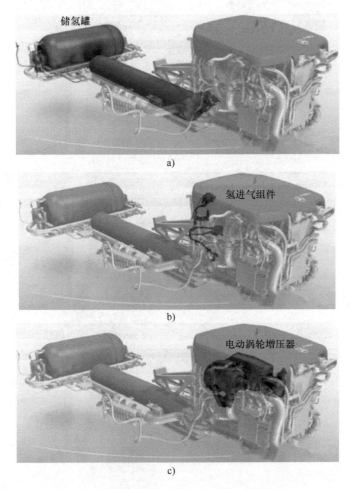

图6-39 奔驰 GLC F – CELL 车载燃料电池系统分解

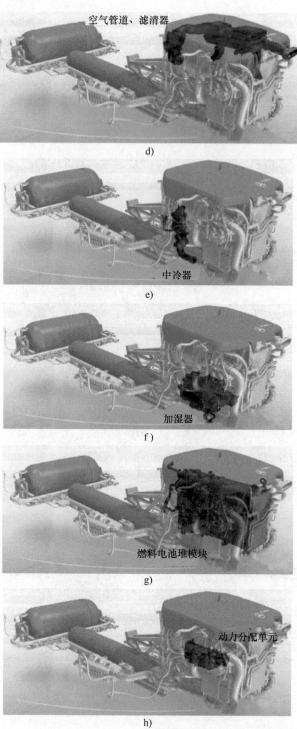

图 6-39 奔驰 GLC F – CELL 车载燃料电池系统分解(续)

电压转换器

i)

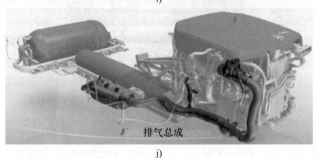

排气总成

j)

图 6-39　奔驰 GLC F – CELL 车载燃料电池系统分解（续）

奔驰 GLC F – CELL 燃料电池 SUV 有多种运行模式和驾驶模式。运行模式包括 4 种：混动模式、燃料电池（纯氢）模式、锂电池（纯电）模式和充电模式；驾驶模式包括 3 种：经济模式、舒适模式和运动模式。混动模式中，燃料电池组工作在最佳效率区间，功率峰值由锂离子电池组提供；燃料电池模式下，车辆行驶动力仅依赖氢气，锂离子电池组通过从燃料电池获取能量保持 SOC 不变，该模式适用于长距离稳态巡航；锂电池模式适用于短距行程，动力仅靠锂电池组提供；高压锂电池组充电享有优先权，氢气容量耗至限值前优先给锂电池组充电至满电。

如图 6-40 所示，与现代 NEXO、本田 CLARITY 燃料电池汽车相同，奔驰 GLC F – CELL SUV 同样将高度集成化的燃料电池系统置于发动机舱，燃料电池发动机主要包括 75kW 燃料电池堆、电动涡轮增压空压机、膜式加湿器、氢循环、升压变换器、空滤器、离子交换器、12V 水泵和燃料电池控制单元等。

如图 6-41 和图 6-42 所示，奔驰 GLC F – CELL SUV 搭载带有废气能量回收的电动涡轮增压空压机，通过将电动增压和电堆出口废气涡轮增压有机结合，提高燃料电池系统效率（尤其在低负荷区间）。如图 6-43 所示，该车采用无油空气轴承，以提高燃料电池耐久性和可靠性。通过全新设计和开发，该型电动涡轮增压空压机体积、重量、振动和噪声全面降低。

升压变换器的主要作用是使燃料电池堆输出电压适应变化的车载高压，如

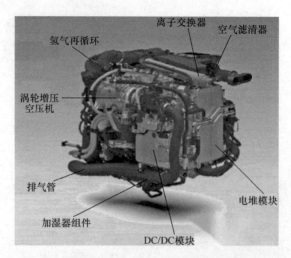

图 6-40　奔驰 GLC F-CELL 车载燃料电池发动机

图 6-44 所示。奔驰 GLC F-CELL SUV 搭载的 DC/DC 效率极高,超过 98%。在低温暖机过程中,该型 DC/DC 可以大大降低燃料电池电压,短暂性释放热量,加速燃料电池温度提升。

通过采用化学成分改善的超薄质子交换膜强化质子传导效率、优化金属极板流场气体分配、调节运行条件等措施,与上一代燃料电池汽车相比,奔驰最新 GLC F-CELL 燃料电池堆的极限电流密度增加了近 1 倍(图 6-45)。GLC F-CELL 电堆实物如图 6-46 所示。

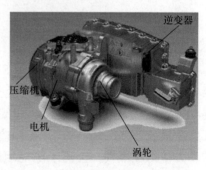

图 6-41　奔驰 GLC F-CELL 电动涡轮增压空压机

图 6-42　奔驰 GLC F-CELL 电动涡轮增压空压机内部

图 6-43 奔驰 GLC F – CELL 螺杆压缩机和涡轮增压空压机对比

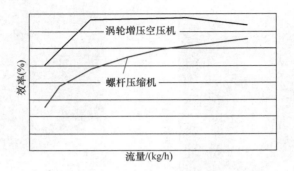

图 6-44 奔驰 GLC F – CELL 升压变换器

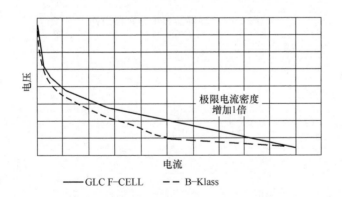

图 6-45 奔驰两代燃料电池汽车电堆性能对比

此外，奔驰 GLC F – CELL 为提升燃料电池系统功率密度，对相关零部件进行了高度集成开发，比如对进气端板集成化，即将水气进出歧管和氢气再循环分配板高度总成；集成多个空气部件，如加湿器和水分离器集成等，如图 6-47 和图 6-48 所示。

图 6-46 奔驰 GLC F - CELL 燃料电堆实物

图 6-47 多功能端板

图 6-48 加湿器和水分离器组件

第 7 章　新能源汽车动力总成部件特性及模型

一般来说，纯电动汽车和混合动力汽车动力总成包括动力单元、电驱系统和传输系统。其中，动力单元根据新能源汽车的类型（纯电动汽车、混合动力汽车、燃料电池汽车等）又包括锂电池、内燃机、燃料电池等。新能源汽车动力总成的性能分析需要根据动力总成技术，将各组成部件的模型整合为动力总成模型，各部件的模型由一系列根据物理定律推导出的反映其动力性特性的公式建立。基于物理学的模型对于设计及优化动力总成系统是十分有效的工具，但此类模型往往很复杂且有时不能与实验结果精确相符。特性曲线可通过有足够精度的标准实验结果得到，可以摆脱复杂的物理模型推导过程，输出功率和转矩以及能量消耗和动力总成系统效率均可通过特性曲线计算。驾驶循环是设计和离线评估动力总成系统的另外一种重要工具，是用不同驾驶循环分别代表城市和高速公路驾驶条件下的区域行驶特性。本章讨论新能源汽车动力总成部件的性能特点、数学模型和效率，以及一些重要驾驶循环的特征。

7.1　车辆动力学建模及分析

7.1.1　车辆坐标系

为研究车辆动力学，合理定义坐标系是十分必要的。一般来讲，需要两种类型的坐标系：车体固定坐标和地面固定坐标。

如图 7-1 所示，车体固定坐标系固定在车体上，车辆的所有运动都在这个坐标系中表达，根据美国汽车工程师协会（SAE）的定义，车体固定坐标系是一个右手坐标系，意味着所有的转动都是以顺时针方向为正的，起点在车辆的重心位置。z 轴垂直于地面并且正方向向下，x 轴沿着车体的方向并且正方向向前，右手定则决定了 y 轴的方向。在车辆动力学的术语中，每个轴有它特定的名字。x、y 和 z 轴分别称为纵轴、横轴和垂直轴。

为表达车轮动力学，除了车体固定坐标系，每个车轮还需要一个专门的坐标系，如图 7-2 所示。基于 SAE 的定义，这些坐标系固定在汽车上，同时它们的原点在轮胎与地面的接触面的中心位置。它们也是右手坐标系，同时它们的轴与车体坐标系的轴保持平行。

图 7-1 车体固定坐标系

轮胎在坐标系中的位置是通过轮胎对称轴线和坐标轴之间的角度来衡量的。如图 7-3 所示，轮胎纵向对称轴和坐标系 x 之间的角度定义为车轮转向角；轮胎垂直对称轴和坐标系 z 轴之间的角度定义为外倾角。对于汽车而言，外倾角往往很小（最多2°~3°），但是对于摩托车，外倾角可能会很大，在高速转弯时甚至能达到45°。

如图 7-3 所示，地面固定坐标系用于描述车辆的实际位置坐标以及位姿、航向角等，通常用来研究车辆的路径。

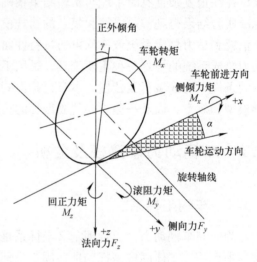

图 7-2 轮胎坐标系

7.1.2 轮胎力学与建模

对路面车辆而言，最重要的力是轮胎力和力矩，因此对它们的准确计算是车辆动力学仿真和分析的基础。一般而言，由于轮胎材料的非线性黏弹性行为，轮胎力和力矩是十分复杂的。

轮胎的纵向力、横向力和回正力矩，是轮胎与地面接触面的纵向和横向剪应力作用的结果，这些剪应力是轮胎在接触面上或在接触面周围的变形导致的。试验研究表明，以上剪应力及其形成的合力矩是如下变量的方程：

1) 垂向力：如图 7-4 所示，在一个滚动着的轮胎上施加垂向力会产生在接

第 7 章 新能源汽车动力总成部件特性及模型

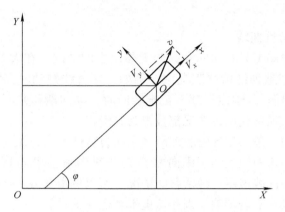

图 7-3 地面固定坐标系

触面上非均匀但对称分布的垂向载荷。这个非均匀但又对称的垂向载荷分布，加上反作用力的影响，会产生一个绕着纵向和横向的力矩，即侧倾力矩和滚动阻力矩。此外，考虑到路面摩擦力，垂直载荷可能会影响剪应力，最终影响横向力、纵向力和回正力矩。

2）纵向和侧向滑移：接触面上轮胎的形变是纵向和侧向滑移的结果。

3）外倾角：外倾角能够改变垂向力和剪切力在接触面上的载荷分布。

4）时间：轮胎不会同时产生力和力矩，但轮胎的响应十分迅速，在多数情况下，静态响应可以忽略。

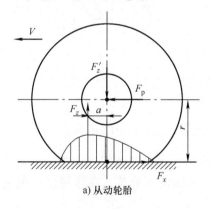
a) 从动轮胎

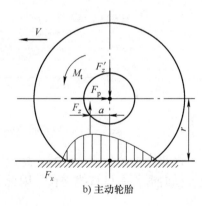
b) 主动轮胎

图 7-4 平面内轮胎滚动受力

1. 轮胎特性曲线

轮胎特性曲线是建立在实验数据基础上的，这些曲线展示了稳定条件下轮胎的力和力矩与上述变量之间的关系。这些曲线对于理解轮胎机理、最终理解轮胎动力学表现是非常重要的。根据不同的路面和车辆行驶条件，轮胎工作情况可分为纯滑移和混合滑移的情况，并且每种情况都有对应的特性曲线，以下分别进行讨论。

(1) 纯滑移特性曲线

纯滑移是指轮胎上只有横向和纵向滑移发生的情况。在大多数车辆操控中，轮胎可能会工作在某种纯滑移工况中。例如，在直线制动时，侧向滑移几乎为0，但存在纵向滑移；在恒定车速下正常转向时，纵向滑移并不存在，但是在轮胎上存在滑移角。通常这两种情况都被视为纯滑移。

图7-5所示为一条典型的轮胎纯滑移纵向力特性曲线，纵向力可以是制动力也可以是拖拽力。该曲线表明了纵向力 F_x 对于纵向滑移率 s 在不同垂向力 F_z 条件下的情况。因为曲线展示了纯滑移的情况，所以侧滑角 α 并不存在。外倾角 γ 对于轮胎纵向力没有显著影响，因此这里不考虑 γ 的计算。

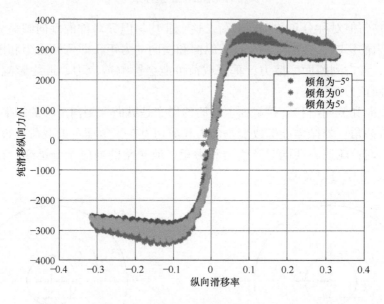

图7-5 典型轮胎纯滑移纵向力特性曲线（载荷为2511N）

该曲线可分为3个区域：直线区、峰值区和饱和区。在直线区域中，纵向力随着纵向滑移率呈直线增长。因此，纵向力 F_x 和纵向滑移率 s 在直线区域的关系为

$$F_x = c_s s \tag{7-1}$$

式中，c_s 是曲线在原点处的斜率，称为轮胎纵向刚度。在峰值区域，当轮胎纵向滑移率在15%~20%之间时，轮胎纵向力达到峰值。该峰值是路面摩擦系数 μ 和垂向力 F_z 的函数，方程可表示为

$$F_{x\max} = \mu F_z \tag{7-2}$$

在峰值点后是饱和区，轮胎纵向力缓慢减小直至滑移率达到100%。

图7-6是某型号汽车的轮胎纯滑移横向力特性曲线,展示了侧向力F_y和侧滑角α之间的关系。纵向滑移为0。

正如曲线所示,可分为3个区域:线性区域、峰值区域和饱和区域。在线性区域中,侧向力是滑移角的线性函数:

$$F_y = c_\alpha \alpha \qquad (7\text{-}3)$$

式中,c_α是曲线在原点处的斜率,称为轮胎转向刚度。在常规操控和正常行驶条件下,轮胎的工作点是在线性区域的。轮胎的侧向力在侧滑角达到4°~8°时达到峰值。峰值可由下式计算:

$$F_{y\max} = \mu F_z \qquad (7\text{-}4)$$

与轮胎纵向力类似,横向力在峰值点之后达到饱和。在饱和区域,侧向力的值缓慢减小,在实际中可认为是一个常值。

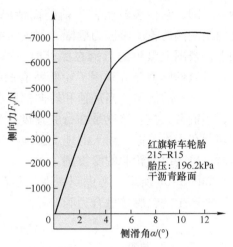

图7-6 典型轮胎纯滑移横向力特性曲线

图7-7为在恒定垂向力条件下外倾角对侧向力的影响。外倾角和侧向力的关系是线性的,在没有侧滑角的情况下,二者关系为

$$F_y = c_\gamma \gamma \qquad (7\text{-}5)$$

式中,c_γ是外倾刚度。如果外倾角和侧滑角都存在,且轮胎的工作点在线性区域,那么总的侧向力变为

$$F_y = c_\alpha \alpha + c_\gamma \gamma \qquad (7\text{-}6)$$

(2)混合滑移特性曲线

混合滑移是侧向滑移和纵向滑移同时发生在轮胎上的一种情况,即轮胎同时产生纵向力和侧向力的情况。通常发生在特定行驶条件下,例如在转弯时加速或制动、车辆行驶在光滑路面上等。在混合滑移情况下,轮胎特性几乎是非线性的,而且其特性曲线也更为复杂。

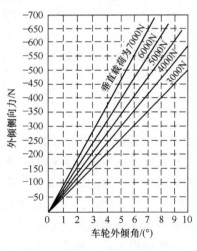

图7-7 外倾角对侧向力的影响

为了理解在混合滑移情况下力和力矩产生的本质,学习摩擦环理论是十分重要的。摩擦环概念虽然与实际情况不完全相符,但对解释混合滑移是非常适用的。

无论是加速、转向还是减速，都与轮胎的附着力相关，轮胎一旦失去附着力，就意味着失控。这个力可以用一个圆来模拟，它是以轮胎附着极限为半径画一个圆，它代表轮胎在当前路面情况下的最大摩擦力。如图7-8a 左图所示，该圆是一侧的轮胎摩擦力极限，驾驶人在某个时刻所做的操作在对应的横轴和纵轴上，当图上黑色的点落在圈外时，车轮会发生侧滑。图中的黑点刚好落在圆上，可以理解为充分利用了轮胎所有的抓地力，是最理想的状态。图7-8a 右图是个极端点的例子，当加速和转向都落在摩擦圆临界点时，两者的合力超出摩擦圆，车辆会失控。这就是在行驶速度过快时，突然打转向盘车辆会失控的原因。摩擦圆在干燥路面、雨天湿地、雪地、结冰路面有不同的大小。此外，车辆在转弯时，也会改变轮胎的摩擦圆。

如图7-8b 所示，考虑到在垂向力 F_z 下滚动的轮胎会同时产生侧向力和纵向力，故产生的轮胎接触合力为

$$F = \sqrt{F_x^2 + F_y^2} \tag{7-7}$$

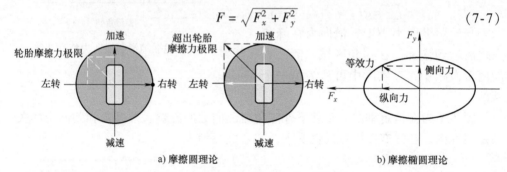

图7-8 摩擦圆理论和摩擦椭圆理论

通过运用简单摩擦理论，合力 F 的值为

$$F = \mu F_z \tag{7-8}$$

将式（7-8）代入式（7-7）得到

$$F_x^2 + F_y^2 = (\mu F_z)^2 \tag{7-9}$$

图7-8a 是式（7-9）的图像表现形式，如描述的一样，一个环就代表着在混合滑移情况下轮胎纵向力和侧向力的关系。同样地，在混合滑移情况下，轮胎在横向和纵向产生力的能力是相互影响的，即在每个方向上产生的力会减小在另一个方向上产生力的能力。这是混合滑移下理解轮胎性能的关键因素。但实际上，摩擦系数在横向和纵向是不同的，所以摩擦环由一个椭圆所取代，如图7-8b所示，这样能更为精确地表示出轮胎在混合滑移情况下的表现。

图7-9是一条典型的混合滑移纵向力特性曲线。这些曲线簇描绘了在不同侧滑角下纵向力随着纵向滑移的变化，假设垂向力不变。正如摩擦环/椭圆理论预测的一样，当存在侧滑角时，轮胎纵向力能力减弱。轮胎能力的退化在线性和饱和区域并不明显，但是侧滑角限制了轮胎的峰值性能。

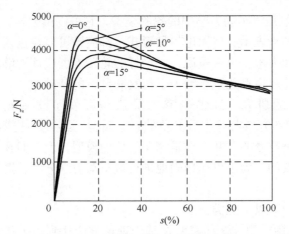

图 7-9　混合滑移纵向力特性曲线

图 7-10 是典型的混合滑移侧向力特性曲线。同样假设垂向力是恒定的，曲线描绘了在不同纵向滑移值下侧向力随着侧滑角的变化而变化的曲线。如前所述，由于存在纵向滑移，因此轮胎侧向力显著减小。在该情况下，轮胎侧向力性能的减弱在轮胎整个工作区域是可见的。该曲线簇佐证了摩擦环/椭圆理论的预测。

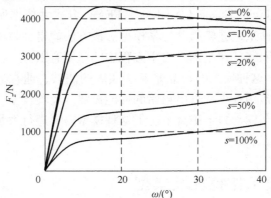

图 7-10　混合滑移侧向力特性曲线

2. 轮胎模型

稳态情况下的轮胎力和力矩可以由式（7-10）表达：

$$\begin{cases} F_x = F_x(\alpha, s, F_z, \gamma) \\ F_y = F_y(\alpha, s, F_z, \gamma) \\ M_y = M_y(\alpha, s, F_z, \gamma) \\ M_z = M_z(\alpha, s, F_z, \gamma) \\ M_x = M_x(\alpha, s, F_z, \gamma) \end{cases} \quad (7\text{-}10)$$

式（7-10）就是汽车动力学中的轮胎模型，它可以由数学方程、查询表，甚至是无穷元素模型来表示。但无论何种形式，都应该可以在输入变量的基础上精确计算出轮胎力和力矩。也就是说，一个好的轮胎模型应该能够精确描述实验得出的特性曲线。轮胎模型是汽车动力学仿真和分析的基础。

经过几十年的研究，许多研究人员已经开发了众多轮胎模型。例如，式（7-3）、式（7-9）等都是十分简单的轮胎模型，虽然这些模型仅在线性区域和轮胎工作区域是有效的，并不算是完美的轮胎模型，但它们在车辆动力学的初步分析中是很有效的。为了更加精确地进行汽车动力学分析，需要更为精确的数学模型。

轮胎模型可归为以下三类：

1) **分析性轮胎模型**：这种模型是基于理论方法找到最为接近的数学方程来计算轮胎力和力矩，也就是通过制定一些关于轮胎机理的假设来制定轮胎模型的形式，例如，布鲁斯（Brush）和菲亚拉（Fiala）轮胎模型。这些模型相对简单并且轮胎物理参数的作用会明确表现在模型中，但不够准确，不能完全与实验数据匹配。

2) **数字轮胎模型**：此类模型是计算机代码而不是精确的数学模型。它是指运用有限元分析（Finite Element Analysis，FEA）方式并依据所获得的实验数据参数或轮胎材料特性来建立轮胎动力学模型。该方法能得到精确的结果，但因为会受到运算时间的限制，在车辆动力学方程中的应用有限。

3) **经验模型**：这种模型的建立是基于实际的测试，通常运用曲线拟合方式处理所得数据，也常用查表法输出轮胎的性能参数。经验模型十分精确，并且被广泛应用于精确的车辆动力学仿真中。但这种模型需要进行大量的实验，成本和时间消耗也非常大。

7.2 电驱系统工作特性及模型

电机将电能转化成机械能，为车辆行驶提供所需的牵引力。新能源汽车中的电机必须满足一定的驾驶要求，例如频繁起动和停止、高加速/减速比，低转矩高转速的巡航、高转矩低转速的爬坡和汽车从静止状态的起动。最普遍的分类方法是将电机分为直流电机和交流电机。

工业用典型电机都是工作在预先设定好的工作模式下，因此很容易获得其最佳性能。但是，车用电机需要在不同工况点下工作，涉及整个工作范围（转矩和转速），即电机需要满足不同的驾驶条件，如频繁起停、加速、减速等，这要求电机在所有转速下均拥有高转矩和高效率。因此，研究电机在不同转矩、转速下的性能和效率就显得尤为重要。

7.2.1 电机转矩特性

如图 7-11 所示，典型的电机输出曲线包括恒转矩/恒功率特性曲线。恒功率曲线是汽车动力总成最理想的性能，这是因为其在低速时能提供高牵引力，高速时能提供低牵引力，与车辆需要克服的内外阻力相符。需要注意的是，在传统燃油汽车中，采用多齿轮传动系统是为了把抛物线型转矩或恒转矩转化为近似的恒功率。但是，对于现代电机，恒功率性能可通过电机控制器和电子设备实现，这是电子驱动系统的主要优势——不再需要复杂的多齿轮变速系统，而是可以安装在固定传动比的变速器中，甚至不需要变速系统。

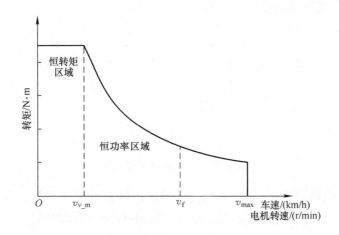

图 7-11 现代电机的典型输出特性曲线

为了描述现代电机的特性，假设对于一个恒定值的电机控制信号 $x_{\theta m}$，电机从基础转速 ω_m^* 到最高转速 $\omega_{m,max}$ 都输出恒定功率 P_m^*，则电机在此范围内任意转速下的功率可以表示为

$$P_m(\omega_m, x_{\theta m}) = \omega_m T_m(\omega_m, x_{\theta m}) = x_{\theta m} P_m^* \tag{7-11}$$

电机的转矩特性可以表示为

$$T_m(\omega_m, x_{\theta m}) = x_{\theta m} \frac{P_m^*}{\omega_m} \tag{7-12}$$

如图 7-11 所示，转矩特性曲线是一系列对应不同转速值 $x_{\theta m}$ 的双曲线。值得注意的是，根据式（7-12），在低速时电机转速逐渐接近极限，这在实际中是不可能达到的。为解决此问题，常在低速工况（低于基础转速）时通过电机控制器把输出转矩变为恒定值转矩。

因此，电机的输出转矩特性可以表示为

$$T_m(\omega_m, x_{\theta m}) = \begin{cases} x_{\theta m} T_m^*, \omega_m < \omega^* \\ x_{\theta m} \dfrac{P_m^*}{\omega_m}, \omega^* \leq \omega_m \leq \omega_{max} \end{cases}, \omega^* = \dfrac{P_m^*}{\omega_m} \qquad (7-13)$$

7.2.2 电机效率

电机的机械效率 η_m 定义为输出功率 $P_{m,out}$ 与输入功率 $P_{m,in}$ 之比:

$$\eta_m = \dfrac{P_{m,out}}{P_{m,in}} \qquad (7-14)$$

电机的输入为电压和电流,它们都来自储能系统,如电池或超级电容器(图7-12),因此电机的输出功率为

$$P_{m,out} = \eta_m P_{m,in} \qquad (7-15)$$

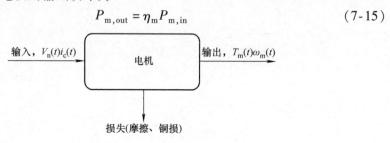

图 7-12 电机的功率流动图

为计算电机输出功率,须知道 η_m,若输出转矩和转速已知,我们可以从电机效率图中确定 η_m。从机械原理的角度,输出功率还可以表示为

$$P_{m,out} = T_m \omega_m \qquad (7-16)$$

式中,T_m 是电机转矩;ω_m 是电机转速。

效率图可以方便地确定电机在新能源汽车复杂工况下的性能,通过效率图,电机犹如一个"黑箱",给定确定的输入,就会有确定的输出。图 7-13 是电机的典型效率图。

由于每个电机内部的机械元件和结构都不同,能量损耗(摩擦、铜损)不同,因此其对应的效率图也不同,图 7-14 给出了不同交流电机的效率图。

为了确定电机的效率图,需要了解不同转速下的能量是如何被损耗的。影响电机效率的损耗包括电阻损耗(又称为铜损耗)、铁损耗、杂散损耗(泄漏损耗)、机械损耗。电机功率损失与负载及电流的二次方成正比:

$$P_{m,L} = R_m i_m^2 \qquad (7-17)$$

式中,$P_{m,L}$ 为电机功率损失;R_m 为电机内部等效电阻(Ω);i_m 为电机等效电流(A)。

铁损耗是指电机转子的磁性核心与定子之间损耗的磁性能量。杂散损耗主要来源于电机有负载时产生的谐波效应,包括铜线绕组中的电流、谐波磁通元件、

核心金属层压板泄漏的能量。机械损耗包括电机轴承的摩擦和冷却风扇产生的损耗。

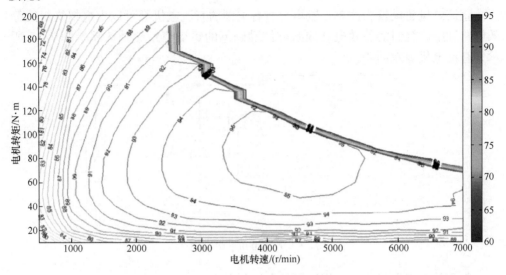

图 7-13 电机的典型效率图

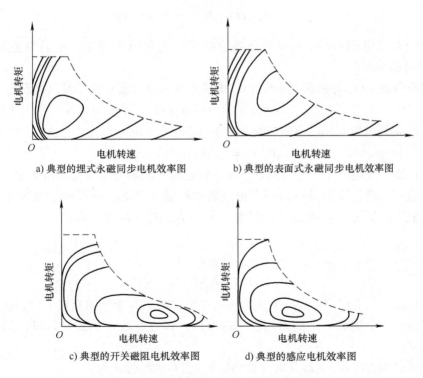

a) 典型的埋式永磁同步电机效率图　　b) 典型的表面式永磁同步电机效率图

c) 典型的开关磁阻电机效率图　　d) 典型的感应电机效率图

图 7-14 不同电机运行时的效率图

7.2.3 直流电机模型

直流电机建模较为简单，基本上所有类型的直流电机都可以由电枢绕组的等效电路和励磁绕组的等效电路或永磁体励磁下的每极恒定磁通表示。图 7-15 所示为直流电机等效回路。

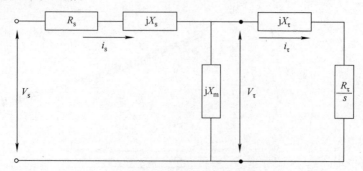

图 7-15 直流电机的等效回路

基于基尔霍夫定律，电枢回路的电压可以表示为

$$v_a(t) = R_a i_a(t) + L_a \frac{d i_a(t)}{dt} + v_i(t) \tag{7-18}$$

式中，$i_a(t)$ 是电枢电流；$v_i(t)$ 是感应电流；R_a 是电枢电阻；L_a 是电枢电感；$v_a(t)$ 是电枢电压。

感应电流 $v_i(t)$ 与励磁电流 $i_f(t)$、电机转速 $\omega_m(t)$ 成正比，可以表示为

$$v_i(t) = L_{af} i_f(t) \omega_m(t) \tag{7-19}$$

式中，L_{af} 是场电枢互感。电枢转矩 $T_a(t)$ 与场电流、电枢电流成正比：

$$T_a(t) = L_{af} i_f(t) i_a(t) \tag{7-20}$$

在他励直流电机中，当转速低于基本转速时，该场电压通常保持恒定，而对于永磁直流电机，通常是给定一个恒定的磁通量（例如，一个恒定磁场电流）。因此在假定的恒定磁场电流下，例如 $i_f(t) = I_f$，式（7-19）和式（7-20）可以写作

$$\omega_m = k_{mV} v_i(t) \tag{7-21}$$

$$T_a(t) = k_{mT} i_a(t) \tag{7-22}$$

式中，$k_{mV} = (L_{af} i_f)^{-1}$ 和 $k_{mT} = L_{af} i_f$ 为转速转矩常数。对于他励直流电机，在高于基本转速时，会加载一个随时间变化的电压，式（7-21）和式（7-22）的假设不再成立。

此外，电枢电压 $v_a(t)$ 是电压控制信号 $v_m(t)$ 的线性函数：

$$v_a(t) = k_{mc} v_m(t) \tag{7-23}$$

式中，k_{mc}是电机控制器增益。将式（7-21）和式（7-22）代入式（7-18），可得

$$\left(\frac{L_a}{k_{mT}}\right)\frac{dT_a(t)}{dt} + \left(\frac{R_a}{k_{mT}}\right)T_a(t) + \frac{1}{k_{mV}}\omega_m(t) - k_{mc}v_m(t) = 0 \qquad (7-24)$$

通过将牛顿第二定律应用到电枢轴，能够建立电枢产生的转矩和电机输出负载之间的关系：

$$T_a(t) = J\frac{d\omega_m(t)}{dt} + T_m(t) \qquad (7-25)$$

式中，$T_m(t)$和J分别是电机负载转矩和负载的转动惯量，把式（7-25）代入式（7-24），可以得到微分方程如下：

$$\left(\frac{L_a}{k_{mT}}J\right)\frac{d^2\omega_m}{dt^2} + \left(\frac{R_a}{k_{mT}}J\right)\frac{d\omega_m}{dt} + \frac{1}{k_{mV}}\omega_m = k_{mc}v_m(t) - \left(\frac{L_a}{k_{mT}}\right)\frac{dT_m}{dt} - \left(\frac{R_a}{k_{mT}}\right)T_m$$

$$(7-26)$$

如果电机的控制电压信号$v_m(t)$和负载转矩（电机输出转矩）T_m是已知的，那么电机的旋转速度可以通过求解式（7-26）得到。在稳态条件下，系统状态变化为零，根据式（7-26），电机的转矩与转速之间的关系变为

$$T_m = \frac{k_{mT}k_{mc}}{R_a}V_m - \frac{k_{mT}}{k_{mV}R_a}\omega_m \qquad (7-27)$$

式中，V_m是$v_m(t)$的稳态值。图7-16给出了直流电机的$T_m = f(\omega_m)$特性曲线。该曲线由参数k_{mT}、k_{mV}、k_{mc}、R_a、V_m确定。在失速状态（如$\omega_m = 0$），起动转矩为$T_m = (k_{mT}k_{mc}/R_a)/V_m$。而在空转（空载）条件下，电机转速为$\omega_m = k_{mc}k_{mV}V_m$。特别指出，在内燃机车辆中，发动机必须在高于其怠速条件下运

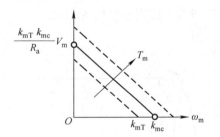

图7-16 直流电机的转矩-转速特性曲线

行以提供全部转矩。然而，图7-16表明，对于电动汽车，电机可以在低速时提供充分的转矩，从而使汽车在静止状态时得到优异的加速度。

图7-16所示的特性曲线，是对电机方程进行简化后得到的。在实际情况中，场电压和电机控制器增益都不是恒定的，通过控制它们的数值，才能实现恒转矩/恒功率特性。

7.2.4 永磁同步电机模型

在多种类型的电机中，永磁无刷电机，特别是永磁同步电机，是目前用于电动汽车驱动系统最具市场吸引力的电机。由于使用了高能永磁材料，使得永磁无

刷电机具有高功率密度和高效率等特点。就实际而言，虽然永磁无刷电机驱动已经占据了电动汽车电驱动市场的主要份额，但仍存在永磁材料成本高和高温不稳定等劣势。

永磁同步电机（PMSM）和永磁无刷直流（BLDC）电机属于永磁交流电机系列。与感应交流电机类似，永磁交流电机的主要部件包括定子和转子，外部的三相交流电压施加到定子的电枢绕组上。从转矩的产生原理角度，这两种电机是相同的，它们都是同步电机，通过激励在永久磁铁中的转子实现，其区别在于，永磁同步电机产生正弦反电动势，而永磁无刷直流电机产生矩形、梯形的反电动势。应当指出，无刷直流电机用电子换向器取代了机械换向器，永磁同步电机使用永久磁铁来励磁。假设两种类型的电机的反电动势都是正弦，它们的性能分析是相同的。

一相的永磁同步电机在准稳态条件下的等效电路如图 7-17 所示。在准稳态条件下，所有信号是正弦信号。其中，I_F 是等效场源电流。V_s 和 I_s 分别是定子的电压和电流，β_m 是 V_s 和 I_F 之间的角度。此外，定义 I_s 和 V_s 的角度为 θ_m，I_s 和 I_F 的角度为 γ_m。图 7-18 和图 7-19 为永磁同步电机的相图。

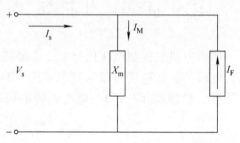

图 7-17 永磁同步电机的简化等效电路

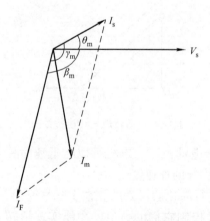

图 7-18 永磁同步电机的相图

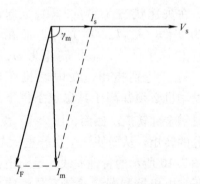

图 7-19 当 $\theta = 0$ 时，永磁同步电机的相图

通过图 7-18 的相可以证明，永磁同步电机的输入功率和电磁力矩分别为

$$P_{m,in} = 3X_m I_s I_F \sin\gamma_m \tag{7-28}$$

$$T_m = \frac{3p}{2} L_m I_s I_F \sin\gamma_m \tag{7-29}$$

第7章 新能源汽车动力总成部件特性及模型

对于固定的定子电压和功率（和转矩），为了获得最小的定子损耗，I_s 和 V_s 需要在零相（$\theta = 0$），如图 7-19 所示。如果该条件成立，则 I_s、I_m、I_F 之间的关系可以表示为

$$I_F^2 = I_m^2 + I_s^2 \quad (7-30)$$

对于给定的转矩，最小损失需要最小的定子电流。为了使在给定功率、给定 I_F 时，I_s 的值最小，γ_m 应该等于 $90°$。图 7-20 描绘了相应的相图。

当转子速度增加时，定子电压 $V_s = \omega_s L_m I_s$ 增加直至定子速度达到基本速度。当超过基本速度时，所需电压超过电源可提供的最大电压。因此，为了继续增加定子速度，γ_m 不可能一直保持在 $90°$。由于在高于基本速度时，电压已经达到上限 $V_s = V_{s,max}$，$I_m = V_{s,max}/X_m$ 是已知的，此时有

$$T_{Em} = \frac{3p}{2\omega_s} V_s I_s \cos(\theta_m) = \frac{3p}{2} L_m I_m I_s \cos\theta_m \quad (7-31)$$

$$I_F^2 = I_m^2 + I_s^2 + 2 I_m I_s \sin\theta_m \quad (7-32)$$

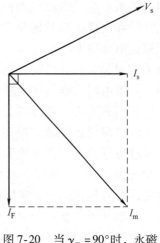

图 7-20　当 $\gamma_m = 90°$ 时，永磁同步电机的相图

7.3　电池模型建立

世界各国对动力蓄电池的研究主要集中在大功率充放电、长寿命和安全性等方面。汽车用动力蓄电池要求具有较高的容量和输出功率的能力，可用作电动车辆驱动电源的二次电池。由于汽车种类的不同，对电池要求也存在一定差异，纯电动汽车（EV）、混合动力汽车（HEV）和插电式混合动力汽车（PHEV）对电池的要求就有显著区别。一般情况下，混合动力汽车用动力蓄电池组进行的是频繁、浅度的充放电循环，充放电过程中电压、电流的变化可能较大。

电池建模是混合动力汽车和纯电动汽车建模时主要关注的部分，建立准确的电池模型是非常重要和必要的，主要原因包括：①对动力系统架构的动态特性进行仿真研究要求精确的电池模型；②精确的电池模型是设计电池监控和管理系统的基础，特别是对于荷电状态计算；③精确的电池荷电状态是动力系统主控制器接收正确反馈信号的基础，能确保系统实时高效运行。

对电池而言，可以实时测量得到的物理量都只是外部特性参数，主要包括外电压、温度和工作电流等。其中电池的工作电流主要受负载等外部条件的控制和影响，电池温度与环境温度、工作电流、通风量和热管理等情况密切相关，电池自身处于波动的地位。电池的外电压（U_O）由开路电压（U_{OCV}）、直流内阻

（R_Ω）上的欧姆压降（U_R）和极化阻抗（Z_p）上的极化电压（U_p）组成。电池的基本模型如图 7-21 所示。

电池模型描述电池的影响因素与其工作特性之间的关系。通过研究电池模型，可以明确电池外部电特性和内部状态的定量关系，建立数学模型，从而根据电池的电压、电流、温度等外部变量计算出电池的内部状态。目前常用的电池模型有电化学模型、等效电路模型和神经网络模型三大类。

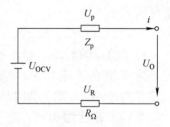

图 7-21　电池的基本模型

建模的方法一般可以分为机理建模、实验建模以及混合建模。机理建模是根据物理公式、化学反应原理等理论推导建立数学模型。实验建模是将被控对象视为"黑盒子"，通过试验记录目标对象特征参数的变化规律来构建模型。混合建模是将机理建模和实验建模两者相互结合起来构建模型。

电池属于高度复杂的非线性电化学储能装置，一方面很难通过精确的公式来描述控制过程中其内部发生的相互作用和反应，另一方面完全采用实验产生的数据建模（如神经网络）需要大量的数据输入和学习。所以混合建模法更为常见。机理建模时可以采用电化学模型、热力学模型、耦合模型、等效电路模型等。相较之下等效电路模型无需对电池内部的电化学反应有着深入的分析，而是通过电路来描述电池的开路电压、直流内阻、极化内阻，以实现对电池外特性的表征。

7.3.1　等效电路模型

等效电路模型使用电阻、电容、恒压源等电路元件组成电路网络来模拟电池的动态特性。等效电路模型对于电池的各种工作状态有较好的适用性，并且可以推导出模型的状态空间方程，便于分析和应用。典型的等效电路模型有 Rint 模型、Thevenin 模型、RC 模型和 PNGV 模型。

图 7-22 所示的 Rint 模型由美国爱达荷国家实验室（INEEL）设计，它用理想电压源描述电池的开路电压，R 代表电池内阻。Thevenin 模型在 Rint 模型的基础上增加了一个电阻和一个电容，分别为欧姆内阻、极化内阻和极化电容；I 为总电流，为通过极化电阻上的电流。当电池有负载时，其端电压的变化会表现出突变性和渐变性。突变性表现在内阻上，渐变性表现在极化电容上。RC 模型利用大电容来模拟电池的储能特性，虽然和 PNGV 同样是二阶等效电路模型，但是 RC 模型在参数辨识过程中的一些公式为经验公式，而 PNGV 模型是理论推导公式。总体来说，RC 模型更能反映电池在动态工况下的性能。PNGV 模型是 2001 年《PNGV 电池试验手册》中的标准电池性能模型，也是 2003 年《FreedomCAR 电池试验手册》中的标准电池性能模型。它在 Thevenin 等效电路结构的基础上又

增加了一个电容,描述了开路电压随负载电流的时间累计产生的变化。

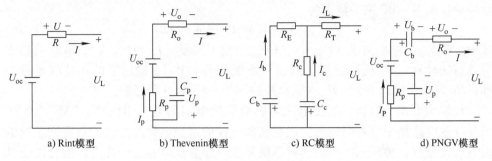

a) Rint模型　　b) Thevenin模型　　c) RC模型　　d) PNGV模型

图 7-22　电池等效电路

7.3.2　电化学模型

简化电化学模型基于电化学理论,采用数学方法描述电池内部的反应过程。简化电化学模型的优点是简单易用,缺点是对其他影响电池性能的因素考虑不足,限制了模型在电动汽车中的广泛应用。传统简化电化学模型有 Peukert 模型、Shepherd 模型、Unnewehr 模型和 Nernst 模型。2022 年美国科罗拉多大学的 Gregory L. Plett 建立了简化电化学组合模型,如式(7-33)所示,其性能优于其他模型。

$$U_L = E_0 - R_1 I - \frac{K_1}{\text{SOC}} - K_2 \text{SOC} + K_3 \ln(\text{SOC}) + K_4 \ln(1 - \text{SOC}) \quad (7-33)$$

式中,U_L 为电池端电压;R_1 为电池内阻;I 为电池工作电流;SOC 为电池的荷电状态;K_i 为常数($i = 1, 2, 3, 4$);E_0 为开路电压。

这种模型在恒流充放电的情况下误差很大,而动态工况输入下的模型误差很小。误差产生的原因主要是简化电化学模型比较简单,模型参数比较少,用变电流工况辨识出来的模型参数对恒流适应工况的适用性较差。

7.3.3　神经网络模型

电池是一个高度非线性的系统,而神经网络具有非线性、多输入多输出、泛化能力强的优点,这使得神经网络电池模型能够模拟电池的外特性。神经网络中的误差反向传播神经网络(简称 BP 网络),目前理论最完备,应用最广泛。电流输入的 BP 神经网络电池模型结构如图 7-23 所示,是典型的三层 BP 网络由输入层、输出层和隐含层组成,输入层使用线性神经元。

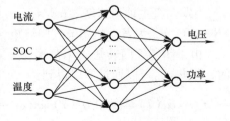

图 7-23　神经网络结构

如果隐含层包含足够多的神经元,则整个网络可以逼近任何具有有限个断点的电池外特性曲线。BP 网络输出为

$$C_{\text{output}} = W_2 LS(W_1 C_{\text{input}} + B_1) B_2 \tag{7-34}$$

式中,C_{output} 为输出向量 $[P, U]$;C_{input} 为输入向量 $[I, \text{SOC}, T]$,SOC 通过安时计量法计算;W_1 为隐含层的连接权系数矩阵;W_2 为输出层的连接权系数矩阵;B_1 为隐含层的阈值,B_2 为输出层的阈值;LS 为 S 型函数。

从模型形式上分析,简化电化学模型最简单实用但适用性差。PNGV 和 RC 两种等效电路模型具有明确的物理意义和可控的辨识试验及方法,对不同工况的适应性比较好。神经网络模型具有建模灵活、参数获取容易的优点,但是由于其神经节有很多,因此表达式比较烦琐,难于写出空间状态方程,不太适用于 SOC 估计。

7.4 内燃机模型建立

内燃机通过内部燃烧将燃料的化学能转化为机械能,产生高温高压气体直接推动活塞等固体件运动。内燃机的工作过程较为复杂,需要根据不同的工作目的创建不同的模型。本节建立的模型只用来描述内燃机输入 - 输出的静态机械特征,仅用于混合动力汽车的系统性能分析,不包括内部燃烧过程和热动力学特性。发动机通常划分为四个工作状态:曲柄起动(开关起动)状态、空转状态、发动机工作状态、发动机关闭状态。这些状态的相应模型如下所述。

7.4.1 曲柄起动状态

发动机提供反向转矩,起动器必须克服发动机起动所产生的转矩,以及驱动离合器处于分离状态。该状态下的发动机模型能够在牛顿运动定律的基础上进行推导:

$$\begin{cases} \tau_{\text{crank}} = J_{\text{eng}} \dfrac{d\omega_{\text{eng}}}{dt} + \tau_{\text{access}} + \tau_{\text{cct}} \\ \omega_{\text{eng}} = \dfrac{1}{J_{\text{eng}}} \int_0^t (\tau_{\text{crank}} - \tau_{\text{access}} - \tau_{\text{cct}}) dt \end{cases} \tag{7-35}$$

式中,τ_{crank} 为发动机曲柄转动所需要的转矩;J_{eng} 为发动机转动惯量($\text{kg} \cdot \text{m}^2$);$\omega_{\text{eng}}$ 为发动机主轴角速度(rad/s);τ_{access} 为机械附件所需恒定转矩时的集中转矩($\text{N} \cdot \text{m}$);τ_{cct} 为发动机闭节气门转矩($\text{N} \cdot \text{m}$)。

由于闭节气门转矩是由静摩擦、黏性摩擦、库仑摩擦和空气压缩转矩产生的,因此 τ_{cct} 可以通过下式得到:

$$\tau_{\text{cct}} = \alpha_1(T) d\delta(t) + \alpha_2(T) \text{sgn}(\omega) + \alpha_3(T) \left(\dfrac{\omega}{\omega_{\text{max\_eng}}} \right) + \alpha_4(T) \left(\dfrac{\omega}{\omega_{\text{max\_eng}}} \right)^3 \tag{7-36}$$

式中，d 为发动机排量（L）；$\delta(t)$ 为狄拉克函数；ω 为角速度（rad/s）；$\omega_{\text{max\_eng}}$ 为发动机最大许可角速度；T 为温度；$\alpha_1(T)$、$\alpha_2(T)$、$\alpha_3(T)$ 和 $\alpha_4(T)$ 分别为静摩擦系数、库仑摩擦系数、黏性摩擦系数和空气压缩转矩系数，这些数据可以通过实验数据估算得到。

静摩擦转矩是指保持静止状态但具有转动趋势时的制动转矩，它只存在于物体处于静止状态但是趋向于转动的阶段。式（7-37）是静摩擦转矩的表达式，具体说明如图 7-24a 所示。需要指出的是：只要物体开始转动，静摩擦转矩就会消失，进入其他摩擦状态。

$$\tau_{\text{s}}(t) = \pm (T_{\text{s}})_{\varpi=0} = \alpha_1(T)d \tag{7-37}$$

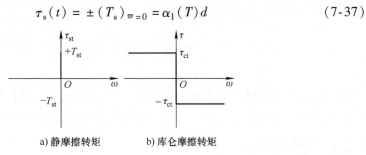

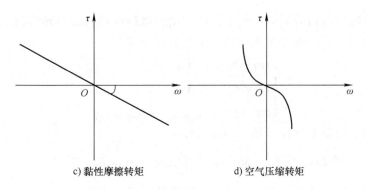

图 7-24　内燃机的摩擦转矩和空气压缩转矩

库仑摩擦转矩指的是制动转矩随着角速度的变化有持续的振动幅度，同时摩擦转矩的信号随着主轴的反向转动而改变。库仑摩擦的函数表达式如图 7-24b 所示，数学表达式为

$$\tau_{\text{C}}(t) = \alpha_2(T)\left(\frac{\mathrm{d}\theta/\mathrm{d}t}{|\mathrm{d}\theta/\mathrm{d}t|}\right) = \alpha_2(T)\left(\frac{\omega}{|\omega|}\right) = \alpha_2(T)\operatorname{sgn}(\omega) \tag{7-38}$$

黏性摩擦转矩是指作用转矩和角速度呈线性关系时的制动转矩。图 7-24c 表示的是黏性摩擦转矩和角速度之间的函数关系。黏性摩擦转矩表达式为

$$\tau_{\text{V}}(t) = k(T)\frac{\mathrm{d}\theta}{\mathrm{d}t} = \alpha_3(T)\left(\frac{\omega}{\omega_{\text{max\_eng}}}\right) \tag{7-39}$$

空气压缩转矩指的是发动机入口处的高真空或者排气口的压力所形成的制动转矩,因此,起动器必须驱动活塞克服空气压缩阻力来点燃发动机。图7-24d 表示的是压缩转矩和角速度之间的函数关系。压缩转矩的数学表达式为

$$\tau_{com}(t) = k(T)\left(\frac{d\theta}{dt}\right)^2 = \alpha_4(T)\left(\frac{\omega}{\omega_{max\_eng}}\right) \quad (7\text{-}40)$$

7.4.2 发动机关闭状态

发动机关闭时会产生反向转矩进行制动。在这个状态下,汽车行驶时主动轴离合器进行接合,发动机反向转矩可由式(7-41)表达。

$$\begin{cases} \tau_{eng\_off} = \tau_{access} + \tau_{cct} + \dfrac{P_{acc}}{\omega_{eng}} \\ \omega_{eng} = \omega_{shaft} \end{cases} \quad (7\text{-}41)$$

式中,τ_{access} 和 τ_{cct} 可分别由式(7-35)、式(7-36)定义;P_{acc} 为机械附件所需恒定功率时的总成功率(W);ω_{shaft} 为汽车传递到发动机曲轴上的角速度。

7.4.3 空转状态

当发动机离合器分离时,调节器使发动机保持在理想的空转转速。如果调节器是PID控制器,则发动机机械特性可建立如下模型:

$$\begin{cases} \tau_{ref} = \tau_{access} + \tau_{cct} \\ \tau^* = \tau_{ref} + f(\Delta\omega(t)) \\ \Delta\omega(t) = \omega_{idle\_desired} - \omega_{idle\_actual} \end{cases} \quad (7\text{-}42)$$

由于调节器是PID控制器,因此有

$$f(\Delta\omega) = K\left(\Delta\omega(t) + \frac{1}{T_i}\int_0^t \Delta\omega(t)dt + T_d\frac{d\Delta\omega(t)}{dt}\right) \quad (7\text{-}43)$$

控制器参数有比例系数 K、积分时间常数 T_i 和微分时间常数 T_d。图7-25所示为发动机空转转速的控制原理。有学者系统性地提出如何协调 PID 控制器参数,有兴趣的读者可参考相关书籍。

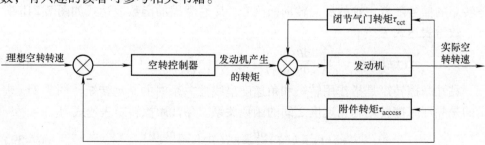

图7-25 发动机空转转速控制原理

7.4.4 发动机工作状态

发动机工作时,驱动轴离合器接合,发动机提供推动转矩,可通过以下方程表达:

$$\tau_{access} = \frac{P_{acc}}{\omega_{eng}} \tag{7-44}$$

$$\tau_{cct} = \alpha_1(T)d\delta(t) + \alpha_2(T)\text{sgn}(\omega) + \alpha_3(T)\left(\frac{\omega}{\omega_{max\_eng}}\right) + \alpha_4(T)\left(\frac{\omega}{\omega_{max\_eng}}\right)^3 \tag{7-45}$$

$$\tau_a = J_{eng}\frac{d\omega}{dt} \tag{7-46}$$

$$\tau_{gen'd} = \tau_{demand} + \tau_{cct} + \tau_a \tag{7-47}$$

$$\tau_{gen'd} \leq \max(T_{eng}) = f(\omega) \tag{7-48}$$

式中,τ_a 为加速所需转矩;$\tau_{gen'd}$ 为发动机产生总转矩;τ_{demand} 为汽车所需转矩;$\max(T_{eng}) = f(\omega)$ 为图 7-26 所示的发动机最大转矩。

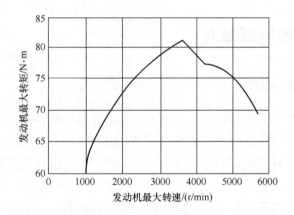

图 7-26 汽油发动机最大转矩 – 转速标准曲线

7.4.5 发动机燃油经济性和废气排放

实时计算燃油经济性和废气排放量有很多不同的方法和途径。对混合动力汽车的设计和分析来说,燃油经济性和废气排放量通常通过数学模型来计算或者从下面的发动机映射数据中查表得到:

$$f_{fuel}(\tau,\omega,T) = \lambda_{fuel} \tag{7-49}$$

$$f_{fuel}(\tau,\omega,T) = \lambda_{fuel}(T)g_{fuel\_hot}(\tau,\omega) \text{(燃油消耗)} \tag{7-50}$$

$$f_{emi\_CO}(\tau,\omega,T) = \lambda_{CO}(T)g_{CO\_hot}(\tau,\omega) \text{(CO 排放量)} \tag{7-51}$$

$$f_{emi\_HC}(\tau,\omega,T) = \lambda_{HC}(T)g_{HC\_hot}(\tau,\omega)(\text{HC 排放量}) \quad (7\text{-}52)$$

$$f_{emi\_NO_x}(\tau,\omega,T) = \lambda_{NO_x}(T)g_{NO_x\_hot}(\tau,\omega)(\text{NO}_x \text{ 排放量}) \quad (7\text{-}53)$$

$$f_{emi\_PM}(\tau,\omega,T) = \lambda_{PM}(T)g_{PM\_hot}(\tau,\omega)(\text{PM 排放量}) \quad (7\text{-}54)$$

式中，$g_{NO_x\_hot}(\tau,\omega)$ 为在发动机冷却液恒温器设定温度下的燃料消耗（g/s）和废气排放（g/s），同时也是发动机转矩（N·m）和转速（r/min）的函数；$\lambda_x(T)$ 为温度系数，用来调整高温燃料消耗和废气排放使其达到给定温度时的数值。

图 7-27 是计算汽车燃料消耗和废气排放的流程框图。

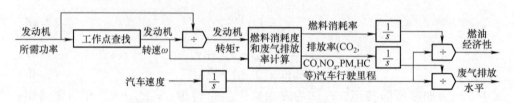

图 7-27　计算燃料消耗和废气排放流程图

7.5　燃料电池模型建立

7.5.1　理想开路电压

燃料电池的电化学能量转换，本质上是自由能直接化学反应转换为电能。燃料电池进行电化学反应所能做的最大电功 W_{elc} 由吉布斯自由能决定，而所谓吉布斯自由能对应的能量变化，就是指化学反应中的产物与反应物之间的吉布斯自由能之差。根据热力学第一定律，当一个理想状态的燃料电池做不可逆运行时，其电化学反应所移动电子做的功与反应所释放的吉布斯自由能相等。根据热力学第二定律，此时自由能的变化取决于温度，因此理想状态下燃料电池的最大电能输出可以写成

$$W_{elc} = \Delta G = \Delta H - T\Delta S \quad (7\text{-}55)$$

式中，G 为吉布斯自由能；H 为生成焓；T 为绝对温度；S 为熵。

在燃料电池系统中，电能做功的电动势由电荷 Q 通过电势差 E 产生，而电荷是由电子引起的，对应关系为

$$W_{elc} = EQ = EnF \quad (7\text{-}56)$$

式中，n 为传输电子的摩尔数；F 为法拉第常数，大小等于 96485.33C/mol。

结合上面两式，可以计算燃料电池的最大可逆电压：

$$E_r = -\frac{\Delta G}{nF} = -\frac{\Delta H - T_{fc}\Delta S}{nF} = -\frac{-237.2 \frac{kJ}{mol}}{2mol \times 96485.33 \frac{C}{mol}} = 1.229V \quad (7\text{-}57)$$

在标准状态的压力和温度下,这是氢氧燃料电池可获得的最高电压。大多数燃料电池反应电压在 0.8~1.5V 范围内,为了获得更高电压,通常将单节燃料电池串联在一起使用。

燃料电池的开环电路电压(开路电压)可以根据反应物和生成物之间的能量平衡来计算,将相关参数的常数值带入上式,可以进一步写成

$$1.229 - 8.5 \times 10^{-4} \times (T_{fc} - 298.15) + 4.308 \times 10^{-5} \times T_{fc} \times [\ln(P_{H_2}) + 0.5 \times \ln(P_{O_2})] \quad (7\text{-}58)$$

式中,T_{fc} 为燃料电池的工作温度(K);P_{H_2}、P_{O_2} 分别为氢气、氧气的分压,它们都以标准大气压为单位。

可以看出,燃料电池的开路电压在标准状况下受其工作温度、氢气分压和氧气分压等的影响,这样就可以通过在适当范围内改变其温度和压力等来控制其输出的电压大小。

活化过电压产生的主要原因是电子从阳极经由外电路到达电堆的阴极需要能量消耗,以及阴极、阳极反应破坏化学键需要能量消耗。在 PEMFC 内部会有如下的变化:阳极反应气体氢气在催化剂的作用下生成了氢离子和电子,产生的电子流向单电池的外电路,而质子则穿过质子交换膜扩散运输至阴极和氧气进行电化学反应,而这一过程的发生需要克服在催化层上进行反应的活化能,这部分能量的损失电压就被称为活化极化电压。活化极化电压在电堆的阴极和阳极都会发生,只不过阳极氢气的反应迅速,所以相对应的活化损耗就较小;阴极的情况与之相反,因此燃料电池活化极化造成的损耗程度主要取决于阴极反应状况的影响。根据 Tafel 公式,活化极化电压可以表示为

$$V_{act} = a + b\ln i \quad (7\text{-}59)$$

式中,$a = -\frac{RT}{nF}\ln(i_0)$,称为传递系数,大小与双极板的材料有关,一般在 0~1 取值,其中 i_0 为燃料电池的交换电流密度,因为燃料电池的电化学反应是在两个方向上同时进行的,分别是前向的还原反应和后向的氧化反应,当反应均衡时,前向电流密度和后向电流密度相等,电堆的净电流等于零,将此时的电流密度称为交换电流密度;$b = -\frac{RT}{nF}$,称为塔菲尔系数(Tafel coefficient),其值反映的是电化学反应进行的难易程度,越大越难反应,活化极化所带来的损耗越大。

Tafel 公式表明，单个燃料电池的活化电压与电流密度呈正相关的关系。

7.5.2 欧姆极化电压

欧姆极化是电荷传输的电阻消耗其电压造成的，因其类似于欧姆定律，故欧姆极化引起的电压损耗与电流密度和电阻之间呈线性关系，可描述为

$$V_{ohm} = IR_{ohm} = I(R_m + R_c) \tag{7-60}$$

式中，V_{ohm} 为欧姆极化电压（V）；R_{ohm} 为燃料电池的等效阻抗（Ω）；R_m 为质子交换膜的膜电阻（Ω）；R_c 为质子交换膜的电子阻抗（Ω）。

因为 R_m 远大于 R_c，故 R_c 可以忽略不计。R_m 可以表示为

$$R_m = \frac{\rho_m l_m}{A} \tag{7-61}$$

电阻率 ρ_m 由电堆运行温度 T 和质子交换膜的含湿量 λ_m 决定，关系如下：

$$\rho_m = \frac{181.6 \times [1 + 0.03 \times i + 0.062 \times (T/303)^2 \times i^{2.5}]}{(\lambda_m - 0.634 - 3 \times i) \times \exp(4.18 \times \frac{T-303}{T})} \tag{7-62}$$

式中，含湿量 λ_m 是相对湿度调整之后的取值，在 0~14 范围内（对应湿度 0~100%）。由上述内容可知，为有效降低欧姆极化损失，可以增大电解质的电导率以及减小电解质膜的厚度。

7.5.3 浓差极化电压

浓差极化是指在反应过程中，由于反应物的浓度下降和生成物浓度增大引起的电压下降。在燃料电池正常工作的小电流密度下，电化学反应速度较小时这种电压损失可以忽略，但是在大电流密度下，快速反应的过程引起反应物浓度变化较大，因此浓差极化是不能忽略的。浓差极化的电压损失为

$$V_{con} = B\left(1 - \frac{i}{i_{max}}\right) \tag{7-63}$$

式中，B 是常数，取决于燃料电池及其运行状态的参数；i_{max} 是燃料电池工作过程中的最大电流密度（A/cm²）。

基于以上分析，由于活化极化损耗、欧姆极化损耗和浓差极化损耗，燃料电池单体输出电压可表示为

$$V_{cell} = E_0 - V_{act} - V_{ohm} - V_{con} \tag{7-64}$$

与之对应的燃料电池单体极化曲线如图 7-28 所示。由图可知，在小电流密度时，输出电压主要受活化极化损耗的影响；随着电流密度的增大，欧姆极化损耗的影响逐渐增大，而浓差极化对输出电压的影响较小。

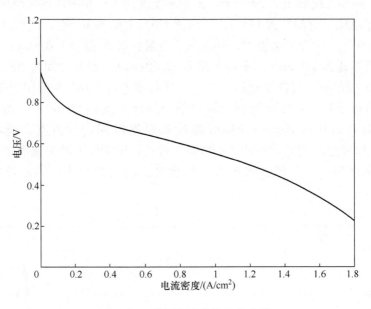

图 7-28　燃料电池单体极化曲线

7.6　汽车驾驶循环

为了在试验台上再现汽车的实际运行情况，针对不同情形（城市、车型等）开发了各种汽车测试工况，又称汽车驾驶循环，它被广泛用于评估车辆污染物排放量和燃油消耗量以及新车型的技术开发，是汽车工业一项共性核心技术。尤其在新能源汽车发展迅速的当下，市场保有量越来越大，消费者对新能源汽车也越来越认可，在选购新能源汽车的时候首要考虑新能源汽车的续驶里程，而不同的工况曲线直接影响续驶里程测试。目前，汽车驾驶循环曲线有新欧洲驾驶循环工况（New European Driving Cycle，NEDC）、全球统一轻型车辆测试程序工况（World Light Vehicle Test Procedure，WLTP）、中国轻型汽车测试循环工况（China Light-duty Vehicle Test Cycle，CLTC）、美国环保署测试工况（EPA）等。本节旨在概况汽车能耗循环工况，通过浅析各种循环工况的特点，为汽车生产企业和相关检测研究人员提供技术参考。

7.6.1　新欧洲驾驶循环工况（NEDC）

NEDC 主要参考欧洲的汽车市场环境，包括当地的交通状况、驾驶习惯、汽车的使用环境等条件，从而制定出最接近当地汽车使用情况的循环工况，作为车辆能耗/排放测试方法和限值标准的基础。

NEDC 循环工况如图 7-29 所示。该循环工况由 4 个相同的市区循环和 1 个市郊循环程序组成，时间共为 1180s，平均速度为 33.6km/h。在市区循环下，最高车速为 50km/h，平均车速为 18.80km/h，当量行驶里程为 1.018km；在市郊循环下，最高车速为 120km/h，平均车速为 62.60km/h，持续时间为 400s，当量行驶里程为 6.955km。目前电动汽车能耗测试标准 GB/T 18386 使用此工况曲线。NEDC 怠速和巡航当量行驶里程合计占整个循环工况的 59.00%，加减速当量行驶里程合计占比 41.00%；NEDC 怠速和巡航时间合计占整个循环工况的 63.98%，加减速时间合计占比 36.02%。可见，NEDC 工况加速度、减速度过于稳定，怠速和巡航工况占比过大，加减速工况占比过小，因此被视为稳态工况。

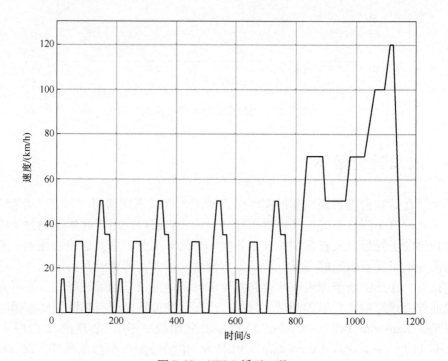

图 7-29　NEDC 循环工况

在 NEDC 测试过程中，其余的负载类似空调、前照灯、加热座椅等应用都会关闭，且从整体工况过程来看，NEDC 工况与我国多数地区的实际驾驶工况特征差异很大。以 NEDC 工况为基础的型式认证的能耗及排放与实际行驶的能耗及排放相比，同样存在较大的失真。因此自我国国六标准实施日起，NEDC 已经逐步退出中国汽车测试的历史舞台。

7.6.2 全球统一轻型车辆测试程序工况（WLTP）

WLTP 包含 WLTC 循环和测试规程两大部分，其中 WLTC 循环分为低速、中速、高速与超高速四部分。WLTP 测试周期较长，并具备更多的加、减速状态，而且测试过程中，速度更高和加速踏板停顿时间更短。此外，可选设备还考虑了重量、空气动力学和功耗，严格来说比 NEDC 更为严格。WLTC 测试将车辆的滚动阻力、档位、车重（货物、乘客）等都纳入了测试范围，相较于 NEDC 标准有了较大的提升，换句话说，WLTC 更接近实际工况。

WLTC 循环工况是全球统一的轻型汽车测试程序所采用的测试循环工况，由欧洲、日本和美国等共同制定。该测试程序根据比功率（额定功率/行驶质量）和最高车速指标将车辆分为 3 个等级并对应 4 种试验循环工况（class1，class2，class3a、class3b），统称为 WLTC 循环工况。2020 年以前，我国一直采用 NEDC 循环测试工况，但该工况为稳态循环，和我国复杂多样的实际路况相差甚远，依据其测试的能耗排放与实际值也偏离较大，因此 2016 年我国环境保护部和国家质量监督检验检疫总局联合发布了 GB 18352.6—2016《轻型汽车污染物排放限值及测量方法（中国第六阶段）》，即"国六排放标准"，标准中规定循环测试工况采用 WLTC 中的 class3b 循环工况，并于 2020 年 7 月 1 日起执行。

class3b 循环工况如图 7-30 所示，包含低速、中速、高速、超高速四部，共 1800s。

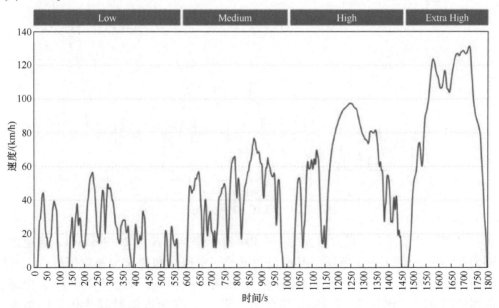

图 7-30　WLTC class3b 循环工况

其中一部为市区工况，最高车速为56.50km/h，平均车速为18.91km/h，持续时间为589s，当量行驶里程为3.095km；二部为市郊工况，最高车速为76.60km/h，平均车速为39.54km/h，持续时间为433s，当量行驶里程为4.756km；三部为高速工况，最高车速为97.40km/h，平均车速为56.66km/h，持续时间为455s，当量行驶里程为7.162km；四部为超高速工况，最高车速为131.30km/h，平均车速为92.00km/h，持续时间为323s，当量行驶里程为8.254km。由图7-30可见，WLTC工况车速波动大、怠速和巡航工况少，没有特别的规律性，属于瞬态工况；速度区间覆盖面更宽，测试周期也更长，这让WLTC工况涵盖了更丰富的行驶条件，相较于NEDC工况能更真实地反映出实际行驶条件下的特征参数。

7.6.3 中国轻型汽车测试循环工况（CLTC）

GB/T 38146.1—2019《中国汽车行驶工况 第1部分：轻型汽车》包括CLTC-P（乘用车行驶工况）和CLTC-C（轻型商用车行驶工况）。CLTC-P循环工况包含低速、中速和高速3个速度区间，工况时长共计1800s，其中低速区间时间为674s，比例为37.4%，里程为2.45km；中速区间时间为693s，比例为38.5%，里程为5.91km；高速区间时间为433s，比例为24.1%，里程为6.12km，如图7-31所示。

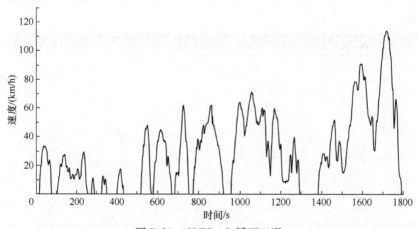

图7-31 CLTC-P循环工况

CLTC-P工况下，最大车速为114.0km/h，平均车速为28.96km/h，怠速比例为22.1%。CLTC-C循环工况也包含低速、中速和高速3个速度区间，工况时长共计1800s，其中低速区间时间735s，比例为40.8%，里程为2.69km；中速区间时间615s，比例为34.2%，里程为5.73km；高速区间时间450s，比例为25.0%，里程为8.01km。CLTC-C工况下，平均车速为32.9km/h，最大车速为

92.0km/h，怠速比例为20.3%。

CLTC 默认指 CLTC‑P，英文全称为 China Light‑duty Vehicle Test Cycle‑passenger，是基于41座城市、3832辆车，累积3278万km、20亿条GIS交通低频动态大数据定义的标准工况。CLTC较NEDC而言增加了范围更广的路况信息，循环时间与WLTP一致，为1800s，但相对于WLTP缺少了超高速段的工况定义，并且CLTC的最高车速、平均车速为三者最低，这与目前高速法规要求和交通GIS收集的大数据较为匹配。在我国，以CLTC工况为基础的型式认证的能耗及排放与实际行驶的能耗及排放吻合度更高，具有更好的参考性。

7.6.4 美国环保署测试工况（EPA）

EPA（Environmental Protection Agency）为美国国家环境保护署现阶段续驶里程测试标准。因为EPA测试相比其他的测试标准时间长、里程长、速度高、变速多，再加上环境温度对能耗的影响，所以其测试结果也更加接近实际的工况。20世纪60年代，依据采集的洛杉矶市公共汽车在上下班时段的实际运行数据，美国开发了代表美国市区的行驶工况FTP72，又称UDDS。该循环工况由冷态过渡工况和稳定运行阶段两部分组成。1975年美国环保署为了限制装有化油器的汽车热起动的排放量，在FTP72的基础上加上了600s的热浸车和热态过渡工况（与冷态过渡工况相同），形成了FTP75测试工况。EPA测试由5个循环组成：城市道路循环工况FTP75（图7-32）、高速工况HFEDS（图7-33）、激烈驾驶工况US06（图7-34）、高温运行工况SC03（图7-35）以及低温运行工况Cold UDDS。EPA测试工况平均速度为33.9km/h，最高速度为129.2km/h，测试时间高达6449s，测试里程甚至达到了87.04km，几乎是NEDC测试的8倍，测试规则更加复杂，也更具有参考意义。

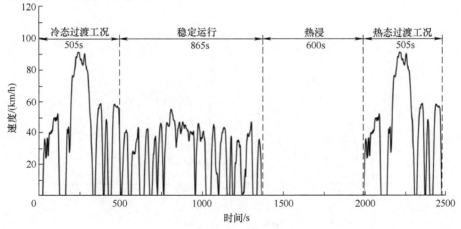

图7-32　FTP75工况

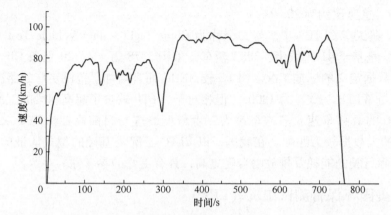

图 7-33 HFEDS 工况

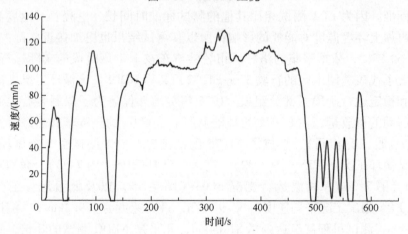

图 7-34 US06 工况

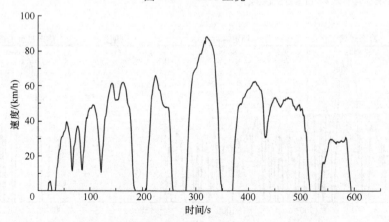

图 7-35 SC03 工况

四种工况对比见表 7-1。

表 7-1 四种工况对比

项目	NEDC	WLTP	CLTC-P	EPA
循环周期	1180s	1800s	1800s	6449s
循环距离	11km	23.25km	14.48km	87.04km
工况	2 阶段：市区驾驶 66%、郊区驾驶 34%	4 阶段：市区驾驶 52%、郊区驾驶 48%	3 阶段：市区 37.4%、郊区 38.5%、高速 24.1%	5 阶段：市区、高速、激烈驾驶、空调使用、低温运行
平均速度	34km/h	46.5km/h	28.96km/h	33.9km/h
最大速度	120km/h	131km/h	110km/h	129.2km/h

7.7 能量管理策略仿真环境

7.7.1 基于 ADVISOR 环境的能量管理策略仿真

ADVISOR（Advanced Vehicle Simulator）是由美国可再生能源实验室开发的可配置于 MATLAB 的一款汽车仿真软件，其电动汽车的顶层模型如图 7-36 所示，"＜vc＞ev"为 ADVISOR 预置的整车控制策略模块，底层文件中包含制动力控制策略。ADVISOR 通过 Simulink 搭建所设计的控制策略，解锁数据库来替换其中的预置模型，并嵌入汽车仿真顶层模型中，实现对 ADVISOR 的二次开发。

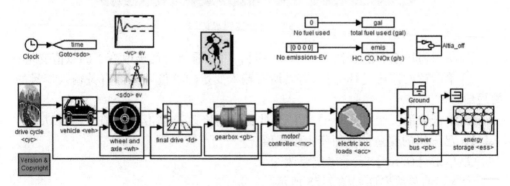

图 7-36 ADVISOR 整车仿真模型

ADVISOR 为纯电动汽车主要设计了整车（Vehicle）、车轮/车轴（Wheel/Axle）、变速器（Transmission）、能量储存系统（Energy Storage System）和驱动电机（Motor）等多个部件的仿真参数模块。下面从整车参数设置、循环工况设置、测试参数设置、仿真结果分析来分别介绍 ADVISOR 软件的使用。

1. 整车参数设置

1）方法一：修改 m 文件。启动 ADVISOR 软件，打开整车参数的输入界面，在界面的右方找到该软件中需要设置的各部件的名称，打开对应的 m 文件，修改并保存所需要的参数，然后将自己设置的参数文件添加到界面中，此时自己设定的整车结构参数便载入了该仿真界面。

2）方法二：通过变量列表与编辑按钮修改。通过整车参数输入窗口底部的 Variable List 栏，与变量编辑按钮【Edit Var】共同修改变量值。

① 选择所要编辑变量的部件，如整车（vehicle）通过部件选项栏，单击选项键 ▼，在下拉菜单里选择该选项，选项栏窗口即显示"vehicle"。

② 选择该部件列表里要编辑的变量，如整车整备质量（veh_mass），即在变量（Variables）选项栏单击选项键 ▼，通过下拉菜单选择，则在选项栏窗口显示"veh_mass"。

③ 单击变量编辑按钮【Edit Var】，系统弹出图 7-37 所示的界面，可以直接输入变量的值。变量的默认值（Default Val.）可供用户参考。

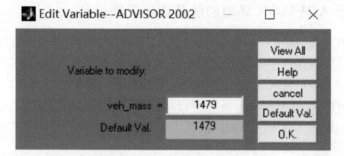

图 7-37　变量编辑界面

④ 单击窗口查看所有按钮【View All】，可查看所有已被改变了的数值变量。

⑤ 单击帮助按钮【Help】，查看所有输入变量的单位并阅读有关输入变量的简短信息。

⑥ 单击取消按钮【cancel】，取消对变量的修改；单击默认值按钮【Default Val.】，已编辑的变量值重新变为默认值。

⑦ 单击【O.K.】表示确定修改。

设置好的参数界面如图 7-38 所示。

2. 循环工况设置

ADVISOR2002 有三种工况可供选择："Drive Cycle" "Multiple Cycles" 和 "Test Procedure"。在这里选择 ADVISOR2002 自带的"Drive Cycle"工况。该类工况主要提供了国外标准的道路循环工况。选择美国环境保护署（EPA）制订的城市道路循环（Urban Dynamometer Driving Schedule，UDDS）作为道路循环工

第 7 章 新能源汽车动力总成部件特性及模型

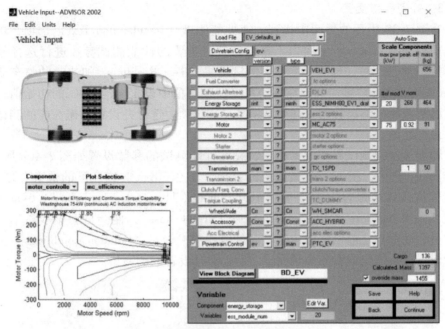

图 7-38 纯电动汽车整车参数设计界面

况，对纯电动汽车进行仿真。UDDS 的总行程为 11.99km，时间为 1369s，坡度为 0，最大速度为 91.25km/h，平均速度为 31.51km/h，如图 7-39 所示。

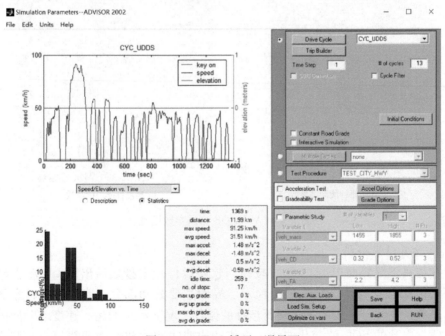

图 7-39 UDDS 循环工况界面

3. 测试参数设置

在图 7-39 所示的界面中找到加速性能测试（Acceleration Text）选项，单击该选项得到图 7-40a 所示窗口。在此窗口对主要的性能测试参数进行选择和设置：换档延迟时间（Shift Delay）、测试结果（Test Results）、加速时的整车质量（Mass Parameters）等。其中在驱动系统设置选项中设置电池 SOC 的初始值；根据自己所需要的测试数据，在测试结果显示选项中选择并设置加速性能的测试过程、最大速度和最大加速度。

和加速性能测试界面设置相似，爬坡性能测试的参数设置如图 7-40b 所示。勾选 Speed 选项，根据需要测试的内容如汽车在 30km/h 速度下的最大爬坡度，根据单位换算结果设定速度值为 18.645mph（即 mile/h, 1mile/h = 1.6km/h）。在"Mass Parameters"选项中选定"Use Current Mass"，便会自动显示整车的整备质量，该值与之前设定加速测试时的值相同；未对"Solution Conditions"选项进行设置。整体爬坡参数设置完毕之后，保存设置好的窗口。

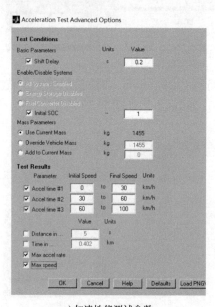
a) 加速性能测试参数

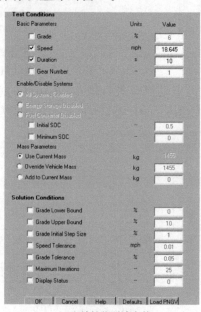
b) 爬坡性能测试参数

图 7-40　ADVISOR 测试参数设置

4. 仿真结果分析

在仿真工况界面单击"run"按钮，软件运行几十秒之后出现 UDDS 循环工况下的仿真结果界面，如图 7-41 所示。界面主要分两部分内容来显示，左侧显示的是关系曲线，主要结果包括所选择的循环工况下汽车的运行速度与时间的关系曲线、电池的 SOC 值变化曲线、总传动比曲线和排放性能曲线等；右侧是结

第7章 新能源汽车动力总成部件特性及模型

果的数据显示，包括百公里燃油消耗量（Fuel Consumption）、加速性能和爬坡度性能测试结果（Acceleration Test）、能量使用图表（Energy Use Figure）等。

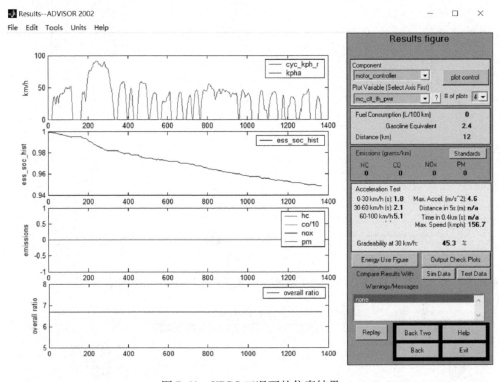

图 7-41　UDDS 工况下的仿真结果

在 UDDS 工况仿真结果界面的左上侧，可以看到纯电动汽车实际的车速变化的曲线和所选择的两个工况下的速度曲线非常吻合，这说明车辆的动力性比较好，由此结果显示图还可以看出所设计的参数理论过程比较合理。在右侧可以明显地看出汽车的加速、爬坡性能以及百公里耗电量，其中百公里耗电量是以相当于消耗汽油的量为标准给出的数据。

图 7-42 为 UDDS 工况下电池 SOC 值与汽车运行时间的变化情况，可以看到电池的 SOC 开始下降的趋势比较急促，因为此工况下前一段时间内汽车的运行速度比较高，耗电量比较多，因此下降较快。在最后一段时间内停车次数相对较多，意味着汽车回收制动能量的次数也比较多，曲线呈小幅度上升、下降再上升的波动状态。

此外，电动汽车在 UDDS 工况下驱动电机转矩/转速的工作点和特性曲线如图 7-43 所示。由图可知电机大部分工作点都在电机的额定特性曲线内，并且所有的工作点都落在了它的最大特性曲线内，说明电机有良好的工作特性。

在界面上单击【Energy Use Figure】，便会出现图 7-44 所示的能量消耗数据

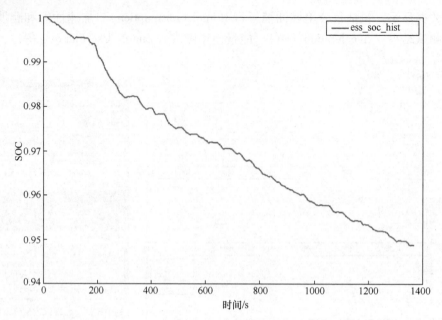

图 7-42 UDDS 工况下电池 SOC 值随汽车运行时间的变化曲线

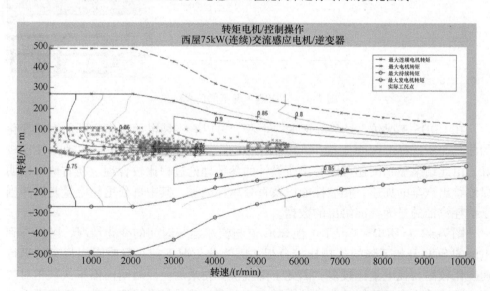

图 7-43 UDDS 工况下电机转矩/转速工作点和特性曲线

窗口,该窗口显示了 UDDS 工况下,汽车运行过程中做功以及制动能量回收模式下各部件能量的输入(In)、输出(Out)、损失(Loss)以及能量利用率(Eff)情况。从图中可以看到在 UDDS 工况下,做功模式一栏中显示出驱动电机的能量利用效率达到了 0.81,变速器的能量利用效率为 0.93,主减速器的能量利用率为 1，说明电机的工作特性以及变速器和主减速器的工作性能较好。

另外，在右边一栏里显示了制动能量回收时各个部件能量的输入和输出值，而且各部件的能量转化效率也是比较理想的。其中电动汽车特有的再生制动系统提高了能量利用率，实现了汽车的能量回收。一般来说，当减速或制动时，再生制动系统便会将汽车在该过程时的动能转化为电能进行储存。相比于燃油汽车制动时动能完全消耗于制动盘的摩擦热中，这种技术使电动汽车的能量利用率进一步提高，节省了将近20%的电量。因此电动汽车在能量利用率这一方面占有明显的优势。从图中也可以看到，整个系统的能量利用率为0.442。而以现在的技术，汽油机的最高效率大约为35%。

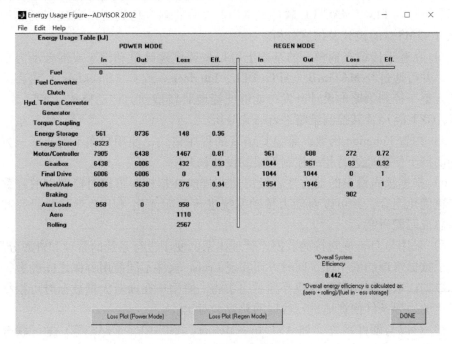

图 7-44　UDDS 工况的能量消耗数据窗口

7.7.2　基于 AVL Cruise 环境的能量管理策略仿真

Cruise 是奥地利 AVL 公司研发的一款正向仿真软件，主要用于开发阶段对车辆的动力经济性、排放性能和制动性能进行仿真分析。AVL Cruise 软件作为系统级仿真软件，其模块化的设计方式以及与 MATLAB/Simulink 良好的接口功能，使其在电动汽车的建模和仿真方面具有非常大的优势。基于 AVL Cruise 环境的能量管理策略仿真一般通过 Cruise 搭建整车模型，利用 MATLAB/Simulink 建立控制策略，然后对特定汽车实现能量管理策略的仿真验证。Cruise 软件的主要特点简述如下：

1) 便捷的建模方法和模块化的建模手段使得不同项目组可以对模型进行方便快捷的整合。可以快速搭建各种复杂的动力传动系统模型，可同时进行正向或逆向仿真分析。

2) 可以实现对车辆循环油耗（针对不同的循环工况）、等速油耗（任意档位和车速下）、稳态排放、最大爬坡度（考虑驱动防滑）、最大牵引力（牵引功率）、最大加速度、最高车速、原地起步连续换档加速、超车加速性能（直接档加速性能）、车辆智能巡航控制和制动/反拖/滑行等一系列车辆性能的计算分析。

3) Cruise 软件与 AVL BOOST 软件的耦合仿真可以实现对发动机瞬态特性的仿真分析；与 FLOWMASTER 软件或 KULI 软件的耦合仿真可以实现车辆热管理系统（VTMS）的设计及仿真分析。

4) 在基于传统车辆模型的基础上可以快速搭建纯电动汽车或混合动力车辆模型，并可通过与 MATLAB（API、DLL、Interface）或 C（BlackBox）语言的接口实现整车控制策略的设计开发；能够便捷地对新型动力传动模式（AT、AMT、DCT、CVT 等）及其控制策略进行研究分析。

5) 内置 Function 函数，兼容 C 语言的程序格式，使用户在不需要第三方程序的前提下便捷地进行相关控制策略的设计和开发。

6) 根据预先设定的动力性、经济性或排放性指标，可以对模型中的参数进行快速优化组合，并可以对动力传动系统进行匹配优化（DOE 参数化研究和多动力总成匹配研究）。

7) 采用与 Oracle 对接的数据库管理体系，便于进行系统的管理和资源分配，提高了数据管理的安全性，同时方便实现 Cruise 软件不同使用群体之间的数据交换和数据读取；强大的数据搜寻和对比功能，使用户在面对大量数据时可根据自己设定的边界条件便捷地进行数据的获取和对比。

8) 可以与硬件系统（如 AVL In–Motion、dSPACE、ETAS 等）进行联合仿真，满足用户对车辆系统动态实时（Real Time）仿真分析的需求；可对动力总成及其关联的 ECU 控制策略进行分析和调试，实现车辆动力学的快速原型开发（RCP）和硬件在环仿真功能（HIL），极大地提高了开发效率并缩短了开发流程。

9) 提出了动力总成分层建模的方法，用户可以自己设计动力总成的不同元件进行搭建。

以某插电式混合动力客车为例，在 Cruise 软件搭建模型如图 7-45 所示。利用已有的模块箱进行车辆建模，并建立模块之间的信号连接、机械连接、电子连接和排放连接。模型包括轮胎、制动器、电气系统、电动机、发电机、动力蓄电池组、发动机、传动系、差速器及其电气系统等共 17 个机械模块，防滑控制、制动控制、电机控制、增程器控制、PID 控制共 5 个控制模块,另外还有驾驶舱、监视器及一个常量存储模块。其中电气系统模块用于模拟公交车行驶时空调、风扇等附件消耗功率,电机控制及增程器控制为主要的能量分配控制模块。

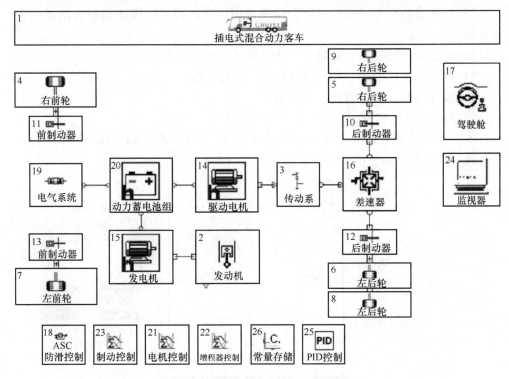

图 7-45 插电式混合动力客车仿真模型

Cruise 软件的经典仿真流程如图 7-46 所示。

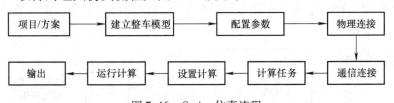

图 7-46 Cruise 仿真流程

7.7.3 基于 MATLAB/Simulink 环境的能量管理策略仿真

MATLAB 是由美国 MathWorks 公司出品的一款商业数学软件。它是一个多功能的科学计算平台,将算法开发、数据分析、矩阵计算等诸多强大功能集成在一个易于操作的视窗环境中。Simulink 是一个对动态系统(包括连续系统、离散系统和混合系统)进行建模、仿真和综合分析的集成软件包,被认为可以"仿真

任何系统",是 MATLAB 的重要组成部分。Simulink 建模与仿真步骤如下:

1) 画出系统框图,将需仿真的系统根据功能划分为子系统,然后选用模块搭建每个子系统。

2) 拖拽模块库中所需模块到空白模型窗口中,按系统框图的布局摆好并连接各模块。

3) 若系统比较复杂,可将同一功能模块封装成一个子系统。

4) 设置各模块的参数和与仿真有关的各种参数。

5) 保存模型,运行仿真,观察结果。

6) 调试并修改模型,直到结果符合要求为止。

本文上节提到,Cruise 负责搭建整车模型,MATLAB/Simulink 建立控制策略,则一个完整的联合能量管理策略框图如图 7-47 所示。

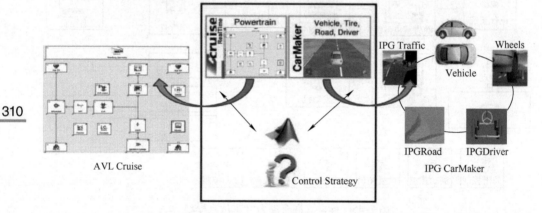

图 7-47　AVL & MATLAB/Simulink 联合仿真

下面介绍一种锂电池加超级电容的复合电源电动汽车策略,能量管理策略结构如图 7-48 所示。

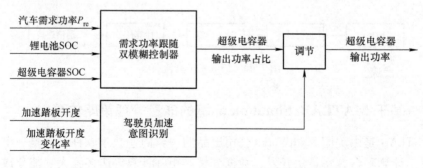

图 7-48　某复合电源电动汽车能量管理策略结构

第 7 章 新能源汽车动力总成部件特性及模型

整体控制思路如下：利用需求功率跟随的双模糊控制器获得超级电容输出功率占比，再通过驾驶意图识别对超级电容器的输出功率进行调节，使其更加符合工况特征。驾驶意图识别策略中，选择加速踏板作为需求功率与需求转矩的控制变量，加速踏板开度及其变化情况反映了驾驶员的车速需求。选择输入为加速踏板开度与变化率，输出为加速意图大小，然后使用 MATLAB 的 fuzzy 工具箱对其进行模糊控制。

需求功率跟随的双模糊控制器针对所设计车型，将汽车需求功率分为 3 个层级：汽车需求功率小于电机额定功率 10% 区间划分为低功率区间；在电机额定功率 10%~40% 范围内为中等功率区间；40% 以上为高功率区间。超级电容器在高功率区间内要能有效抑制锂电池大电流；在低中等功率区间内，在削弱锂电池局部峰值电流的同时，还需保持较高剩余电量以满足未来时刻的大功率需求。能量管理策略 Simulink 模型如图 7-49 所示，图中 SOC_sc 和 SOC_b 分别为超级电容器和锂电池的剩余电量，P 为汽车需求功率，Psc 为超级电容器输入输出功率。在汽车制动能量回收时，优先由超级电容器回收能量。在低功率区间内，汽车由锂电池供电，同时若超级电容器剩余电量未达到规定容量时，为满足未来时刻功率需求，锂电池以一定输出功率占比 K 为超级电容器充电。当超级电容器大于最低容量要求时，在中等功率区间内，利用模糊控制器 1 获得超级电容器输出功率占比 K1；在高功率区间内，利用模糊控制器 2 获得超级电容输出功率占比 K2。分别建立以上中高需求功率区间内的模糊控制器。

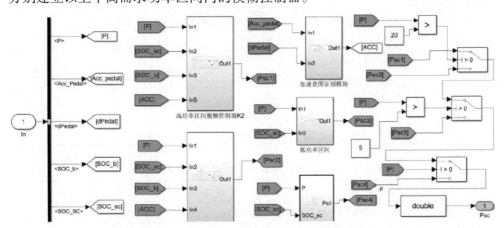

图 7-49　复合电源系统能量管理控制策略 Simulink 模型

第8章 新能源汽车发展前景与展望

大力推广清洁能源、减少温室气体排放已成为人类可持续发展的必由之路。我国是能源消费和碳排放第一大国,2020年中国碳排放总量在全球占比32%,为实现"双碳"目标,我国能源结构必将向低碳化转型。

国际能源署报告指出,交通运输是能源消耗和 CO_2 排放的重要组成部分,约占总体能耗的36%和碳排放总量的10%。尽管各大车企和研究机构已致力于开发节能减排汽车,但从根本上无法改变传统燃油车对化石能源的依赖以及尾气污染问题。新能源汽车以水、风、光、核、热、化石能源等多能源电力为动力,可实现高能效、零排放或超低排放。在改善环境的迫切需求和全球技术快速变革的发展态势下,汽车电动化趋势已不可逆转,多国纷纷转战新能源汽车领域,出台的相关政策和措施见表8-1,一些国外汽车公司也制定了新能源汽车发展目标,见表8-2。所以,转变汽车动力源、大力发展新能源汽车对于我国能源结构升级、改善环境问题有着重大意义。

表8-1 世界各国新能源汽车发展措施

国家/地区	措 施
英国	2040年停止销售汽油和柴油车;伦敦、牛津设立超低或零排放区
法国	2040年停止销售汽油和柴油车
瑞典	出台汽车排放奖惩征税提案
美国	多州实行电动化交通计划,如加州ZEV计划
日本	启动第二代固态电池研究项目
苏格兰	拟2032年全面禁售汽油车、柴油车
韩国	高速费减半,氢能源汽车补贴

表8-2 一些国外汽车公司的新能源汽车发展目标

公司	发展目标
戴姆勒	2030年新能源车型销量占总销量50%以上,2039年停售燃油车,实现"碳中和"
大众	2020年起4年间将在混合动力、电动出行及数字化领域投资600亿欧元,2025年前上市30款电动车型
宝马	2025年前,电动车销售比例提升至15%~20%
丰田	以HEV和PHEV占总销量七成,FCV和EV占总销量三成为目标
标志雪铁龙	2023年新能源车型达到27款

第8章　新能源汽车发展前景与展望

我国新能源汽车主要包括纯电动汽车、插电式混合动力汽车和燃料电池汽车，对应着我国电动汽车"三纵三横"技术体系中的"三纵"。插电式混合动力汽车被视为一种过渡车型，因为它们仍然消耗化石燃料并排放污染物；燃料电池汽车虽然具有能源效率高、续驶里程长、加氢速度快等诸多优势，但其技术和市场还不成熟；纯电动汽车是零排放汽车，完全依靠电池产生的电力运行，随着近年来电池技术的不断突破、充电设施的快速建设以及人们对低碳出行的追求，纯电动汽车目前是电动汽车市场的主流车型。根据中国汽车工业协会数据，2022年1—3月，仅第一季度的新能源汽车产销量就达到129.3万辆和125.7万辆。基于《节能与新能源汽车技术路线图2.0》中关键年份的新能源汽车销量的渗透比率，可以预测出新能源汽车的年销量，见表8-3：随着新能源汽车销量的增加，传统燃油汽车销量逐渐降低；2030年左右，新能源汽车销量占比将达50%左右，其中新能源乘用车1700万辆左右；新能源汽车销量预计在2040年前增长迅速，到2050年左右逐渐趋于平稳，达到饱和值约3900万辆。

表8-3　中国汽车销量预测　　　　　　　　　　（单位：万辆）

车型	2025年	2030年	2040年	2050年
传统汽车	2827	1900	313	94
新能源汽车	727	1725	3195	3889

发展新能源汽车是解决交通、能源、环境问题的必然选择，汽车电动化趋势不可逆转。在"电动化、智能化、网联化、共享化"的发展趋势下，新能源汽车产业形成了多产业融合与变革的新局面，并将围绕高效节能、安全舒适、全气候目标持续深化融合发展。汽车"四化"代表了未来汽车技术与产业发展的方向。在产业数字化的基本前提上，电动化带来汽车构型变革，为智能化、网联化、共享化的实现提供了更多可能；以电动化为核心，智能化、网联化、共享化将不断扩展外延。

新能源汽车产业的发展需要各关键领域技术的协同突破：电控系统向"自主可控"目标迈进；动力蓄电池向更高能效、更安全、更长寿命和全气候高效应用方向发展；电驱动系统将继续高效化、智能化、集成和轻量化；线控底盘技术将支撑新能源汽车全气候条件下的精确、高效、可靠与协调控制；更优结构与轻质材料在汽车上的结合将越发广泛；更高功率密度、更长寿命和更低成本的氢燃料电池汽车将随着技术进步实现更大规模的商业化应用；大数据技术的突破也将为新能源汽车高效、安全、可靠、多元化应用带来无限可能。

此外，电动汽车和自动驾驶的融合和互补将是未来智能交通和智能城市的重要机遇。无线充电、智能配电技术、V2H（Vehicle to Household）和V2G（Vehicle to Grid）、CV（Connected Vehicles）、自动驾驶等新兴技术也将伴随着新能源汽车蓬勃发展,但它们的推广和实际应用仍然面临下面一些迫切的问题。

1)基础硬件设施投入高。
2)市场不足以参与新兴电动汽车技术的测试。
3)缺乏智能配电、V2G、V2H 和 CV 的开放数据。
4)用于必要的高速数据传输的 5G 网络发展不匹配。
5)大数据分析能力不足。
6)许多市场缺乏政策和法律支持来开发这些新兴技术,特别是自动驾驶技术。
7)缺乏交流、分享和展示新技术测试结果的平台。

参 考 文 献

[1] MA J, LIU X D, CHEN Y S, et al. Current status and countermeasures for China's new energy automobile iundustry and technology development [J]. Zhongguo Gonglu Xuebao/China Journal of Highway and Transport, 2018, 31 (8): 1 – 19.

[2] YUAN X, LIU X, ZUO J. The development of new energy vehicles for a sustainable future: A review [J]. Renewable and Sustainable Energy Reviews, 2015, 42: 298 – 305.

[3] DU J, OUYANG M, CHEN J. Prospects for Chinese electric vehicle technologies in 2016 – 2020: ambition and rationality [J]. Energy, 2017, 120: 584 – 596.

[4] 张斌伟, 魏子栋, 孙世刚. 室温钠硫电池硫化钠正极的发展现状与应用挑战 [J]. 储能科学与技术, 2022, 11 (9): 2811 – 2824. DOI: 10.19799/j.cnki.2095 – 4239.2022.0371.

[5] 熊树生. 新能源汽车技术解析 [M]. 西安: 西北工业大学出版社, 2020.

[6] IBRAHIM A, JIANG F. The electric vehicle energy management: an overview of the energy system and related modeling and simulation [J]. Renewable and Sustainable Energy Reviews, 2021, 144: 111049.

[7] HE Q, YANG Y, LUO C, et al. Energy recovery strategy optimization of dual – motor drive electric vehicle based on braking safety and efficient recovery [J]. Energy, 2022, 248: 115 – 119.

[8] LI W, STANULA P, EGEDE P, et al. Determining the main factors influencing the energy consumption of electric vehicles in the usage phase [J]. Procedia CIRP, 2016, 48: 352 – 357.

[9] ZHANG Y Z, TONG L. Regenerative braking – based hierarchical model predictive cabin thermal management for battery life extension of autonomous electric vehicles [J]. Journal of Energy Storage, 2022, 52 (PA): 275 – 281.

[10] 李伟. 宝马纯电动 BMW i3I01 高压蓄电池技术解析 (二) [J]. 汽车维修与保养, 2018 (3): 80 – 81. DOI: 10.13825/j.cnki.motorchina.2018.03.021.

[11] 孙逢春, 何洪文. 电动汽车工程手册 第二卷 混合动力电动汽车整车设计 [M]. 北京: 机械工业出版社, 2020.

[12] 崔胜民. 混合动力汽车技术解析 [M]. 北京: 化学工业出版社, 2021.

[13] 席利贺, 张欣, 耿聪, 等. 基于动态规划算法的增程式电动汽车能量管理策略优化 [J]. 交通运输工程学报, 2018, 18 (3): 148 – 156.

[14] 赵家豪. 增程式车辆辅助动力单元动态控制研究 [D]. 南京: 南京航空航天大学, 2021.

[15] 秦大同, 秦岭. 基于显式随机模型预测控制的功率分流式混合动力车辆能量管理策略 [J]. 华南理工大学学报 (自然科学版), 2019, 47 (7): 112 – 120.

[16] 郑春花, 李卫. 强化学习在混合动力汽车能量管理方面的应用 [J]. 哈尔滨理工大学学报, 2020, 25 (4): 1 – 11.

[17] 胡明, 杨戬. 阳极死端模式下的 PEFC 堆栈操作 [J]. 燃料电池, 2019, 4 (4): 352 – 357.

[18] 刘琦,詹跃东,李瑞棋. 燃料电池汽车能量管理策略多目标优化研究［J］. 电子测量技术,2020,43（20）：31-36.

[19] 谢康. 燃料电池混合动力系统 P 的测试和分析［D］. 北京:清华大学,2021.

[20] 孙洁玲,赵金,崔泰英,等. 动力蓄电池技术的应用与展望［J］. 船舶工程,2019,39（7）：65-70.

[21] 应天杏. 基于功率需求预测的燃料电池汽车能量管理自适应控制策略研究［D］. 上海:上海交通大学,2018.

[22] XIONG S, SONG Q J, GUO B S, et al. Research and development of on-board hydrogenproducing fuel cell vehicles［J］. International of Hydrogen Energy, 2020, 45（35）: 17844-17857.

[23] 氢能观察. 丰田 Mirai 二代发布,续航 850km,功率密度 5.4kW/L［EB/OL］.（2020-12-09）[2023-01-09]. https://www.auto-testing.net/news/show-108960.html.

[24] 佐思产研. 全球领先的燃料电池汽车——现代 NEXO 技术深度研究［EB/OL］.（2018-07-25）[2023-01-09]. http://www.shujubang.com/Htmls/NewsInfo/60/NewsInfo_18238.html.

[25] 欧阳波仪,旷庆祥. 新能源汽车概述［M］. 北京:北京理工大学出版社,2019.

[26] 长安汽车. 长安首款燃料电池 SUV 入选工信部《道路机动车辆生产企业及产品公告》［EB/OL］.（2023-03-15）[2023-01-09]. http://www.elecfans.com/d/1536315.html.

[27] XIONG S S, WU Z K, JIANG Q, et al. Research on cold start of proton-exchange membrane fuel cells based on model predictive control［J］. Membranes, 2023, 13: 643-654.

[28] XIONG S S, WU Z K, WEI L, et al. Improvement of temperature and humidity control of proton exchange membrane fuel cells［J］. Sustainability, 2021, 13（10578）: 119-133.

[29] 全国汽车标准化技术委员会. 电动汽车能量消耗率和续驶里程试验方法:GB/T 18386—2017［S］. 北京:中国标准出版社,2017.

[30] 全国汽车标准化技术委员会. 中国汽车行驶工况 第 1 部分:轻型汽车:GB/T 38146.1—2019［S］. 北京:中国标准出版社,2019.

[31] 杨磊,白志峰,王娟,等. 复合电源电动汽车双模糊控制能量管理策略设计［J］. 机械科学与技术,2022:1-10.

[32] 邵志刚,衣宝廉. 氢能与燃料电池发展现状及展望［J］. 中国科学院院刊,2019,34（4）：469-477.

[33] MO T, LI Y, LAU K, et al. Trends and Emerging Technologies for the Development of Electric Vehicles［J］. Energies, 2022（2）: 274-283.

[34] 王震坡,黎小慧,孙逢春. 产业融合背景下的新能源汽车技术发展趋势［J］. 北京理工大学学报,2019,40（1）：309-318.